지나친 지난날

이 저서는 2017년 정부(교육부)의 재원으로 한국연구재단의 지원을 받아 수행된 연구임(NRF-2017S1A6A4A01022395)

지나친 지난날

P 필로소픽

차례

지
나
친

지
난
날

'지난날을 지나치다'와 '지난날이 지나치다'

우리는 지난날을 지나쳐 왔다. 하지만 지나쳐 와야 했던 것은 아니었다. 지나치는 것은 주목하지 못하는 것과 다르다. 어떤 것을 주목하지 못한 이유는 단지 그것이 눈에 띄지 않았기 때문이다. 보려고 했으나 눈길을 주지 못했을 뿐이다. 그렇게 눈에 띄지 못한 것은 우리 곁을 스쳐간다. 하지만 '지나친다'는 것은 눈에 띄었지만 애써 못 본 체하며 지나가는 것이다. 우리는 지난날을 지나왔지만, 단지 지나온 것이 아니라 지나쳐 왔다. 무엇을 지나쳐 왔을까? 무엇을 애써 못 본 체하며 지나쳤을까? 아마도 보고 싶지 않은 무엇, 감추고 싶은 무엇, 보이고 싶지 않은 무엇일 것이다.

'지나친 지난날'에서 '지나친'은 두 가지 뜻을 갖고 있다. 하나는 과거에 있었던 우리의 행동을 뜻하는 것이고, 다른 하나는 그것이 잘못되었음을 뜻하는 것이다. 지난날 우리가 지나쳐 온 것은 과거의 우리가 저지른 잘못이다. 우리는 그때 지나쳤다. 우리의 생각은, 우리의 결단은, 우리의 우유부단함은, 우리의 행동은, 우리의 주저함은 지나쳤다. 과거 우리가 했던 지나친 것들은 허물이 되어서, 돌아보고 싶지도 않고, 남에게 보이고 싶지도 않은 일이 되었다. 그래서 우리는 그 허물을 지나쳐 버리고 살아왔다. 하지만 우리가 지나친다고 해서 그것이 그저 사라지지는 않는다.

이 책은 우리가 지난날 지나쳐 온 것들이 던지는 윤리적 물음을 다룬다. 과거에 일어난 잘못을 우리는 어떻게 해야 옳은가? 그 잘못을 지나쳐 버린 우리 자신을 어떻게 해야 하는가? 어떤 사건이 일어나는 시간은 그 사건의 윤리적 성격을 바꾸는가? 또 바꾼다면 어떻게 그것이 가능한가?

'과유불급', 지나침이 미치지 못함보다 못한 이유

자주 듣는 말 중에 '과유불급過猶不及'이라는 고사성어가 있다. 사람들이 이 말을 즐겨 하는 이유는 짐작이 간다. 점잖게 훈수하는 느낌이 나기 때문일 것이다. 예를 들어, 최근에 갑자기 운동에 몰두하게 된 친구가 있다고 하자. 이 친구는 평소 잘 마시던 술도 마시지 않고 근육 만들기에 재미를 붙이더니 매일 서너 시간을 체육관에서 보낸다. 그럴 때 이 친구에게 과유불급이라고 한마디 하는 것은 꽤 점잖은 훈수처럼 들린다. 사실 훈수를 두는 사람의 마음은 복잡할 수 있다. 자신의 몸에만 신경 쓰는 친구가 얄미울 수도 있고, 그렇게 하지 못하는 자신이 미울 수도 있다. 하지만 그렇게 대놓고 말하기는 꺼려진다. 이럴 때 과유불급이라고 말하면, 말하는 사람은 생각이 깊고 친구의 건강을 염려하는 마음을 가진 사람처럼 보인다. 그래서 과유불급이라는 사자성어를 주변에서 자주 듣는 것 같다.

그런데 '과유불급'이 무슨 뜻인지를 물어보면 얼핏 생각이 나지 않을 수 있다. 어떤 사람들은 그 뜻이 '지나친 것은 모자란 것보다 **못하다**'라고 생각하고, 어떤 사람들은 '지나친 것은 모자란 것과 **마찬가지다**'라고 생각한다. 어느 쪽이 맞는지를 물어보면 헷갈린다고 하는 사람들이 많다. 문제의 글자는 '유'이다. 한자로 '猶'라고 쓰는 이 글자는 문맥에 따라서 여러 가지를 뜻한다. '오히려'라는 뜻으로 쓰이기도 하고, '같다'라는 뜻으로 쓰이기도 한다. 결론부터 말하자면 과유불급은 지나침이 미치지 못함과 같다는 말이다. 여기서 '유'는 '같다'를 뜻하는 것이다.

이 말의 출처는 《논어》에 나오는 공자의 가르침인데, 여기서 공자는 과유불급을 그런 뜻으로 말했다. 그런데도 왜 많은 사람이 과유불급을 다른 뜻으로, 즉 '지나침이 미치지 못함보다 못하다'는 뜻으로 잘못 생각할까? 아마도 그 이유는 '유'를 '오히려'로 해석하기 때문일 것이다. '오히려'라는 말을 사용하여 '지나침은 **오히려** 미치지 못함보다 못하다'고 하면 매우 자연스러운 말이 된다. 그래서 그런 식으로 생각하게 되지 않았을까 짐작해 본다.

여기서 중요한 것은 '과유불급'이라는 말이 무슨 의미인지가 아니다. 내가 묻고 싶은 것은 과연 과유불급이 맞는 말인지 하는 것이다. 나는 지나침이 미치지 못함과 같다고 생각하지 않는다. 오히려 지나침은 미치지 못함보다 못하다고 생각한다. 다시 말해서 사람들이 과유불급에 대해 잘못 내리는 해석이 오히려 맞다는 것이다. 적어도 그런 경우가 있고, 그런 경우가 있다는 것을 깨닫는 것이 중요하다. 왜 그런지 생각해 보자.

미완성 예술작품

◯

터너 Joseph Turner라는 영국의 화가가 있다. 그는 1775년 영국에서 태어나 젊은 나이에 영국 왕립미술원에서 두각을 나타내고 평생 유명 화가로 살았던 사람이다. 터너와 함께 우리에게 잘 알려진 영국 화가 중에 컨스터블 John Constable이라는 사람도 있다. 컨스터블은 터너보다 1년 늦게 태어났는데 터너와 달리 영국에서 그리 성공을 거두지 못했다. 영국 왕립미술원 회원이 된 것도 52세, 그가 죽기 8년 전이었다.

생전에 두 사람이 화가로서 누렸던 영광은 달랐지만, 지금은 두 사람 모두 19세기 영국 회화 예술을 대표하는 화가로 간주된다. 사람들은 이 두 사람을 예술의 역사에서 손꼽히는 라이벌이라고 생각하는데, 실제로도 터너와 컨스터블은 서로를 의식하면서 영향을 받았던 것 같다. 이를 보여주는 사례가 있다. 1832년에 전시회에서 두 사람의 작품이 바로 옆에 나란히 벽에 걸렸다. 당시 영국의 전시회에서는 지금과 달리 전시회 그림들 사이에 간격이 없었다. 벽면을 알뜰하게 사용하겠다는 의도가 그대로 드러날 정도로 벽면들은 전시 그림들로 가득 메워졌다. 그런 상황이니 터너의 그림과 컨스터블의 그림은 좀 더 비교되기 쉬웠을 것이다. 전시회가 열리기 전날, 자신의 작품을 보러간 터너는 옆에 걸려있는 컨스터블의 그림이 거슬렸다. 아마 그는 컨스터블의 그림이 자신의 그림을 압도한다고 생각했던 것 같다. 두 그림 모두에 바다와 배가 있어 더 비교되기 쉬웠을 것이다. 두 그림을 한참 쳐다보던 터너는 그 자리에서 붓을 꺼내 들고 자신의 그림에 무엇인가를 그려 넣었다. 그것은 바다 위에 떠 있는 붉은 부표처럼 보였다. 터너가 자리를 뜨자 옆에 있던 컨스터블은 이렇게 말했다고 한다. "그가 여기 와서는 총을 쏘고 갔다."

지금의 관행으로 보자면 터너의 행위는 기이해 보일 수 있다. 여러 사람이 모인 갤러리 한복판에서 이미 걸려 있는 그림에 화가가 붓으로 덧칠하는 것을 요즘에는 상상하기 어렵기 때문이다. 그러나 당시 영국에서 이는 이상한 관행이 아니었다고 한다. 전시 전날 화가가 자신의 작품에 덧칠을 하는 것은 허용되는 범위의 행위였던 것이다. 하지만 그럼에도 불구하고 이 사례가 눈에 띄는 이유는, 터너가 옆에 있는 컨스터블의 그림을 보고 나서야 자신의 작품에 덧칠할 생각을 한 것처럼 보이기 때문이다. 물론 터너의 속사정은 정확히 모르겠다. 하지만 정황상 그렇게 보인다는 것이다.

그의 사정을 재구성해 보면 이럴 것이다. '전시를 위해서 그림을 완성했다. 그래서 그 그림을 전시회에 갖다 걸도록 했다. 그런데 걸려 있는 나의 그림을 보러 갔더니 옆에 걸린 컨스터블의 그림이 너무 튀어서 내 그림이 상대적으로 위축되어 보인다. 나는 컨스터블보다 훨씬 성공한 화가이다. 그런데 이 상황이 뭔가? 화려한 컨스터블의 그림에 비해 초라해 보이는 내 그림. 젊은 나이에 영국 왕립미술원에 발탁되어 수십 년 동안 대표 화가로 명성을 쌓아온 내가 컨스터블과 이렇게 비교되는 것은 참을 수 없다. 그렇다면 그림에 무언가를 해보자. 관객의 눈길을 잡을 수 있는 무언가.' 그렇게 해서 붉은 부표가 탄생한 것이다.

과도한 상상일지 모르지만, 여기서 생각해 볼 물음이 있다. 터너가 붉은 부표를 그려 넣기 전에 그의 그림은 미완성이었을까? 오늘날 상식에 따르면 화가가 자신의 그림을 전시 공간에 걸어놓았다면 그 그림은 완성된 작품이어야 한다. 물론 이 상식에는 논쟁의 여지가 있다. 어떤 조건에 있는 작품을 완성된 것으로 볼 것인지는 매우 어려운 물음이다. 하지만 상식에 따라서 붉은 부표를 그려 넣기 전의 그림, 즉 터너가 애초에 전시회에 걸도록 한 그림이 완성품이라는 오늘날의 주장을 받아들인다면 붉은 부표를 그려 넣은 그의 행위는, 화룡점정畵龍點睛이 아니라, 오히려 완성품에 덧칠한 것에 불과하게 된다. 덧칠된 완성품은 더 이상 완성품이 아니라 훼손된 것이고 부분적으로 파괴된 것이다. 터너의 덧칠은 지나친 행위가 되어버린 셈이다.

문제는 훼손되고 파괴된 완성품이 다시 완성될 수 있는가 하는 점이다. 그것은 개념적으로 불가능하다. 완성된 것은 또다시 완성될 수 없다. 그것이 '완성'이라는 개념이 담고 있는 의미이다. 터너가 완성된 작품에 덧칠을 해서 훼손했다면, 그것은 복구될 수 있을지는 몰라도 다시 완성될 수는 없다. 여기서 미치지 못한 것과 지나친 것 사이의 차이점이 드러난다. **미치지 못한 것**은 완성될 수 있지만, **지나친 것**은 완성될 수 없다.

미술사에서 터너의 덧칠은 자신의 작품을 훼손한 것이 아니라 미완성품을 완성품으로 만든 화룡점정이라고 받아들여진다. 이를 부정하는 것은 아니다. 단지 여기서 우리는 터너의 덧칠이 자신의 그림을 훼손했다고 가정해 보는 것이다. 터너의 덧칠이 완성품을 지나서 완성품을 훼손하는 행위였다면, 그는 더 이상 작품을 완성하는 순간을 맞이할 수 없다. 이것이 우리가 주목해야 할 점이다. '과유불급'에서 '과'는 '불급'과 같지 않다.

지나친 것으로 되돌아가기

터너의 덧칠이 우리가 과거에 지나친 것에 대해서 말해주는 것은 무엇인가? 인생은 예술과 비슷한 점이 많지만 다른 점도 많다. 중요한 차이점 중 하나는 인생에서는 완성이라고 불릴 만한 순간이 없다는 것이다. 좀 더 극적으로 말하자면, 그림과 같은 예술품은 완성이 되는 순간부터 존재하기 시작하지만, 인생은 완성에 도달하는 순간 막을 내린다. 이 점은 예술과 인생의 비대칭적인 요소를 만들어 낸다. 완성된 그림에 덧칠을 했다면, 우리는 완성된 그림으로 돌아갈 수 없다. 하지만 인생에서는 다르다. 과거의 저지른 잘못을 지나쳐 왔더라도, 우리에겐 이를 바로잡을 기회가 있다.

과거에 저지른 잘못은 이중적으로 잘못된 것이다. 하나는 그 행위가 지나쳤다는 것이고, 다른 하나는 그 지나침을 그냥 지나쳐 왔다는 것이다. 시간의 제약이 있기 때문에 과거의 순간으로 거슬러 올라가 그때의 잘못을 없던 일로 만들 수는 없다. 하지만 과거의 잘못을 지나치는 것은 지금이라도 그만둘 수 있는 문제이다. 지나친 것으로 되돌아가기. 이것이 앞으로 우리가 생각해 볼 주제이다.

예술과 달리 인생에는 완성의 순간이 없지만, 지나친 것이 모자란 것보다 못하다는 점은 인생에도 그대로 적용된다. 앞으로 보겠지만, 지난날 지나친 것들로 되돌아가서 돌보지 않으면 지나친 것은 그대로 지나친 것으로 남는다. 하지만 지난날 허물을 보살핀다면, 지나친 것을 모자란 것으로 만들 수 있다. 모자란 것에는 항상 노력의 여지가 남는다. 그런 점에서 내가 생각하는 과유불급은 인생에서도 중요한 교훈이다.

지나친 것을 돌보는 데 있어 시간은 중요한 변수이다. 인생에 숨어 있는 비극적 요소 중 하나는 시간과 관련이 있다. 인간은 모두 어느 때든 잘못을 저지를 수 있다. 인생의 비극은 인생의 어느 시점에 잘못을 저질렀는지에 따라서 그 영향이 다를 수 있다는 점에 있다. 대체로 인간은 미숙한 청년기에 잘못을 저지르기가 쉽다. 하지만 같은 잘못이라고 하더라도 인생 초입에 저지른 잘못은 장년기에 저지른 잘못에 비해서 그 여파가 훨씬 길고 깊다. 그 이유는 인생에서 중요한 선택이 대개 인생 초반기에 몰려 있기 때문이다. 이에 비해서 청년기를 지나 나이가 들수록 올바른 선택을 할 수 있는 지혜는 점점 깊어지게 된다. 인생의 비극은 이 둘이 어긋나는 데 있다. 인생의 지혜가 얕았을 때 해야 할 중요한 결정을 뒤로 미루어 인생의 지혜가 깊어졌을 때 비로소 할 수 있으면 좋을 것이다. 하지만 인생은 그렇지 않다. 지혜와 경험이 부족할 때 인생을 가늠하는 중요한 선택을 해야 한다. 이 점에서 인생은 불행한 비대칭을 이루고 있다고 할 수 있다.

우리는 자신의 지나침을 언제 깨닫게 될까?

우리가 지난날의 잘못을 되돌아보고 살펴야 하는 이유 중 하나는, 대개 지난날 잘못을 저지른 그 당시에는 그것이 잘못인 줄 모르거나 잘못이라는 점을 알더라도 얼마나 잘못된 것인지 모르기 때문이다. 이 책의 원고를 마지막으로 다듬고 있는 지금은 '코로나19'라는 이름의 바이러스가 전 세계 구석구석을 할퀴고 있는 기간 중 어느 한 순간이다. 이 기간이 언제 끝날지 지금 우리는 알지 못한다. 2020년 1월 중국에서 시작된 이 바이러스의 질주는 아프리카 남단과 남미의 끝자락까지 이르렀다. 치명률은 비교적 낮지만 강력한 감염력을 가진 코로나19의 확산을 막기 위해서 많은 국가가 국민에게 봉쇄령을 내렸다. 집 밖으로 나가지 못하도록 한 것이다. 하지만 극한의 상황에서 먹을 것과 약을 구하기 위해 뛰쳐나오는 사람들을 나오지 못하도록 할 명분은 없다.

2020년 4월, 아프리카 케냐에서 봉쇄령을 어기고 거리로 나온 사람들이 경찰이 쏜 총에 맞아서 사망했다. 사망한 시민 중에는 13세 소년도 있었다. 경찰들은 코로나19가 온 나라로 퍼질 것을 막기 위해서 총을 쏘지 않았을 것이다. 단지 봉쇄령을 어기고 나온 사람들이 귀찮아서 자신에게 주어진 권한을 남용했을 뿐이다. 봉쇄령을 내린 이유가 무엇인가? 목숨을 지키기 위해서 내린 명령을 어겼다고 해서 목숨을 내놓아야 한다면, 도대체 어떻게 봉쇄령의 목적이 온전히 지켜질 수 있겠는가? 목숨을 살리겠다는 의도로 목숨을 앗아가는 어리석음이 전 세계에서 일어나고 있다. 미래의 어느 시점이 되어 오늘을 되돌아볼 때 사람들은 자신들의 지나침을 깨닫게 될까? 분명 지금 그들은 자신들의 지나침을 깨닫지 못하고 있다.

시간이 지나서야 자신의 행위가 지나쳤다는 것을 깨닫는 경우가 많다. 자신의 행위가 습관적이거나 사람들의 반감을 별로 사지 않을 경우에는 더욱 그렇다. 버스 안에서 담배를 피우던 시절이 있었다. 다른 사람의 담배 연기를 맡아야 했던 사람은 괴로웠겠지만, 대다수의 사람은 크게 반감을 갖지 않았다. 오늘 우리가 하는 행위도 나중에 그렇게 기억될지 모른다. 그때 우리는 무엇을 어떻게 할 것인가?

사람들은 과거의 잘못을 거울삼아 미래에는 그런 잘못을 되풀이하지 말자고 말한다. 이 제안은 당연히 옳지만 또한 공허하다. 우리는 거의 모든 잘못이 되풀이되고 있는 것을 본다. 잘못을 저지르고 있을 당시에는 그것이 잘못임을 깨닫지 못하는 경우가 대부분이다. 그리고 지난날 잘못을 깨달았을 때 우리는 과거의 우리가 아니다. 어떻게 하면 잘못을 되풀이하지 않을까를 고민하기 전에 고민해야 할 문제가 있다. 지난날의 잘못을 '어떻게' 마주해야 하는가? 이것이 문제이다.

다루게 될 주제에 대한 간략한 안내

◌

이 책이 다룰 주제들에 대하여 간략히 설명해 보려고 한다.

1장에서는 기존의 윤리 이론들이 시간이라는 요소를 중요하게 다루지 않았다는 점을 지적한다. 내가 특히 염두에 두는 윤리학 이론은 공리주의이지만, 이는 공리주의가 대표적인 윤리 이론의 하나이기 때문일 뿐이고, 다른 이론들도 마찬가지다. 기존 이론들이 시간성을 중요하게 다루지 않았던 이유는 윤리적 판단이 시간에 따라서 달라질 수 없다는 전제를 믿었기 때문인데, 나는 이 전제를 거부한다.

2장에서는 우리가 실제로 윤리적 문제를 다루는 데에 있어서 선호하는 시점이 있다는 것을 지적하고, 이런 현상이 정당하다는 것을 보이고자 한다.

1장과 2장이 시간을 고려하는 윤리학의 필요성을 강조하는 도입부였다면, 3장부터는 이를 구체적인 윤리적 문제에 적용해 본다. 3장의 주제는 '후회'이다. 우리는 후회하지 않는 삶을 살길 희망한다. 하지만 '엎질러진 물'이라는 속담이 말하듯, 왜 우리는 돌이킬 수 없는데도 과거의 일을 후회할까? 이는 단지 어리석은 자의 정서에 불과한가, 아니면 더 나은 미래를 꿈꾸는 사람의 정교한 전략일까? 이 물음에 답하다 보면, 그 어느 쪽도 적절한 대답이 아니라는 것을 알게 된다.

4장의 주제는 '사죄'이다. 사죄는 지난날의 잘못에 대한 윤리적 대응이다. 잘못을 저지른 사람에게 피해를 입은 사람이 사죄를 요구하는 것은 그 잘못에 윤리적으로 대응하는 필수적인 단계일까? 사죄를 한다고 해서 과거에 저질러진 악행이 없어지는 것도 아닌데, 왜 우리는 가해자에게 사죄를 요구할까? 그리고 가해자의 사죄는 가해자의 윤리적 지위를 어떻게 변화시키는가? 영화 〈밀양〉을 통해서 우리는 이런 물음들을 살펴볼 것이다.

5장에서는 사죄 문제의 주체를 공동체 범위로 확대한다. 이른바 '집단 사죄'라는 개념이다. 일제 강점기에 일본군이 저지른 성노예 사건은 집단 사죄를 둘러싼 쟁점을 잘 보여준다. 사죄의 주체가 개인을 넘어서서 국가와 같은 공동체일 수 있는가? 그것이 가능하다면, 어떤 조건에서 공동체의 사죄가 성립할 수 있는가? 우리는 집단 사죄가 위선적이라는 주장을 살펴보면서 진정한 집단 사죄는 무엇인지에 대해서 생각해 볼 것이다.

6장에서는 '용서'와 '관용'이라는 주제를 다룬다. 가해자의 사죄 이후에 기대되는 것은 용서이다. 그리고 용서를 가능하게 하는 피해자의 태도를 관용이라고 말한다. 하지만 이런 상식적인 이해와는 달리 용서와 관용에는 각각 딜레마가 있다. 용서의 길로 가는 것은 좁디좁은 담장을 걸어가는 것과 같다. 이 담장은 너무 좁아서 왼쪽이든 오른쪽이든 어느 한쪽으로 떨어질 수밖에 없다. 문제는 그 어느 쪽도 용서라고 할 수 없다는 점이다. 관용도 마찬가지다. 그럼에도 불구하고 나는 우리가 용서와 관용의 길을 끝까지 갈 수 있다고 믿는다. 그 길의 끝이 무엇인지 같이 생각해 볼 것이다.

7장은 '매몰 비용'이라는 경제학적 개념을 통해서 과거가 갖는 윤리적 의미에 대해서 생각해 본다. 경제학에서는 매몰 비용에 애착을 갖는 태도를 비합리적이라고 본다. 하지만 이런 판단에는 인간이 과거를 대하는 태도의 윤리적 측면이 제대로 담기지 못한다. 이 점을 다시 한 번 확인하면서 지난날의 허물을 어떻게 돌보아야 하는지를 생각해 볼 것이다.

8장은 후회와 사죄, 그리고 용서로 이어지는 과정의 최종적인 모습에 대해서 논의한다. 이를 우리는 '회복', '구원', '도덕적 책임' 등으로 표현한다. 후회에서 사죄로, 그리고 용서에까지 이르면, 우리는 지난날의 악행, 잘못, 허물이 윤리적으로 '해소'된다고 생각하며, 이로써 가해자는 과거로부터 '회복'되고 피해자는 고통으로부터 '구원'되며 각자의 '도덕적 책임'은 덜어진다고 여긴다. '회복'은 이 책의 두 가지 핵심어 가운데 하나이다. 대개 우리는 이 표현이 종교적 색채를 띤다고 생각한다. 하지만 그런 생각이 이 개념이 갖는 윤리적 의미를 제대로 이해하지 못하게 만든다. 여기서는 종교적 색채가 없는 구원, '희생양 없는 구원'을 어떻게 성취할 수 있는가에 대해서 살펴볼 것이다.

9장은 '인생 그래프'를 다룬다. 인생 그래프란 한 사람이 태어나서 성장할 때까지 겪는 행복과 불행을 그려놓은 것이다. 우리는 어떤 인생 그래프를 다른 것보다 선호하는데, 이는 우리가 결국 자신의 인생을 하나의 이야기 구조를 갖는 것으로 보기 때문이다. 인생이 이야기 구조를 갖는다는 것은 무슨 뜻인지 같이 생각해 볼 것이다.

10장의 주제는 '죽음'과 '죽음을 맞는 나이'의 관계이다. 인생의 죽음을 맞이하는 시기는 어떤 윤리적 의미를 갖는가? 아기가 성장하지도 못하고 맞는 죽음, 젊은이가 갑자기 맞이하는 죽음, 늙은이가 맞는 죽음, 이 가운데 어떤 죽음이 더 나쁜가? 윤리학에서 죽음이 왜 나쁜가는 오랜 시간 동안 철학자들의 관심을 끌어왔다. 여기서는 한 걸음 더 나아가서 왜 젊은이의 죽음이 늙은이의 죽음보다 더 나쁘고, 더 나아가 아기의 죽음보다 더 나쁜가에 대해서 생각해 본다.

11장은 이미 태어난 사람과 아직 태어나지 않은 사람들 사이에 존재하는 윤리적 문제를 다룬다. 이미 태어난 사람은 아직 태어나지 않은 미래 세대에 대해서 비대칭적인 권력을 가지고 있다. 우리가 지금 하는 행위가 미래 세대의 규모와 정체성을 결정할 수 있다는 의미에서 그렇다. 반면 미래 세대는 이미 태어난 사람들의 상황에 영향을 미칠 수 없다. 이런 점에서 현재 세대와 미래 세대 사이에는 비대칭성이 존재하며, 이 둘 사이에 존재하는 윤리적 책임 관계는 대등한 개인 간에 존재하는 윤리적 책임 관계와는 다를 수밖에 없다. 이 장에서 우리는 비대칭적인 세대 간의 관계는 어떻게 정립되어야 하는지 생각해 볼 것이다.

이 책의 생각이 시작된 곳들

이 책의 주제들을 다루는 철학의 영역을 하나 꼽으라면 윤리학ethics

이라고 할 수 있다. 하지만 이 책에서 펼쳐지는 내 생각은 윤리학이 아니라 논리학, 심리학, 경제학을 공부하면서 시작되었다. 생뚱하게 보일 수 있지만 내 박사 학위 분야가 언어철학이니 아주 이상한 출발은 아니라고 할 수 있다. 사실 사람들이 생각하는 것보다 윤리학의 주제들은 논리학적 주제들과 가까운 점이 많다. 이 책에 제시된 문제 중 'TV 설치 기사의 역설'이 그 예다.

나는 이 문제에 대한 생각을 정리해서 한국논리학회 학술대회에서 발표도 하고 학술지에 싣기도 했다. 이 문제는 윤리학적 주제와는 거리가 멀었다. 이 문제에 대한 생각이 윤리적 주제로 발전한 것은 한참 후의 일이다. 어떻게 'TV 설치 기사의 역설'이 윤리적 주제로 발전했는지는 이 책의 2장에서 설명할 것이다.

이 책에서 펼치는 생각을 형성하는 데 영향을 끼친 것은 이 외에도 여러 가지가 있다. 매몰 비용이라는 경제학 개념에 대한 생각도 그중 하나고, '인류원리anthropic principle'라는 천체물리학 주제에 대한 생각도 또 다른 영향을 주었다.[*] 한마디로, 여기서 다루는 주제들은 윤리학의 범주에 들어가는 것이지만, 이에 대한 생각을 시작하게 된 곳들은 윤리학 밖에 있었다.

물론 윤리학에 대한 관심이 꾸준히 자라난 것도 사실이다. 거기에는 내가 몸담고 있는 국민대학교에서 맡았던 여러 윤리학 강의에서 받았던 자극이 큰 역할을 했다. 나의 수업을 들었던 많은 학생들에게 고맙다는 말을 전하고 싶다. 그간 이런저런 주제들을 가지고 논문을

---

[*] 인류원리에 관한 생각은 김한승(2019) 참조.

여러 편 써왔다. 그 논문들도 이 책이라는 저수지로 흘러들어온 옹달 샘 같은 존재라고 할 수 있다. 이 책의 3장은 김한승(2009)을 토대로 불필요한 부분은 빼고 보충할 부분은 첨가하여 작성되었다. 또한 4장 은 김한승(2015a), 7장은 김한승(2015b), 10장은 김한승(2017)에 바 탕을 두고 이 책의 전체 구조와 독자에 좀 더 어울리도록 고쳤다.

이 책과 함께 보면 좋을 영화들

이 책에서 나의 생각을 풀어나가면서 분석 대상으로 삼은 영화들이 있어서 미리 소개한다. 이 책을 읽으면서 보아도 좋고, 나중에 보아도 좋을 영화들이다. 소개 순서는 이 책에 등장하는 순서이다.

〈1987〉, 장준환 감독, 2017년

〈소피의 선택〉, 앨런 파큘라 감독, 1982년

〈밀양〉, 이창동 감독, 2007년

〈쇼생크 탈출〉, 프랑크 다라본트 감독, 1994년

〈사랑의 블랙홀〉, 헤럴드 레이미스 감독, 1993년

〈그린 북〉, 피터 패럴리 감독, 2018년

1장

. . .

윤리와 시간

15년 동안 감옥에 갇혀 살다가 출소한 사람이 있다. 그는 출소한 후 조금 더 살다가 죽었다. 그런데 그가 죽은 뒤 재심을 통해서 그가 무죄라는 판결이 내려졌다. 과연 그는 언제부터 무죄인 것일까? 우리는 그를 어떻게 구제할 수 있을까?

< 1987 > 로 본 윤리적 완결의 시기

백 년 후 우리나라 역사 교과서 한 권이 눈앞에 놓여 있다고 상상해 보자. 이 책을 펼쳐서 20세기의 역사에 기록된 사건들을 확인한다. 백 년 후 역사가 우리가 살았던 시기를 어떻게 기록할지를 정확히 예측하기는 어렵지만, 한 가지 거의 분명한 것은 1987년에 일어난 일들도 이 중에 포함되어 있을 것이라는 점이다. 그해에 대학생 박종철은 고문을 받다가 죽었고 이 일이 알려지자 사람들은 정권에 항의하며 거리를 가득 메웠다. 6월 항쟁이라고 불리게 된 이 역사적 사건에는 이한열이라는 또 한 명의 대학생이 거리에서 최루탄을 맞고 사망하는 사건이 포함되어 있다. 이 모든 일은 백 년 후 역사책에서 발견될 것이다.

1987년 전국을 뜨겁게 달군 6월 항쟁은 대통령 직선제로 개헌을 하라는 시민의 요구를 전두환 정권이 받아들임으로써 끝이 났다. 사람들은 6월 항쟁이 시민의 승리로, 불의한 정권의 종식을 가지고 온 사건으로 역사에 기록될 것이라고 믿었다. 물고문을 받으면서도 선배의 행방을 말하지 않으려다 젊은 나이에 죽음을 맞았던 박종철은 민주주의의 소중한 희생양으로 기록될 것으로 믿었고 이한열의 죽음에 대해서도 마찬가지였다. 억울한 사람들의 희생은 결코 헛된 꿈이 아니었다고 사람들은 믿었다.

하지만 새로운 헌법하에서 직선제로 치러진 대통령 선거의 결과는 6월 항쟁에 참여했던 시민들이 바라던 바와 거리가 멀었다. 사람들은 서로를 탓하며 흩어졌다. 이 때문에 사람들은 6월 항쟁에서 바라던 결말은 실현되지 못했다고 생각했다. 박종철이 고문을 받으면서도 지켜주고 싶었던 선배는 박종철이 살아 있었더라면 동의하지 않았을 선택을 통해서 정치인이 되었다.* 한마디로 1987년 12월 대통령 선거는 6월 항쟁에 참여했던 사람들과 그 과정에서 치러야 했던 희생을 헛되게 만들어 버린 것처럼 보였다.

그 후 30년이 지난 2017년, 사람들은 30년 전 6월 항쟁을 떠올렸다. 2016년 겨울, 시민들은 박근혜 정부에서 벌어진 일들에 분노하여 촛불을 들고 거리로 나왔다. 1987년에 있었던 것과 같은 최루탄 진압은 없었다. 촛불을 든 사람의 수는 점점 커졌고 결국 대통령은 탄핵되었다. 사람들은 이 정치적 사건을 촛불 혁명이라고 불렀다. 대통령 탄

---

* 박종철이 고문을 받으면서도 행방을 끝까지 알리지 않았던 선배는 박종운이다. 그는 2000년 한나라당에 입당하여 세 번 연속 한나라당 국회의원 후보로 선거에 나갔으나 모두 낙선했다.

핵이라는 사건 때문에 원래 일정과는 다른 시점에 대통령 선거가 치러졌고, 그 결과는 30년 전과 달랐다. 촛불을 든 시민들은 흩어지지 않았고 바라던 결과를 얻은 것처럼 보였다. 그들 다수의 지지를 통해서 문재인 정부가 탄생한 것이다.

어떤 사람들은 촛불 혁명이 6월 항쟁을 '완성했다'고 말한다. 1987년의 역사를 그리는 영화 〈1987〉은 2017년에 개봉했다. 이 영화의 흥행 성공은 무엇을 말해주는가? 사람들은 1987년 6월 항쟁이 2017년에 와서야 비로소 제대로 된 결말을 맺었다고 믿고 있는가? 6월 항쟁의 경험이 시민들로 하여금 촛불 혁명에 나서도록 했고 끝까지 분열하지 않도록 만들었다고 볼 수 있을까? 비로소 박종철, 이한열 등 1987년에 바쳐졌던 젊은이들의 희생은 헛되지 않았다고 말할 수 있게 된 걸까? 2016년과 2017년 우리나라에서 일어난 정치적 격변으로 인해 우리는 이 물음에 대해서 '그렇다'고 말할 수 있게 된 것 같다. 비로소 30년 전 6월 항쟁을 완성했다고 말할 수 있을 듯 보인다.

변방의 노인

하지만 이렇게 결론을 내리는 것은 섣부르지 않을까? 1987년 12월 대선이 끝난 시점으로 다시 돌아가 보자. 그 당시 6월 항쟁에 참여했던 많은 사람은 12월 대통령 선거의 결과가 6월의 뜨거운 투쟁을 퇴색시켰다고 생각했다. 그렇다면 30년이 지난 시점에 일어난 촛불 혁명이 6월 항쟁의 의미에 종지부를 찍는다고 말할 수 있을까? 촛불 혁명이 어떻게 마무리되는지를 보아야만 6월 항쟁의 완성을 이야기할 수 있지 않을까?

여기서 우리는 '새옹지마塞翁之馬'라는 고사를 떠올리게 된다. 3장에서 우리는 이 고사가 갖는 윤리적 의미에 대해서 생각해 볼 예정인데, 여기서는 이 고사가 1987년 6월 항쟁에 어떻게 적용될 수 있을지 먼저 짚어보자. 새옹지마 고사에 등장하는 새옹, 즉 변방의 노인은 자기 아들에게 일어난 여러 사건에 대해서 슬퍼하지도 기뻐하지도 않는다. 이를 두고 변방의 노인이 모든 일의 최종적인 결과를 보기 전까지 판단을 미루고 있다고 해석해 볼 수 있다.

변방의 노인을 따라서 6월 항쟁이 보람된 일이었는지 아니면 헛된 꿈이었는지 판단하기를 계속해서 뒤로 미루어야 할까? 새옹지마와 관련된 문헌은 변방의 노인이 왜 그런 태도를 취했는지, 그리고 이후 그에게 어떤 일이 벌어졌는지 말해주지 않는다. 해석과 추측을 해볼 수 있을 뿐이다. 변방의 노인이 자신에게 일어나는 행운과 불운에 별다른 동요를 하지 않았던 이유는 무엇일까? 한 가지 가능한 해석은, 그가 자신에게 닥친 사건의 의미를 미래의 결과에 의해서 규정하려고 했다는 것이다. 예를 들어서, 아들이 말에서 떨어져 다리를 다치는 사건은 명백히 불운처럼 보이긴 하지만, 이 사건의 진정한 의미는 그 후에 일어날 일련의 사건들에 따라서 주어진다고 보는 것이다.

이런 해석이 얼마나 그럴듯한지는 이 책에서 다룰 중요한 물음이다. 변방의 노인이 자신에게 일어나는 일을 바라보는 방식으로 1987년 6월 항쟁을 바라본다면 6월 항쟁의 의미가 그 직후에 있었던 1987년 대통령 선거의 결과로 온전히 규정된다고 생각할 필요가 없다. 하지만 6월 항쟁이 우리에게 어떤 의미를 갖는지를 알기 위해서 수십 년, 수백 년의 시간을 기다려야 한다는 주장은 설득력이 없다. 그렇다면 문제는 한 사건을 올바르게 평가하기 위해서는 얼마나 많은 시간이 필요하고 어떤 조건을 마련해야 하는가이다.

'새옹지마'와 함께 생각해 볼 만한 것이 '사필귀정事必歸正'이라는 사자성어다. 글자 그대로 해석하자면 '모든 일은 결국에 옳은 이치대로 돌아간다'는 뜻이지만, 조금 더 생각해 보면 이 말이 정확히 무슨 의미인지 확실치 않다. '모든 일이 옳은 이치대로 가야 한다'는 당위성을 나타내는 것인지, 아니면 '모든 일은 옳은 이치대로 가더라'는 경험적 일반화를 나타내는 것인지, 그도 아니면 '모든 일은 옳은 이치대로 갈 것'이라는 예측을 나타내는 것인지 분명하지 않기 때문이다. '과거 경험에 비추어 볼 때 모든 일이 옳은 이치대로 갔다'고 보기는 어렵고, '과거 일이 그러했듯이 앞으로도 모든 일이 옳은 이치대로 갈 것'이라는 예측도 근거가 있다고 보기 어렵다.

가장 그럴듯한 해석은, '모든 일은 옳은 이치대로 돌아가야 한다'는 것이다. 여기서 '모든 일'은 단지 현재 닥친 일과 앞으로 닥친 일뿐만 아니라 과거에 있었던 일을 모두 포함하는 것으로 이해해야 한다. 하지만 우리는 과거에 있었던 일 가운데 옳지 않은 일, 잘못된 일이 많다고 생각한다. 과거에 이미 잘못된 일이 있다면 이를 어떻게 해야 하는가? 이미 잘못된 일을 두고 어떻게 옳은 이치대로 돌아가야 한다고 말할 수 있을까?

'사필귀정'에 대한 또 하나의 흥미로운 해석은 바로 이것이 가능하다는 것이다. 즉 '이미 잘못 끼운 단추라고 생각하는 일이라도 우리에겐 그 일을 옳은 이치대로 만들 수 있다'는 말이다. 만약 이것이 가능하다면, '모든 일이 옳은 이치대로 돌아가야 한다'는 주장을 너무 당연하거나 사소하다고만 볼 수는 없다. 우리의 선택과 행동으로 과거에 벌어진 잘못된 일을 옳은 이치에 따라 일어난 일로 만들 수 있다는 것은 사소한 일이 아니기 때문이다. 잘못된 과거를 바로잡는 것을 넘어서서 '잘못된 과거'라고 생각했던 바로 그 일이 더 이상 '잘못된 과거'가 아니라 '올바른 일'이 되는 것이다.

하나의 사건이 지닌 의미는 언제 판단할 수 있을까

'사필귀정'이라는 말을 덕담으로 나누기는 쉬워도 현실에 적용하기는 어렵다. 잘못된 과거는 우리 주변에 숱하게 남아 있다. 그로 인한 아픔은 오늘날에도 여전히 계속된다. 일본군 성노예, 제주 양민학살 사건, 광주 5.18 민주화운동 등 잘못된 일들에 따른 고통은 아직도 계속되고 있다. 잘못된 과거 중 하나로 인민혁명당 재건위원회 사건, 줄여서 인혁당 사건을 꼽을 수 있다. 1974년 유신 반대 투쟁을 하던 전국민주청년학생총연맹, 줄여서 민청학련의 배후 세력에 북한의 지령을 받은 인혁당이 있다는 이유로 253명이 구속되었다. 이듬해 4월 8일 이 중 8명이 대법원에서 사형 판결을 받고 판결 18시간 만에 사형 집행이 이루어진 것이 인혁당 재건위 사건이다.

사형 판결을 받고 유래 없이 신속하게 이루어진 집행으로 목숨을 잃은 사람 말고도 이 사건에 연루되어 형을 산 사람이 여럿인데, 이 중 전재권이라는 인물이 있었다. 그는 인혁당의 자금책으로 지목되어 15년 형을 받고 복역하였다. 전재권은 인혁당 사건으로 사형을 당한 친구의 자식에게 등록금을 준 것뿐이라고 말했다. 복역 후 출소한 그는 죽었지만 그의 가족은 살아남아서 죽음과 같은 생활을 이어나가야 했다. 그러다 변곡점이 생겼다. 2008년 재심으로 사건 연루자들이 무죄 판결을 받은 것이다. 전재권의 유죄도 무죄가 되었다. 이듬해, 이제 인혁당 재건위 사건의 '피해자'가 된 사람들은 손해배상금과 손해배상 채무 지연으로 인한 이자를 합해서 약 759억을 국가로부터 받을 수 있게 됐다. 전재권의 딸인 전영순 역시 배상금을 받고 급히 필요한 곳에 돈을 썼다. 그런데 또 한 번의 반전이 남아 있었다. 2011년에 대법원은 1심과 2심의 배상금이 과잉 지급되었다는 판결을 내린 것이다. 즉, 잘못된 판결이 있었던 1974년부터 지급되어야 할 손해배상금의 지급이 지연된 데에 따른 이자를 지급하라는 것이 1심과 2심의 판단이었는데, 대법원에서는 이자 지급이 지연되기 시작한 시점을 1974년이 아니라 재심 판결이 내려진 2008년으로 판단한 것이다.*

이 판결에 따라 전영순은 이미 지급받은 판결금의 상당 부분을 반환해야 했지만 그럴 수 없었다. 그 돈은 이미 필요한 곳에 쓰였고 남은 것이 없었기 때문이다. 그녀는 '과잉' 지급분에 해당하는 돈을 분할하여 내기를 원했다. 하지만 법원은 이를 허락하지 않고 일시불 지급을 명령했다. 그녀는 일시불로 낼 돈이 없었다. 그러자 국정원은 그녀를 상대로 부당이득반환 소송을 제기했다. 반환해야 할 돈을 반환하지 못하고 있으니 연체 이자를 내라는 소송이었다. 연체 이자율은 20%에 달했다. 원금도 갚지 못하는 상황이라서 연체 이자는 계속 불어날 수밖에 없었다. 결국 갚아야 할 돈은 무죄 판결로 받은 배상금보다 더 커졌다. 국정원은 그녀가 살고 있는 집을 강제 경매에 넘겼다. 결국 그

---

* 대법원 2011. 1. 27 선고. 2010다6680 판결.

녀는 국가에게 내야 할 돈을 내지 않는 범법자이자 무주택자가 되었다.

2008년 시점으로 돌아가서 인혁당 재건위 사건을 생각해 보자. 인혁당 관련자들은 재심을 통해서 무죄를 선고받았다. 재심이란 확정된 판결이 내린 사실 판단에 중대한 오류가 있는지를 다투는 재판이다. 1심 판결에 불복하여 2심에서 다시 재판을 받는 항소와는 다르다. 재심을 통해서 인혁당 사건의 당사자들은 구제되었다. 재심의 판단에 따르자면 그들은 지난 30년간 쭉 무죄였다고 해야 한다. 다시 말해서 재심이 내려진 2008년 이후부터 무죄가 되는 것이 아니라 그 전부터 무죄였다는 말이다. 그런데 배상금 지급 지연에 따른 이자를 2008년부터 계산한다는 것이 어떻게 정당화될 수 있는가? 전영순이 과잉 지급분을 반환하지 못한다고 해서 반환 지연에 따른 이자율로 20%를 요구하는 것은 또 어떻게 정당화될 수 있는가?

여기에는 분명 법리적 쟁점들이 있을 것이다. 그러나 여기서 주목하고자 하는 것은 판결 시점이 갖고 있는 철학적 쟁점이다. 2008년 재심이 무죄라고 판단한 대상은 2008년 당시 이미 사망하여 이 세상에 존재하지 않는 전재권이 아니라 1974년에 존재했던 전재권이다. 1974년의 전재권이 무죄이므로 2008년의 전재권도 무죄가 되는 것이지, 그 반대가 아니라는 말이다. 만약 2008년 재심 결과가 다르게 내려졌다면, 1974년의 전재권은 여전히 유죄인 것일까? 만약 그렇다면, 1974년 전재권이 유죄인지 무죄인지는 2008년 재심이 결정하는 것처럼 보인다. 우리는 이런 결론을 받아들일 수 있는가? 미래의 한 사건이 과거 사건의 법적, 윤리적 평가를 뒤집을 수 있다면, 더 미래의 사건이 다시 그 평가를 또 한 번 뒤집을 가능성은 없을까? 2011년 전영순에게 과잉 지급된 돈을 반환하라는 법원의 판결은 이런 일을 한 것이다. 적어도 2011년 판결이 전영순에게 남긴 마음의 상처와 경제적 피해로 보자면 이 판결은 재심의 결과를 뒤집는 것과 같다.

여기서 우리는 새옹지마의 가르침이 무엇인지 다시 한 번 고민하게 된다. 하나의 사건이 갖는 의미를 그 사건이 일어난 그 시점에서 판단하지 않고 그 후의 사건들의 추이를 보고 판단해야 한다면, 언제까지 기다려야 우리는 그 의미를 알 수 있을까? 2008년 법원의 재심 판결은 잘못된 과거의 판결을 바로잡는 일이었다. 하지만 어떤 이가 이 재심 판결도 이후에 뒤집어질 수 있다고 주장한다면, 우리는 이를 어떻게 반박할 수 있을까?

윤리적 판단과 시간의 문제

사람들은 흔히 윤리학의 주제들이 시간이라는 차원과 무관하다고 생각한다. 예를 들어, 어떤 행위가 윤리적으로 좋은지 나쁜지를 따지는데 그 행위가 언제 발생했는가는 윤리적으로 중요한 고려 사항이 아니라고 생각하는 식이다. 대표적인 윤리 이론의 하나인 공리주의를 예로 들어보자. 공리주의에 따르면 한 행위가 윤리적으로 좋은지 나쁜지를 결정할 때 핵심적인 쟁점은 그 행위가 가져올 결과이다. 그 행위가 오래전에 일어난 일인지 또는 앞으로 일어날 일인지는 고려 사항이 아닌 것이다. 그런 점에서 공리주의에서 시간은 주요 고려 사항이 아니다.

공리주의에서 시간이 고려된다면, 이는 어떤 행위의 좋고 나쁨의 양을 측정하기 위한 하나의 잣대일 뿐이지, 시간 그 자체가 윤리적 평가에서 중요한 역할을 하지는 않는다. 예를 들어, 공리주의에서는 앞에 놓인 음식을 지금 당장 먹을 때 느낄 즐거움이 내일 이 음식을 먹을 때 느낄 즐거움보다 크기 때문에, 오늘의 즐거움이 내일의 즐거움보다 더 윤리적으로 중요하다고 본다. 어제 있었던 즐거움은 이제는 지나가 버린 것이기에 더 이상 윤리적으로 중요하지 않다. 공리주의에서 행위의 좋고 나쁨을 시간이라는 잣대로 평가할 때, 평가의 대상이 되는 것은 오직 현재의 결과 또는 미래에 있을 결과이지 이미 벌어진 과거의 결과가 아니다. 예를 들어, 한 사람의 행위를 처벌할 때 공리주의자가 중요하게 고려하는 것은 그 행위로 인해서 이미 벌어진 피해가 아니라 그 행위를 처벌할 때 미래에 누리게 될 이익이다. 다시 말해서 공리주의는 미래 지향적인 잣대로 시간을 바라본다.

이는 단지 공리주의만의 사정은 아니다. 주요 윤리 이론은 무시간적atemporal이다. 시간이라는 제약으로부터 벗어나야만 윤리적 주제를 공정하게 다룰 수 있다는 전제가 모든 윤리 이론에 깔려 있다. 하지만 나는 이런 전제에 도전한다. 윤리학이 무시간적이어야 한다는 믿음은 오히려 인간들이 살아가는 구체적인 상황 속에 숨어 있는 윤리적 쟁점을 보지 못하도록 만든다. 우리가 윤리적 판단을 내리고자 하는 사건이 언제 일어났는가, 그 사건의 주체는 젊은 사람인가, 그 사건이 영향을 미치는 다른 사건은 언제 일어난 사건인가? 이런 식의 고려는 전통적인 윤리학에서는 별로 중요하지 않지만, 이런 고려를 시작할 때 우리가 다루는 윤리적 문제는 훨씬 풍부해지고 구체적이게 된다. 한마디로 말해서, 윤리학의 주제들은 시간이라는 차원을 고려하기 시작할 때 훨씬 더 인간적인 모습으로 드러난다.

두 명의 무고한 죄수

○

두 명의 죄수가 있다. 이 둘이 처한 상황은 매우 비슷하다. 우선, 두 명 모두 10년 후에야 출소할 수 있다. 또한 두 사람은 동갑에 건강 상태도 비슷하다. 하지만 이 둘 사이에 중요한 차이점이 하나 있다. 이들이 지금까지 교도소에서 보낸 기간이 서로 다르다는 점이다. 한 사람은 이미 10년 동안 수감 중이고, 다른 사람은 이제 1년을 교도소에서 지냈을 뿐이다. 그런데 이들은 사실 누명을 쓰고 복역 중이다. 만약 두 사람이 무고하다는 사실이 밝혀진다면, 그들은 바로 석방될 것이다. 두 가지 상황을 상상해 보자. 하나는 10년 동안 갇혀 지내던 사람이 누명을 벗고 석방되는 상황이고, 다른 하나는 1년 동안 갇혀 있던 사람이 누명을 벗고 석방되는 상황이다. 물론 두 사람 모두 석방되는 것이 옳지만, 이 두 가지 중 하나만이 현실에서 일어날 수 있다면, 당신은 누가 석방되길 바라는가?

아마도 대부분의 사람들은 10년 동안 수감 중인 사람이 석방되는 쪽을 선호할 것이다. 그런데 이러한 선택의 근거는 무엇인가? 만약 공리주의에 따라서 사안을 고려한다면 이러한 선택은 설명하기 힘들다. 하지만 우리의 상식적 판단은 더 오랫동안 갇혀 있는 사람을 석방하는 것을 선호한다. 물론 기존의 윤리적 이론에서도 이런 상식적 판단을 수용할 수 있다고 주장할 것이다. 예를 들어, 공리주의자라면 더 오랜 기간 갇혀 있는 사람을 석방하는 것이 더 많은 이익을 가져다줄 것이라고 주장할 수 있다. 하지만 공리주의의 관점에서, 더 오래 갇혀 있는 사람을 석방하는 것이 가져다주는 이익이 더 클 것이라고 볼 수 있는 근거는 무엇인가? 억울한 10년이긴 했지만 이미 지나간 시간이다. 억울한 시간이 더 길다는 점이 어떻게 앞으로 그에게 더 많은 이익을 가져다줄 수 있는가?

만약, 두 죄수의 남은 형기가 다르다면 공리주의는 이를 좀 더 쉽게 설명할 수 있을 것이다. 예를 들면, 사실은 무고한 두 죄수가 똑같이 1년을 복역했는데, 한 사람은 앞으로 1년을, 다른 사람은 앞으로 10년을 더 복역해야 하는 상황을 상상해 보라. 그리고 이 두 사람 중에서 한 사람만 석방할 수 있다고 가정해 보자. 이런 경우 공리주의자의 대답은 분명하다. '앞으로 10년의 복역 기간이 남은 사람을 석방해야 한다. 그를 석방하는 것은 앞으로 있을 10년 동안의 예정된 불행을 사라지게 만들기 때문이다. 이는 앞으로 있을 1년 동안의 예정된 불행을 사라지게 하는 것보다 나은 일이다.' 이 경우 공리주의자의 선택은 '앞으로 있을 불행을 최소화하라'는 원칙에 근거한다.

하지만 이 원칙을 앞의 사례에 적용하면, 두 사람 중 어느 쪽을 석방하는 것이 옳은지 설명할 수 없다. 두 사람 모두 앞으로 10년 동안 예정된 불행을 겪을 것이기 때문이다. 앞에서 말했듯이 우리는 무고함에도 불구하고 이미 10년이란 기간을 복역한 사람을 석방하는 것이 1년 동안 복역한 사람을 석방하는 것보다 낫다고 생각한다. 이 점을 공리주의는 설명할 수 없다.

윤리적 주제들이 갖는 시간성

이 책에서 궁극적으로 확인하게 될 것은 주요 윤리적 주제에서 시간이 맡는 역할이다. 이를 '윤리의 시간성'이라고 줄여 말한다면, 이 표현은 여러 가지를 의미할 수 있다.

첫째, '윤리의 시간성'은 윤리적 판단의 대상이 되는 행위가 일어난 시간이 윤리적 판단에서 중요함을 의미할 수 있다. 예를 들어서 자신이 저지른 잘못된 행위에 대해서 곧바로 용서를 구하는 것은 바람직할 수 있지만, 그렇다고 해서 즉시 용서받기를 원하는 것은 부적절하다. 다시 말해서 그릇된 행위에 대해서 용서를 구하는 데에는 시간의 경과가 필요하다. 이는 당연한 현상이라서 설명을 덧붙일 필요가 없어 보이기도 하지만, 시간의 경과가 왜 중요한지를 막상 설명하려들면 어떻게 답을 해야 할지 분명치 않다.

둘째로, '윤리의 시간성'은 윤리적 주체가 사는 시점이 윤리적 판단에서 중요함을 의미할 수도 있다. 행위의 주체가 지금 자신의 인생에서 행위가 발생한 때를 기준으로 어느 지점에 있는지가 그 행위의 윤리적 의미에 영향을 미칠 수 있다는 것이다. 예를 들어, 어떤 사건을 앞두고 있는 사람과 그 사건을 이미 경험한 사람은 그 사건에 대한 윤리적 판단에서 다를 수 있다. 단지 그런 경향이 있다는 것이 아니라 그렇게 다른 윤리적 판단을 내리는 것이 정당한 경우가 있다는 것이다.

셋째로, '윤리의 시간성'은 윤리적 판단의 대상이 되는 행위가 영향을 미치는 시간의 방향이 일방향적이지 않고 쌍방향적임을 의미하기도 한다. 앞서 말했듯이 공리주의에 따르면 한 행위의 윤리적 평가는 그 행위가 미래에 미칠 영향에 바탕을 두어야 한다. 하지만 이런 식으로 시간을 일방향성으로 고려하는 것은 오해를 낳는다. 한 행위의 윤리적 의미를 평가할 때는 그 행위가 미래에 가져올 결과뿐 아니라 그 행위를 낳게 한 과거의 일, 그리고 그 행위를 한 주체의 과거 등도 고려해야 한다.

한마디로, 지금까지 주요 윤리 이론은 시간에 대한 고려를 경시했다. 그럼으로써 윤리적 고찰에서 구체성은 희생되었다. 이 책에서 나는 윤리적 고찰에서 경시되어 온 시간성을 드러내고자 한다.

2장

시간에 대한 선호

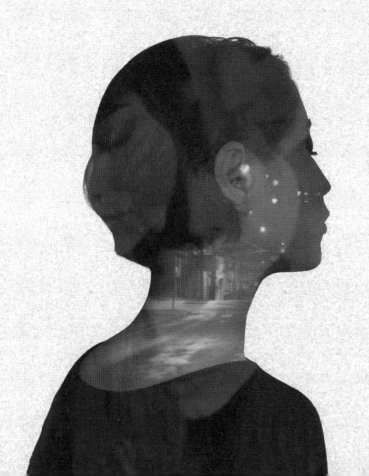

태어나자마자 고아가 된 아이가 있다. 아이는 노예로 팔려가서 노동에 시달리다가 일곱 살에 죽는다. 아무도 이 아이의 죽음을 슬퍼하지 않는다. 이제 당신이 이 아이의 삶을 살게 된다고 하자. 당신은 이 아이의 삶 중 어느 순간부터 살지를 선택할 수 있다. 어느 순간을 선택할 것인가?

어떤 시점에 있길 원하는가?

우리는 부질없는 희망이라는 것을 알면서도 특정한 시간에 있길 원하곤 한다. 음주 운전을 하다가 사고를 낸 사람은 술을 마시고 운전대를 잡기 이전 시점으로 돌아가기를, 그래서 운전대를 잡는 대신 안전하게 집으로 돌아갈 수 있는 다른 방법을 선택할 수 있었던 시점으로 되돌아가기를 바랄 것이다. 부질없는 희망이지만, 그가 맞닥뜨리고 있는 시점보다는 몇 시간 전의 그 시점에 자신이 있기를 간절히 바란다. 이는 현재의 시점보다 과거의 시점을 선호하는 경우이다.

　현재의 시점보다 미래의 시점을 선호하는 경우도 있다. 집을 떠나서 일 년 동안 고기를 잡으러 나가야 하는 원양 어선의 선원이 있다. 그는 고기잡이가 성공적으로 끝나고 집으로 돌아올 일 년 후의 시점을, 가족과 이별 인사를 해야 하는 지금의 시점보다 선호할 것이다. 하지만 과거 시점으로 돌아가길 바라는 음주 운전자와는 달리 원양 어선 선원의 희망은 부질없는 것이 아니다. 그의 희망은 일 년 후 집으로 돌아가는 것이 가능하기 때문에 생겨난다.

현재의 시점을 선호하는 경우도 있다. 현재에 일어나고 있는 일이 계속되길 희망하는 경우가 바로 이에 해당한다. 지하 감옥에서 빛도 제대로 보지 못한 채 지내던 죄수가 운동장에 나와서 햇살을 맞고 있다. 곧 그는 다시 지하 감옥으로 돌아가야 한다. 이 죄수는 쏟아지는 햇살을 보고 있는 현재의 시점을 다른 어느 시점보다 선호하면서 지금 이 순간이 계속되길 희망할 것이다.

그렇다면 왜 우리는 특정한 시점을 선호하는 것일까? 왜 음주 운전자는 현재의 시점보다 과거의 시점을 선호하고, 선원은 현재의 시점보다 미래의 시점을 선호하고, 죄수는 미래의 시점보다 현재의 시점을 선호하는가? 이런 질문은 얼핏 어리석은 질문처럼 들린다. 우리가 선호하는 것은 시점 자체가 아닌 것처럼 보이기 때문이다. 그래서 아마 다음과 같이 대답하는 사람이 있을 수 있다.

우리가 선호하는 것은 특정한 시점이라기보다 특정한 상황이다. 특정 시점을 선호하는 것처럼 보이는 것은 우리가 희망하는 특정한 상황이 일어나는 시점이 바로 그 시점일 뿐이기 때문이다. 그러니까 음주 운전자가 선호하는 것은 음주 운전을 하지 않는 상황이다. 그리고 음주 운전을 하지 않기로 마음먹을 수 있었던 것이 과거의 시점이기에 그는 과거의 시점을 선호하는 것처럼 보일 뿐이다. 우리는 고통스러운 경험을 피하고 즐거운 경험을 선호한다. 그래서 고통스러운 경험이 일어나는 시점을 피하고 즐거운 경험이 일어나는 시점을 선호하는 것이다.

이 대답이 옳다면, 우리가 특정한 시점을 선호하는 이유는 단지 특정한 상황이 있는 시점, 즉 고통이 아닌 즐거움이 있는 시점을 선호하기 때문이다. 하지만 정말 그럴까? 한 번 더 생각해 보기로 하자.

〈사랑의 블랙홀〉로 본 시점에 대한 선호

영화 〈사랑의 블랙홀〉은 한 시점에 갇혀 버린 기상 캐스터 필 코너스에 관한 이야기이다. 그는 자신이 끔찍하게 싫어하는 하루를 계속 맞이해야 하는 희한한 처지에 놓이게 된다. 최악의 하루가 계속 반복되는 것이다. 매일이 최악이고, 죽고자 해도 인생 최악의 날을 피할 수 없다. 그에게 어떤 희망이 있을까? 그는 술집에 앉아서 자신이 맞이했던 행복했던 날들 중에서 가장 행복한 기억으로 남은 하루를 떠올린다. 그리고 단 하루가 반복되어야 한다면, 그 행복했던 하루가 반복되길 희망한다.

이제 원래의 영화 줄거리를 바꾸어서 주인공 필 코너스가 자신이 생각하기에 가장 완벽했던 바로 그 하루가 반복되는 상황이 벌어졌다고 하자. 최악의 하루가 아니라 인생 최고의 하루를 반복해서 맞이하는 것이다. 그는 매일 최상의 즐거움을 누린다. 이제 그에게 어떤 시점을 선호하는지를 물어본다고 하자. 그는 지금 이 순간을 가장 선호한다고 말할 것이다. 하지만 이 대답은 이상하게 들린다. 어차피 내일도 그는 최상의 순간을 누릴 것이 아닌가? 그렇다면 오늘의 시점과 내일의 시점 중 어느 날을 특별히 선호할 이유는 없지 않을까?

하지만 그렇지 않다고 생각할 수 있다. 최상의 날이 반복되는 일이 언젠가는 끝날 것이라고 믿는다면, 오늘도 최상의 날이고 내일도 최상의 날이지만, 내일보다는 오늘을 선호하게 될 것이다. 최상의 날을 하루라도 더 빨리 맞이해야 조금이라도 더 오랫동안 최상의 날을 즐길 수 있을 테니까 말이다.

좀 더 현실적인 상황에 대해서 말해보자. 태어나면서부터 매일 즐거운 삶을 살다가 임종의 순간을 맞이한 사람이 있다. (이런 사람이 존재한다는 것도 현실적인 상황이라고 말하긴 어렵지만, 같은 날이 계속되는 것보다는 좀 더 현실적이라고 할 수 있을 것이다.) 이 사람에게 어느 시점으로 돌아가고 싶은지를 묻는다고 하자. 임종을 앞둔 그는 최선을 다해서 자신의 과거를 기억해 본다. 기억나는 첫날로 돌아가서 생각해 보니 그날은 너무 즐거운 날이었다. 그래서 그는 다른 날로 기억을 옮겨 간다. 그런데 기억할 수 있는 모든 날이 각각 최고로 즐거운 날이어서 그는 어느 날이 더 즐겁다거나 덜 즐겁다거나 말할 수 없다. 그런 그에게 어느 시점으로 돌아가고 싶은지를 묻는다면 그 대답은 분명하다. 즐거운 날이 시작된 첫날로 돌아가는 것이다. 그리고 그 이유도 분명하다. 첫날로 돌아가야 가장 오랫동안 즐거울 수 있기 때문이다. 즐거운 경험의 총량을 최대화하는 방법이 바로 첫날로 시점을 돌리는 것이다.

이제 원래의 질문으로 돌아오면, 우리는 시점을 선호하는 이유에 대해서 서로 다른 분석을 내놓는 두 견해를 발견하게 된다. 앞서 살펴본 견해에서는 즐거운 경험인지 고통스러운 경험인지에 따라서 어느 시점을 선호할지를 결정한다. 즐거운 때를 선호하고 고통스러운 때를 피하라는 것이 이 견해가 말하는 바이다. 그런데 이 견해에는 만족스럽지 못한 점이 있다. 똑같이 즐거운 경험을 하고 있는 두 시점이 있다면 이 견해는 이 중 한쪽이 더 좋다고 할 수 없다. 똑같이 고통스러운 경험을 하고 있는 두 시점에 대해서도 마찬가지일 것이다. 그런데 이런 경우에도 시점에 대한 선호가 있는 것 같다. 그 이유는, 어떤 시점에 어떤 경험을 하는지뿐만 아니라, 특정 시점까지 있었던 즐거운 경험과 고통스러운 경험을 모두 고려하기 때문이다. 즐거운 경험이 10년 동안 지속된다면, 이 10년의 시간 가운데 어느 때에 있기를 원하는가? 우리는 이 질문에 대답할 수 있다. 최초의 순간에 있어야만 앞으로 있을 10년의 즐거움을 모두 누릴 수 있기 때문에, 즐거운 10년이 시작되는 시점에 있길 원하는 것이 당연해 보인다. 만약 10년 동안의 경험이 동일한 강도의 고통이라면, 그 반대다. 고통스러운 10년의 시간 중에서 특정 시점을 선택해야 한다면, 마지막 순간의 시점을 선택해야 한다.

두 견해는 각각 다른 전제 위에 서 있는가?

어떤 시점을 선호하는지에 대한 앞의 두 견해를 각각 '견해 1', '견해 2'라고 부르기로 하자.

> 견해 1: 즐거운 순간은 선호하고 괴로운 순간은 피하자.
> 견해 2: 즐거움과 괴로움을 모두 고려하여 다가올 즐거움은 많고 괴로움은 적은 순간, 지나간 괴로움은 많고 즐거움은 적

은 순간을 선호하자.

견해 1이 한 순간이라는 단면에서 즐거움과 괴로움을 바라본다면, 견해 2는 그런 순간들의 축적된 덩어리에서 즐거움과 괴로움을 바라본다고 할 수 있다.

　견해 1이 만족스럽지 못한 이유는 똑같이 즐거운 순간들 중에서도 어느 한 순간을 더 선호하는 경우가 존재하기 때문이다. 이런 이유에서 우리는 견해 1은 받아들일 만한 생각이 아니라고 결론을 내릴 수 있다. 하지만 누군가가 이런 결론에 다음과 같이 제동을 걸지 모른다.

　견해 1과 견해 2를 이렇게 비교하는 것은 공평하지 못하다. 서로 전제하고 있는 것이 다르기 때문이다. 견해 1에서 과거의 특정한 시점을 선호한다고 말할 때는 그 시점으로 돌아가서 다르게 행동할 수 있다는 것을 전제한다. 음주 운전으로 적발된 사람의 예로 돌아가서 생각해 보자. 과거의 시점을 선호하는 사례로 이 경우를 들었던 것은, 그 사람이 음주 운전을 하기 직전의 시점으로 돌아가길 원하기 때문이었다. 그가 그 시점으로 돌아가길 희망하는 이유는, 당연히 그가 그 순간으로 돌아가면 운전을 하지 않겠다고 생각하기 때문이다. 다시 말해서 그는 음주 운전 행위를 후회하기 때문에 그 행위 이전으로 돌아가고 싶은 것이다. 반면에 견해 2는 과거의 특정 사건이 달라질 수 있다는 것을 전제하지 않는다. 견해 2는 실제로 일어난 일이 그대로 일어난다고 가정할 때 어떤 시점을 선호하는지에 관한 것이다. 그런 점에서 견해 1과 견해 2는 서로 전제하고 있는 바가 다르다.

이 반박이 적절하게 지적한 대로, 견해 1과 견해 2는 '과거의 특정한 시점을 선호한다'는 말이 전제하고 있는 바를 서로 다르게 받아들인다. 견해 1은 과거로 돌아가 행위자가 달리 행동하면 결과가 달라질 수 있다는 전제하에 어떤 시점을 선호하는지를 따지고 있고, 견해 2는 그런 전제를 받아들이고 있지 않다. 과거의 시점으로 돌아간 행위자의 행위에 따라서 역사가 달라질 수도 있다는 생각을 '동적인 상상'이라고 하고, 실제로 일어난 일들은 그대로 있는 상황에서 어떤 시점으로 돌아가는 생각을 '정적인 상상'이라고 하자. 동적인 상상 속에서 어떤 시점을 선호하는지를 묻는 것과 정적인 상상 속에서 어떤 시점을 선호하는지를 묻는 것은 전혀 다른 일이다. 견해 2가 정적인 상상을 채택하고 있다는 것은 다음과 같은 상황에 비유될 수 있다.

어떤 사람이 자신의 일생을 그대로 찍은 다큐멘터리 영화를 보고 있다. 그는 이 영화가 끝나고 나면 한 순간을 선택하는데 그 시점부터 다시 자신의 인생을 그대로 살아가게 된다. 똑같은 삶을 다시 한 번 살아간다는 데서 오는 지겨움을 피하기 위해서 그는 자신에게 닥칠 일이 무엇인지 알 수 없게 된다고 가정하자.

견해 2는 이런 영화를 보는 사람이 선호할 시점에 대해서 말하고 있는 셈이다. 영화를 보고 있는 사람이 어떤 시점을 선택한다고 해서 영화의 내용이 달라지지는 않는다. 바로 그 점 때문에 이 영화를 보는 사람은 정적인 상상을 하고 있는 것이다.

자신의 일생을 그대로 찍은 영화를 보고 있는데 매일매일이 고통의 연속이라면, 그런 영화를 보는 주인공은 어떤 시점도 택하고 싶지 않을지도 모른다. 하지만 어쨌든 영화 속의 한 시점을 택해야 한다면 어떻게 할 것인가? 견해 2는 극심한 고통 속에 사는 사람이라면 그런 모든 고통이 지나간 순간, 즉 인생 최후의 순간을 선호해야 한다고 말한다. 매우 슬픈 영화이지만 이 영화의 주인공이 되어야만 한다면, 마지막 순간만을 연기하는 쪽이 낫다고 대답하는 것이다.

삶의 궤적

극심한 괴로움만으로 점철된 삶이란 실제 세계에서 만나기 어렵다. 순전히 고통만으로 이루어진 삶이 존재하는 것은 논리적으로만 가능한 일이다. 하지만 그런 삶이 구체적으로 어떤 모습일지를 상상해 볼 수는 있다. 태어나자마자 고아가 된 아이가 있다. 아이는 노예로 팔려가서 제대로 먹지도 못한 채 하루 종일 바위를 깨고 돌을 나르는 노동에 시달린다. 그러다가 아이가 일곱 살에 죽는데 아무도 이 아이의 죽음을 슬퍼하지 않는다. 이런 삶은 상상하는 일만으로도 괴로운 삶이다. 우리는 아이의 삶이 순전히 고통만으로 가득 찬 삶이라고 생각할 수 있지만, 아이도 그렇게 생각할까? 수많은 날 중에 조금 더 나은 것을 먹은 날이 있었거나 조금 더 일찍 잠자리에 눕게 된 날도 있지 않았을까? 그런 순간에는 잠깐이나마 행복을 느끼지 않았을까?

우리의 삶은 대체로 괴로움과 즐거움, 불행과 행복이 서로 섞여 있다. 일곱 살에 죽은 노예 아이의 삶도 긴 불행과 고통의 시간 속에 짧은 행복의 순간이 아주 드물게 반짝이는 모양을 가질 것이다. 견해 2는 일정한 기간 동안 겪는 불행과 행복을 모두 고려한다. 그런데 여기서 한 가지 물음이 생겨난다. 일정한 기간 동안 생겨나는 불행과 행복을 모두 따졌을 때 그 결과가 동일하다면 어떻게 할 것인가? 다가올 고통과 지나간 고통, 그리고 다가올 즐거움과 지나간 즐거움, 이 모든 것을 다 따졌을 때 그 결과가 동일하다면 견해 2는 어떤 시점을 선호해야 한다고 말할까?

대비를 위해서 극단적으로 다른 궤적을 가진 두 삶을 생각해 보자. 금수저 씨는 유복한 어린 시절을 보내고 즐겁게 학창 시절을 보냈다. 하지만 그의 삶은 중년을 거치면서 서서히 불행해졌다. 건강에 문제가 생기고 결혼 생활도 원만치 못했다. 노년의 삶은 더 힘들어졌다. 만성적인 고통을 참아내야 하는 병에 시달렸고 경제적 어려움을 겪다가 결국 그는 생을 마감한다. 금수저 씨의 삶이 그리는 궤적은 꾸준히 내려가는 모습이다. 반면에 흙수저 씨는 불행한 어린 시절을 보냈지만 어려움을 딛고 성공한 사람이다. 병약했던 어린 시절을 지나고 나서 열심히 운동을 한 덕분에 건강한 중년과 노년 시절을 보낸다. 중년에 시작한 사업이 번창하던 시점에 그는 돌연 생을 마치게 된다. 흙수저 씨의 삶이 그리는 궤적은 바닥에서부터 꾸준히 올라가는 모습이다.

금수저 씨와 흙수저 씨의 삶의 궤적이 그리는 방향은 서로 정반대이지만 그들 각자가 인생 전체에서 경험했던 괴로움과 즐거움의 총량은 같다고 해보자. 물론 괴로움과 즐거움을 측정할 수 있는지, 할 수 있다면 어떻게 잴 수 있는지 반문이 생겨날 수 있지만, 일단 그럴 수 있다고 가정하자. 견해 2는 일정한 기간 동안 겪는 불행과 행복을 모두 고려한다고 했다. 하지만 금수저 씨와 흙수저 씨의 불행과 행복의 총량은 동일하다. 그렇다면 이 두 사람에 대해서 견해 2는 동일한 판단을 내려야 할 것이다. 그렇지만 우리는 이 판단에 동의하지 않을 것이다. 자신의 삶이 두 사람의 삶 중에서 어떤 쪽을 닮고 싶은지를 묻는다면 우리는 당연히 흙수저 씨의 삶을 선호할 것이기 때문이다. 그렇지 않은가?

우리는 불행과 행복의 총량뿐 아니라 불행과 행복이 삶에서 어떤 방향의 궤적을 그리며 찾아오는지를 평가한다. 그래서 금수저 씨의 삶보다는 흙수저 씨의 삶을 더 나은 삶이라고 평가하는 것이다. 너무 일찍 맛보는 달콤함보다는 늦게 찾아오는 달콤함을 선호한다.

그렇다면 우리는 견해 2와는 다른 견해를 찾아보아야 한다. 불행과 행복의 총량뿐 아니라 삶의 궤적의 차이를 고려하는 견해는 어떤 것일까? 이를 위해서 다시 한번 금수저 씨와 흙수저 씨의 삶에 대해서 생각해 보자. 자신의 삶이 흙수저 씨의 삶과 같은 궤적을 그릴 것이라고 가정한다면, 지금 이 시점이 그 궤적 중에서 어디에 위치해 있으면 좋겠는가? 아마도 불우한 어린 시절의 어느 시점은 아닐 것이고, 생을 마감하기 직전의 시점도 아닐 것이다. 왜냐하면 고통의 기간을 앞두기는 싫고, 생이 마감하는 시점도 더 이상 살아갈 날이 없어서 싫기 때문이다. 아마도 삶의 한 시점을 선택하여 그때부터 살아간다고 가정한다면, 고통을 상쇄할 만큼 행복이 커지기 시작하는 시점을 선호하는 것이 좋아 보인다. 이에 대해서 견해 2를 가진 사람은 이렇게 자신의 견해를 옹호할지도 모른다.

우리가 흙수저 씨의 삶에서 고통이 지나가고 즐거움이 다가오는 시점에 있길 선호하는 것은 견해 2에 부합한다. 견해 2는 즐거움과 행복의 크기가 불행의 크기를 앞지르기 시작하는 시점을 선호하라고 말한다. 그 시점이 바로 고통은 이미 지나갔고 즐거움은 다가오는 시점이다.

흙수저 씨의 삶과 같은 궤적을 지닌 삶에 대해서는 견해 2가 우리가 선호하는 시점을 잘 말해주고 있다는 것이다. 하지만 흙수저 씨의 삶에서 어떤 시점을 선호하는지를 찾는 것은 쉬운 문제이다. 고생이 끝나고 행복이 시작하는 시점이 우리가 찾는 시점이라는 것도 분명하고 왜 그 시점을 선호하는지도 자명해 보이기 때문이다. 고생은 지나갔고 행복한 날들은 앞으로 많이 남아 있다면, 우리는 바로 그 시점으로 돌아가야 할 것이다.

하지만 금수저 씨의 삶은 흙수저 씨의 삶과 달리 어려운 문제를 제시한다. 금수저 씨에게는 유년 시절이 가장 행복한 시절이었다. 그리고 그 행복은 밑이 터진 쌀 포대처럼 점점 줄어들다가 결국 사라져 버렸다. 반면 불행은 슬그머니 찾아와서 점점 더 크게 자리를 잡더니 나중에는 금수저 씨의 인생 전체를 삼켰다. 자신의 삶이 금수저 씨의 삶과 같은 궤적을 그릴 것이라고 가정한다면, 지금 이 시점이 언제가 되었으면 좋겠는가? 흙수저 씨의 경우와 달리 견해 2는 이 물음에 답을 내놓기 어렵다. 우선 갓 태어난 시점을 생각해 보자. 이때가 다가올 행복의 크기가 가장 큰 시점이므로 견해 2는 이 시점을 우리가 선호해야 할 시점이라고 말할 것이다. 하지만 이 시점은 인생에서 겪어야 할 모든 고통과 불행을 앞두고 있는 순간이기도 하다. 그런 점에서 본다면 견해 2는 모든 고통과 불행이 지나간 생의 마지막 순간을 선호해야 할 것 같기도 하다. 하지만 어떻게 인생의 마지막 순간에 있길 선호할 수 있겠는가? 따라서 견해 2는 이 중에서 어떤 시점을 선호해야 하는지 답하기 어렵다.

그런데 이는 견해 2만의 문제라고 말하기 어려울지 모른다. 금수저 씨의 삶에서는 어느 시점을 선호해야 하는지 밝히라는 요구가 애초에 어려운 것처럼 보이기 때문이다. 삶의 양상이 계속 악화되어 간다면 어느 시점을 택하더라도 남아 있는 것은 우울한 내리막길밖에 없다. 그런 점에서 어떤 시점을 선호하는지를 묻는 것은 적절한 요구가 아니다. 정답이 없는 문제에 대해서 정확한 답을 내리지 못하는 것을 탓할 수는 없다.

행복이 바래거나 발하거나

그렇다면 이번에는 흙수저 씨나 금수저 씨와는 다른 삶의 궤적을 보이는 사람을 한 명 더 생각해 보자. 굴곡 씨의 인생은 평범하게 시작했다. 불행도 찾아왔지만 전반적으로는 행복하다고 할 수 있는 삶이 굴곡 씨 인생 초기에 펼쳐진다. 그러던 그에게 한 달이라는 짧은 기간 동안 꿈같은 행복이 찾아온다. 사업을 시작하자마자 엄청난 성공을 거둔 것이다. 하지만 그 성공은 바로 물거품이 되고 한 달 동안 그는 극심한 고통을 겪게 된다. 평온한 삶의 궤적이 한 달 동안 날카롭게 상승했다가 곧바로 다음 한 달 동안 가파르게 곤두박질친 것이다. 이후 그의 삶은 다시 평온해지고 생을 마칠 때까지 그는 전반적으로는 행복하다고 할 수 있는 삶을 살게 된다. 굴곡 씨 삶의 궤적은 날카로운 상승과 가파른 하락이라는 두 번의 급격한 변화가 있었다는 것을 빼고는 전반적으로 행복한 삶이었다. 그리고 상승기에 경험한 행복은 그 이후에 찾아온 불행으로 상쇄되었다고 하자.

이런 굴곡 씨의 삶에 대해서 견해 2는 어떻게 평가할까? 견해 2는 꿈같은 행복이 시작되기 바로 직전의 시점과 낭떠러지에서 겨우 평온을 되찾은 시점 중에서 어느 하나를 선호할 수 없다. 다가올 행복과 다가올 불행의 크기가 서로 비슷하기 때문이다. 그래서 이 둘은 상쇄되기에 견해 2는 행복의 크기만으로 이 두 시점 중 하나를 선호할 수 없다. 하지만 우리에게 고르라고 한다면, 이 두 시점 중에서 뒤의 시점, 즉 고통스러운 한 달이 끝나고 다시 평온을 찾은 시점을 선호할 것이다. 굴곡 씨의 경우는 금수저 씨의 경우와 달리 어려운 문제가 아니다.

왜 우리는 굴곡 씨 삶의 궤적에서 갑작스레 찾아온 큰 행복이 시작하는 시점이 아니라 불행이 끝나고 평온을 되찾은 시점을 선호하는 것일까? 이를 설명하는 한 가지 방법은 행복과 불행을 시점에 따라서 다시 평가하는 것이다. 굴곡 씨가 두 차례의 급격한 변화를 겪고 난 시점에서 지난 두 달간 자신에게 일어난 일을 되돌아본다고 하자. 그가 지난 한 달 동안 겪은 고통은 그 전 한 달 동안 느꼈던 행복의 빛을 바래게 만들 것이다. 다시 말해서, 행복의 크기는 행복을 느끼는 시점과 이후의 시점에서 다르게 평가될 수 있다.

그렇다면 왜 굴곡 씨가 행복과 불행의 롤러코스터를 지나고 나서 자신이 경험했던 행복의 크기를 깎아서 보는 것일까? 그 이유는 행복의 절정 이후에 극심한 불행을 경험하게 되었다는 사실에 있다고 보아야 할 것이다. 만약 굴곡 씨의 삶에 찾아온 대단한 행복과 극심한 불행의 순서가 뒤바뀌었다고 상상해 보자. 먼저 평탄한 삶을 뒤흔들 정도로 불행의 깊은 바닥으로 떨어진 다음에 곧바로 삶의 궤적이 상승하여 인생 최고의 행복을 경험하게 되는 것이다. 우리는 '행복 다음에 불행'을 경험하는 경우보다 '불행 다음에 행복'을 경험하는 경우를 선호한다. '행복 다음에 불행'이 오는 경우에는 먼저 왔던 행복의 빛이 바래게 되지만 '불행 다음에 행복'이 오는 경우에는 먼저 온 불행 때문에 다음에 오는 행복은 더 빛을 발하게 된다.

견해 2는 '행복 다음에 불행'이라는 인생 굴곡과 '불행 다음에 행복'이라는 인생 굴곡 중에서 어느 쪽을 선호해야 할지를 제시하지 못한다. 행복과 불행의 분량 측면에서 고려한다면, 이 둘 사이에 아무런 차이가 없기 때문이다. 이 둘 사이의 차이는 이야기의 차이이다. '불행 다음에 행복'이 오는 인생 굴곡의 이야기는 '행복 다음에 불행'이 오는 인생 굴곡의 이야기와 전혀 다르기 때문이다. 단지 순서가 다르다는 점이 중요한 것이 아니라 순서의 차이가 두 인생에 대한 평가를 다르게 한다는 점이 중요하다. 견해 1과 견해 2와 달리 우리가 찾는 새로운 견해는 이런 차이를 반영할 수 있어야 한다.

하지만 지금까지의 설명만으로는 새로운 견해가 무엇인지 막연하게 느껴진다. 불행 때문에 '행복의 빛이 **바래다**'거나 또는 오히려 불행 때문에 '행복의 빛이 **발하다**'는 것은 은유적인 표현이라서 정확히 무엇을 의미하는지 분명치 않다. '행복의 크기를 깎는다'는 표현도 마찬가지이다. 어떻게 해서 궤적이 보이는 차이가 행복의 크기를 깎게 만들 수 있다는 말인가? 이런 물음에 대답하는 것은 간단한 일이 아니다. 어려운 물음에 답하기 위해서는 사안을 보다 단순화할 필요가 있다.

TV 설치 기사의 역설

○

호주 철학자 하젝Alan Hájek이 제시하는 단순한 문제 상황이 좋은 출발점이 될 수 있다.* 그는 다음과 같은 상황을 상상해 보라고 말한다.

케이블 TV를 설치하기 위해서 기사가 내일 철수네 집을 방문하기로 되어 있다. 설치 기사는 내일 오전 9시와 오후 3시 사이에 철수네 집을 꼭 방문할 것이라고 말했다. 하지만 이 중 언제가 될지는 모르겠다는 말을 덧붙였다. 내일 철수는 영수와 함께 집에서 설치 기사가 오길 기다리기로 했다. 그런데 정확히 언제 올지도 모르는 설치 기사를 마냥 기다리는 것이 지루해서 철수와 영수는 내기를 하기로 했다. 오전 9시에서 정오 사이에 설치 기사가 철수네 집을 방문하는 상황과 정오에서 오후 3시 사이에 설치 기사가 방문하는 상황 중에서 각자 하나를 선택해 내기를 했다.

하젝이 던지는 물음은 이것이다.

어느 쪽에 내기를 거는 것이 나을까?

이 물음에 대한 답은 쉬운 것처럼 느껴진다. 그 대답은 "어느 쪽에 내

---

* Hájek(2005).

기를 걸든지 차이가 없다"는 것이다. 왜냐하면 오전 9시와 정오 사이에 설치 기사가 철수네를 방문할 확률과 정오와 오후 3시 사이에 설치 기사가 철수네를 방문할 확률은 똑같기 때문이다. 그렇게 볼 수 있는 이유는 설치 기사가 오전 9시와 오후 3시 사이에 철수네를 방문한다는 점만 알려져 있을 뿐 언제 방문하는지를 추측할 아무 정보도 주어지지 않았기 때문이다.

그런데 정말 그럴까? 오전 시간대(오전 9시~정오)를 선택하는 것이나 오후 시간대(정오~오후 3시)를 선택하는 것이나 아무 차이가 없을까? 하젝이 던지는 물음이 흥미로운 점은, 방금 말한 것처럼 이 두 시간대 중 어느 하나를 선호할 필요가 없는 것처럼 보이기도 하지만 동시에 오후 시간대를 선호해야 하는 것처럼 보이기도 하기 때문이다. 이유는 이렇다. 설치 기사가 오기로 한 날 오전 9시가 되었다. 오전 시간대에 내기를 걸었다면 9시가 지나가면서 자신이 이길 확률이 오후 시간대에 내기를 건 사람보다 점점 줄어든다고 생각하게 된다.

예를 들어, 10시가 되었는데 아직 설치 기사가 나타나지 않았다고 해보자. 그렇다면 오전 시간대에 내기를 건 사람이 이기려면 앞으로 두 시간 안에 설치 기사가 나타나야 한다. 반면 오후 시간대에 내기를 건 사람이 내기에 이기는 길은 설치 기사가 오후 시간대인 세 시간 동안에 철수네를 방문하는 것이다. 다시 말해서 오전 시간대를 선택한 사람이 이길 수 있는 시간은 점점 줄어들지만 오후 시간대를 선택한 사람은 그렇지 않다는 점이 오후 시간대를 선호해야 하는 이유이다. 바로 그 이유에서 하젝이 제시하는 설치 기사 이야기는 우리에게 역설처럼 들린다.

하지만 이에 대해서 반론이 있을 수 있다. 가만히 생각해 보면 역설이라고 할 만한 것이 없다는 주장이다. 다음 글은 그런 반론을 보여 준다.

> 설치 기사의 이야기가 역설처럼 보이는 것은, 특정한 경우, 즉 9시가 지나서 시간이 흐르고 있는데 설치 기사가 나타나지 않는 경우에만 주목하기 때문이다. 그 시간 동안에도 설치 기사가 방문할 수 있는데 그런 경우는 염두에 두지 않은 것이다. 이 경우 당연히 오전 시간대를 선택한 사람은 내기에서 이기게 된다. 그 점을 고려한다면 9시가 지나서 시간이 계속 흐르는데도 설치 기사가 나타나지 않는 상황에서 오전 시간대를 선택한 사람이 내기에서 이길 확률이 점점 줄어드는 것은 당연하며, 그 점이 오후 시간대를 더 나은 선택으로 만들지는 않는다.

이 반론은 충분히 설득력이 있다. 하지만 그럼에도 불구하고 우리는 여전히 오후 시간대를 선호할 이유가 있다고 생각한다. 오전 시간대를 선택한 사람의 심리 변화를 상상해 보자. 그 변화는 이렇게 설명할 수 있다.

> 9시가 시작되는 순간부터 오전 시간대를 선택한 사람은 오후 시간대를 선택한 사람보다 더 초조해 질 것이다. 왜냐하면 자신이 이길 수 있는 시간이 줄어들고 있기 때문이다. 반면 오후 시간대를 선택한 사람은 그런 초조함을 겪지 않을 것이고 오히려 시간이 흘러서 정오에 다가갈수록 초조함이 아니라 승리에 대한 기대감과 자신감이 커질 것이다.

그렇다고 해서 오전 시간대에 내기를 건 사람이 확률적으로 더 불리하다는 말은 아니다. 설치 기사 이야기가 역설적인 이유는 오전 시간대보다 오후 시간대를 선호하게 되면서도 어느 쪽에 내기를 걸든지 더 유리한 쪽은 없다는 데에 있다. 앞의 반론이 놓치고 있는 점은 철수와 영수가 시간의 흐름 속에 있다는 것이다. 이 점을 분명히 하기 위해서 내기 방식을 조금 바꾸어 보자. 이번에는 철수와 영수가 집 안에서 설치 기사를 기다리지 않고 외출을 했다가 저녁에 돌아와서 설치 기사가 언제 집에 왔었는지를 확인하는 방식으로 내기의 규칙을 정했다고 하자. 다시 말해서 그들은 집에서 설치 기사의 방문을 직접 맞이하지 않게 된다. 이 경우라면 오전 시간대에 내기를 걸었다고 해서 초조할 일은 없을 것이다. 9시가 지나서 시간이 흘러가더라도 설치 기사가 이미 왔는지 아직 오지 않았는지를 알 수 없기 때문이다.

그렇다면 애초의 내기에서 오전 시간대보다 오후 시간대를 선호하는 이유는 초조함을 피하기 위해서일까? 그렇게 말할 수는 없을 것 같다. 초조함이라는 심리적 요소가 핵심적인 역할을 하는 것은 아니다. 아직 일어나지 않는 일에 대해서 초조함을 느끼는지의 여부는 그 일을 어떻게 바라보는지에 영향을 받는다. 설치 기사의 방문에 대해서도 마찬가지이다. 오전 시간대를 선택한 사람은 정오까지 설치 기사가 오지 않는다는 것이 자신이 내기에서 졌음을 의미한다는 점을 잘 알고 있을 것이다. 그렇기 때문에 정오가 다 되어 가는 시각에도 설치 기사가 방문하지 않는다면, 오전 시간대를 선택한 사람이 내기에서 질 것 같다는 생각에 초조해질 수 있다. 하지만 막 오전 9시가 되었을 때는 그럴 필요가 없다. 오히려 9시가 지나고 나서 얼마 되지 않은 시간 동안에는 오전 시간대를 선택한 사람이 오후 시간대를 선택한 사람보다 심리적으로 안정적이라고 예측할 수 있다. 그 근거는 다음과 같이 제시된다.

오후 시간대를 선택하면 당연히 정오 이전에는 내기에서 이길 수 없다. 반면 오전 시간대를 선택한 사람은 오전 시간대에 (그리고 그 시간 동안에만) 내기에 이길 수 있다. 그래서 9시가 되어 얼마 지나지 않은 시간 동안 내기에서 질까 초조할 사람은 오히려 오후 시간대를 선택한 쪽이라고 해야 한다. 어차피 늦어도 12시 정각이 되기 전에 이 내기의 승패는 갈리게 된다. 초조함이란 결과를 모르는 상황에서만 생기는 심리적 상태이다. 그렇다면 두 사람이 초조함을 느끼는 시간대는 오직 오전 시간대일 뿐이다. 정오가 다 되어 가는데도 설치 기사가 나타나지 않는다면 오후 시간대를 선택한 사람은 자신이 이길 가능성이 점점 높아짐을 알고 기대에 부풀게 될 것이고 오전 시간대를 선택한 사람은 그 반대로 초조하게 될 것이다. 그러니까 초조함과 자신감이란 감정은 내기에 참여한 두 사람에게 정확히 정반대로 나타날 것이라고 볼 수 있다. 오전 9시와 정오 사이의 기간을 정확히 이등분한 시점에 초조함과 자신감이 두 사람 사이에서 교차되는 것이다.

이 설명을 받아들인다면 이 내기에서 더 나은 선택이란 없다고 해야 한다. 그렇다면 하젝의 설치 기사 이야기에는 아무런 역설이 없게 된다. 하지만 과연 그런가? 여전히 오전 시간대보다는 오후 시간대를 선호하지 않을까? 이 물음에 답하기 위해서 새로운 사례를 생각해 보자.

고통스러운 수술에 관한 사고 실험

이번에 생각할 상황은 설치 기사가 집을 방문하는 것보다는 훨씬 비현실적으로 들릴 수 있다. 철수는 희귀한 병에 걸렸다. 수술을 받으면 완전히 나을 수 있는 병이지만 한 가지 문제가 있다. 이 수술은 마취 없이 이루어져야 해서 굉장히 고통스럽다. 다행인 점은 이 수술 이후에 수술 과정에 대한 기억을 완전히 지울 수 있는 방법이 있다는 것이다. 달리 말해서 마취는 할 수 없지만 망각은 할 수 있다. 수술을 받는 것이 유일한 치료 방법이기에 철수에겐 달리 선택할 길이 없었다.

철수는 수술을 받기 위해서 수술 준비실에 있는 침대에 누웠다. 그런데 갑자기 잠이 몰려와서 잠깐 잠이 들게 되었다. 그러다가 철수의 눈이 떠졌다. 자신이 침대에 누워 있다는 것을 알게 된 철수는 주변을 살펴보았다. 그의 주위에는 아무도 없었다. 그는 수술을 받으러 병원에 왔던 기억과 수술 준비실에 있는 침대에 누웠던 기억을 떠올렸다. 간호사가 수술 과정에 대해서 설명해 주었던 기억도 났다. 끔찍하게 고통스러운 수술이 끝나고 나면 수술 과정에 대한 기억을 완전히 잊도록 만들어 주는 처치를 받은 후 바로 이 침대에 누워 있게 될 것이라고 했다. 그 말을 듣고 나서 그는 수술을 기다리면서 누워 있었다. 수술 걱정에 잠을 충분히 자지 못했기 때문에 졸음이 밀려왔다. 그것이 마지막 기억이다. 그리고 그다음에 있었던 일은 아무것도 기억나지 않았다. 철수는 침대에 누워서 생각했다.

나는 지금 수술을 받기 위해서 침대에 누워 있거나, 아니면 수술이 끝나고 나서 침대에 누워 있을 것이다. 하지만 내 기억에만 의지해서는 이 두 상황 중 어느 쪽에 있는지 판단할 수 없다.

철수는 마침 침대 옆을 지나가는 처음 보는 간호사에게 자신의 수술이 끝났는지를 물었다. 그러자 간호사는 이렇게 대답했다.

오늘 같은 종류의 수술이 두 건이 있다고 들었어요. 그런데 한 환자의 경우에는 열 시간이나 걸렸지만 수술은 잘 끝났다고 합니다. 또 다른 환자의 경우는 딱 한 시간이면 수술이 끝나는데 아직 수술이 시작되기 전이라고 알고 있습니다. 선생님이 바로 이 두 환자 중 한 분인데요. 확인하고 알려드리겠습니다.

이렇게 말하고 나서 간호사는 어디론가 바삐 걸어갔다. 간호사가 돌아오기를 기다리면서 철수는 이렇게 생각했다.

내 기억만으로는 수술이 끝났는지 아니면 수술을 받기 전인지 알 수 없지만, 내가 그 수술이 끝났길 바란다는 것은 분명하다.

우리 모두는 철수가 이런 바람을 갖는 것은 당연하다고 생각한다. 하지만 왜 그런가? 왜 수술 전에 있는 상황보다 수술 후에 있는 상황을 선호하는가? 이에 대해서 아마도 많은 사람이 수술이 끝난 상황이어야 수술 과정에 동반되는 고통도 끝이 나기 때문이라고 말할 것이다. 하지만 철수가 받는 수술은 수술이 끝났더라도 그에 동반되는 고통을 기억하지 못하게 되는 특수한 종류의 수술이다. 어차피 고통을 기억할 수도 없는데 왜 그 고통이 이미 과거의 일이길 바랄까?

누군가가 미국 시카고 빈민가에서 총격 사건으로 어린 소녀가 목숨을 잃었다는 소식을 전하면서 이 비극이 1주일 전에 일어났길 바라느지, 아니면 5분 전에 일어났길 바라느지를 묻는다면 우리는 이 물음에 어리둥절할 것이다. 우리는 이 중 어느 하나를 선호할 이유가 없기 때문이다. 만약 이 사건이 일어날 수밖에 없는 사건이라면 1주일 전에 일어나거나 5분 전에 일어나거나 아무런 차이가 없다. 언제 일어났건 이 사건은 비극적 사건이다. 하지만 누군가는 이렇게 말할지 모른다.

> 철수가 이미 수술을 받았더라면, 수술에 따르는 고통을 잊었겠지만 수술을 받는 동안 그가 극심한 고통을 느꼈다는 사실에는 변함이 없을 것이다. 그 고통은 다른 사람이 아니라 철수 바로 자신이 겪는 고통이다. 철수가 자신의 고통에 대해서 관심을 갖는 것은 당연하며 그 고통이 이미 끝났기를 바라는 것도 당연한 일이다.

기억할 수 없는 고통이라고 하더라도 철수가 그 고통이 과거에 일어났길 바라는 이유는 그 고통이 자신의 고통이기 때문이라는 주장이다. 철수가 수술에서 받는 고통이 자신의 고통이라는 주장은 당연히 옳다. 하지만 여전히 의문은 남는다. 미래에 있을 한 시간짜리 고통도, 과거에 있었던 열 시간짜리 고통도 다른 사람이 아니라 철수 본인의 고통이다. 그런데 왜 미래의 고통보다 과거의 고통을 선호하는가?

고통스러운 수술에 관한 사고실험은 철학자 파핏Derek Parfit이 제기했다.* 그는 우리에게 과거의 고통보다는 미래의 고통을 더 피하려는 경향이 있음을 지적한다. '미래에 대한 편향'이 있다는 것이다. 여기에 대해서는 더 따져볼 거리가 있고 학자 간에도 논쟁이 있지만, 우리는 철수의 '미래에 대한 편향'이 비합리적이라고 생각하지 않는다. 긴 고통이 지나간 상황과 짧은 고통이 다가올 상황 중에서 한쪽을 선택하라고 한다면, 우리도 앞의 상황을 선택할 것 같다. 이는 우리 모두에게 숨겨져 있는 어쩔 수 없는 성향이다.

미래에 대한 편향

고통스러운 수술에 대한 사고실험이 설치 기사 이야기에 대해서 어떤 시사점을 줄까? 이것이 설치 기사의 방문을 놓고 오후 시간대에 내기를 거는 행위에 대해서 어떤 설명을 제시한다고 볼 수 있을까?

이는 고통스러운 수술에 대한 사고실험을 어떻게 이해하는지와 밀접한 연관이 있다. 파핏의 진단대로 우리에게는 어쩔 수 없는 미래에 대한 편향이 있다고 해보자. 다가오는 미래의 고통보다는 그 고통이 과거의 것이길 선호한다. 여기서 고통의 분량은 우리의 선호를 결정하지 않는다. 이미 지나가 버린 아주 긴 고통이 미래에 있을 한 시간 동안의 고통보다 낫다고 생각한다.

하지만 설치 기사 예시에서는 고통이라고 할 만한 것이 등장하지 않는다. 오전 시간대를 선택한다고 해서 고통이 다가오는 것은 아니다. 오후 시간대를 선택한다고 해서 고통을 과거의 것으로 만들 수 있는 것도 아니다.

---

*   Parfit(1984), Ch. 8.

여기서 우리는 한 가지 제안을 생각해 볼 수 있다. 설치 기사 내기에서 누가 이기는지는 정오 이전에 결정된다고 지적했다. 12시 전에 설치 기사가 나타난다면 오전 시간대를 택한 사람이 이기고 그 시각까지 설치 기사가 나타나지 않는다면 오후 시간대를 택한 사람이 이기기 때문이다. 내기를 결정짓는 것, 즉 '내기 결정자'라고 부를 만한 것은 오전 시간대에 존재한다. 우리는 내기 결정자가 곧바로 설치 기사의 방문과 동일하지 않다는 점을 알 수 있다. 정오 이전에는 설치 기사가 방문하는 사건이 곧 내기 결정자이지만 정오 이후에는 설치 기사의 방문이 내기 결정자가 아니기 때문이다. 정오가 될 때까지 설치 기사가 방문하지 않았다면, 정오가 되었다는 사실이 바로 내기 결정자가 된다. 그렇다면 다음과 같은 원리가 작동한다고 생각해 보면 어떨까?

우리는 내기 결정자가 과거의 것이 되어버리는 시간대를 선호한다.

이 제안에 따르면 우리는 오후 시간대에 내기를 거는 것을 선호하게 된다. 오후 시간대에 들어가는 순간 내기 결정자는 과거의 것이 되어버리기 때문이다. 이 제안이 그럴듯하다면 다음 질문이 자연스럽게 생겨난다.

왜 우리는 내기 결정자를 과거의 것으로 남기고 싶을까?

내기 결정자는 고통을 동반하는 수술과 비슷한 점이 있다. 어느 시점에든 일어날 수밖에 없다는 것이다. 이런 사건이 언제 일어나는지를 정확히 알지 못한다면 초조와 불안을 겪을 수 있다. 여기서 초조와 불안이란 감정은 불확실한 미래에서 비롯된다고 할 수 있다. 우리는 불확실한 미래를 앞둔 시간대보다는 불확실함이 제거된 시간대를 선호하게 된다.

내기 결정자가 생겨난 이후의 시간대를 선호하게 된다는 제안은 가까운 미래의 부정적 감정을 피하려 하는 인간의 경향성에 바탕을 둔 것이라고 볼 수 있다. 우리는 순서를 정하는 상황에서 이와 비슷한 사고방식을 만나곤 한다. 예를 들어, 승부차기로 승패를 가려야 하는 축구 경기에서 어느 쪽이 먼저 공을 차는지를 정할 때 대부분의 선수들은 자신의 팀이 나중에 차게 되길 선호한다. 그 이유는 상대방 선수가 먼저 공을 차게 되면 그 결과를 알게 된 상태에서 공을 찰 수 있게 되기 때문이다.

설치 기사 이야기를 듣고 나서 축구의 승부차기를 비슷한 예로 드는 것은 흔하게 발견할 수 있는 반응이다. 승부차기에서 나중에 차는 것을 선호하듯이 설치 기사 내기에서도 오후 시간대를 선호하게 된다는 설명이다. 하지만 여기에는 제대로 설명되지 못한 점이 있다. 승부차기의 경우에는 두 팀이 어느 쪽을 선택하는지에 따라서 공을 차는 순서가 정해지고 이 순서에 따라서 공을 실제로 차야 하지만, 설치 기사 내기에서는 시간대를 선택하는 것 말고 별도로 해야 하는 행위가 없다는 점이다. 공을 차는 행위는 초조와 불안에 영향을 받기 때문에 상대방의 결과를 알고 공을 차는지의 여부가 중요할 수 있다. 하지만 설치 기사 내기의 경우에는 초조와 불안 때문에 실수를 하게 되는 행위가 없다. 그렇다면 설치 기사 내기를 승부차기 사례와 같은 것으로 간주하는 것이 과연 정당한지 의문이 들게 된다.

과거에 대한 편향

설치 기사 이야기나 고통스러운 수술 이야기를 승부차기에 빗대어 설명하는 것은 미래에 대한 편향을 통해서 우리의 선호를 설명하려는 것이다. '미래에 편향적'이라는 것은 모든 시점을 동등하게 보지 않고 미래의 시점에 좀 더 무게를 둔다는 말이다. 과거의 행복보다는 미래의 행복에 더 큰 긍정적 가치를 부여하고 과거의 불행보다는 미래의 불행에 더 큰 부정적 가치를 부여한다. 하지만 우리는 이와는 반대 방식으로 문제를 바라볼 수도 있다. 다시 말해서 미래보다는 과거에 더 무게를 두는 방식으로 인간의 특정 행동을 설명하는 것이다.

심리학자로서 노벨 경제학상을 받은 카너먼Daniel Kahneman은 '사람들이 생각하는 방식'에 대한 전문가이다. 그는 사람들이 생각하는 방식에는 두 가지가 있다고 주장한다.* 하나는 느리게 생각하는 방식이고 다른 하나는 빠르게 생각하는 방식이다. 느리게 생각하는 방식은 흔히 '합리적'이라고 말하는 사고방식이고, 빠르게 생각하는 방식은 흔히 '자동적'이라고 말하는 사고방식이다.

카너먼에 따르면, 느리게 생각하는 **합리적 자아**는 자신을 인생이라는 무대의 주연이라고 믿지만 오히려 실상은 조연에 불과하다. 반면에, 그가 보기에 인생의 진정한 주연은 빠르게 생각하는 **자동적 자아**인데 정작 이 자아는 자신이 주연임을 모른다. 주연은 조연보다 훨씬 오랫동안 무대에 등장하기 마련이다. 자동적 자아는 아무 말 없이

---

*   카너먼(2018)

일어나는 일을 꾸준히 경험하는 자아인 반면, 합리적 자아는 이따금 등장하여 이 경험을 기억하는 자아다. 그럼에도 합리적 자아는 자신이 인생을 이끌어 나가는 주연이라고 착각하고, 자동적 자아는 자신이 인생이라는 무대에 거의 항상 등장한다는 점을 깨닫지 못한다.

이 두 자아는 서로를 도우며 잘 지내기도 하지만 각자의 본성이 다른 만큼 불협화음을 만들기도 한다. 카너먼은 두 자아가 만들어 내는 불협화음에 관한 전문가라고 할 수 있다. 카너먼은 다음과 같이 두 자아가 만들어 내는 불협화음의 예시를 제시한다. 교향곡을 음반으로 듣는 걸 즐기는 사람이 여느 때처럼 교향곡을 감상하고 있었는데 곡 막바지에 이르러서 음반이 긁히는 날카로운 소리를 듣게 되었다. 그는 이 날카로운 소리가 '음악 감상을 망쳐버렸다'고 생각한다. 하지만 카너먼은 이에 대해 의문을 제기한다. 어떻게 음악 막바지에 튀어나온 소음이 감상 전체를 망칠 수 있을까?

그는 여기에 두 자아의 불협화음이 있다고 분석한다. 하나의 자아는 연주곡을 계속해서 듣고 있었다. 이 경험하는 자아가 바로 빠르게 생각하는 자동적 자아이다. 하지만 또 하나의 자아, 즉 합리적 자아는 소음을 기억하고 이를 토대로 전체 감상을 망쳤다고 해석한다. 하지만 사실 그렇지 않다. 그는 그 소음을 듣기 전까지 연주곡을 충분히 잘 감상하고 있었기 때문이다. 제대로 감상하지 못한 구간은 소음이 들렸던 부분뿐이다. 만약 감상을 시작하자마자 음반이 긁히는 날카로운 소리가 들렸다면 어떠했을까? 초반에 등장한 훼방꾼에도 불구하고 훌륭히 감상을 마쳤다고 하지 않을까? 카너먼은 이러한 차이를 두 자아 사이에서 생겨나는 인지적 착각이라고 분석한다.

경험과 경험의 기억 사이에서 오는 혼동은 강력한 인지적 착각이다. 우리는 이런 혼동 때문에 과거 경험이 엉망이었다고 믿는다. 하지만 경험 자아는 제 목소리를 내지 못한다. 기억 자아는 가끔 틀리지만 점수를 매기고 우리가 삶 속에서 배운 것을 지배하고 결정을 내린다. 우리는 과거로부터 미래 경험까지는 아니더라도 자기 미래 기억의 질을 최대로 높이는 법을 배운다. 이것은 바로 기억 자아의 폭압이다.[*]

카너먼에 따르면 연주가 다 끝나가는 마당에 음반이 긁혀서 나는 소음은 사실 연주 감상 경험 전체를 망치지 않는다. 단지 우리가 그렇게 느낄 뿐이며, 이는 기억 자아라는, 사실은 조연에 불과하지만 자신이 주인공인 줄 착각하는 자아의 폭압이라고 카너먼은 설명한다.

하지만 과연 그런가? 연주 마지막에 음반이 튀어서 날카로운 소리를 듣게 될 때, 연주 전체를 망쳤다는 판단은 과장된 것이라고 할 수 있다. 하지만 그렇다고 해서 그런 판단이 기억 자아의 폭압이라고까지 말할 수는 없다. 우리가 관심을 갖는 물음은, 음반이 튀어서 날카로운 소리가 한 번 난다면 연주 감상의 전체 시간 중 어느 부분에서 일어나는 것이 나쁜가 하는 것이다. 카너먼의 분석을 따른다면, 이 물음에 대한 대답은 '초반보다는 마지막 부분'일 것이다. 그 이유는 분명하다.

경험 자아는 묵묵히 음악을 경험하기 때문에 음반 튀는 소리가 어

---

[*] 카너먼(2018), 466쪽.

느 부분에서 생기는지에 영향을 받지 않을 것이다. 달리 말해서 경험 자아는 시간에 중립적이다. 반면 기억 자아는 시간에 따라 영향을 받는다.

카너먼에 따르면, 감상 후반부에서 음반이 튀면 기억 자아는 연주 감상 전체를 망한 것으로 기억하게 된다. 그렇다면 기억 자아는 연구 감상 마지막 부분에 음반이 튀는 것보다는 초반에 튀는 것을 선호할 것이다. 기억 자아는 연주 초반을 선호하고 경험 자아는 아무 선호가 없으니, 이를 합쳐서 고려하면 우리는 다음과 같이 말해야 한다.

> 음반이 튀어서 음악 감상을 방해받는 일이 생긴다고 한다면, 연주의 마지막 부분보다는 앞부분에 일어나는 것을 선호해야 한다.

기억 자아의 판단을 폭압이라고 말하는 것은 과장이다. 기억 자아의 판단은 우리가 어떤 시점을 선호하는지를 보여주기 때문이다. 기억 자아는 우리를 착각하게 만드는 폭압자가 아니라 우리가 어느 시점을 선호하는지 알려주는 안내자이다.

그렇다면 기억 자아가 감상 전체가 망했다고 판단하는 것은 무슨 의미일까? 기억 자아는 음반 튀는 소리를 듣고 난 이후에 그 이전의 연주 부분을 감상하며 가졌던 즐거움의 가치를 낮추어 평가한다고 할 수 있다. 당시에는 좋았다고 평가한 것이 뒤돌아서보면 그렇게까지 좋았던 것은 아니었다고 생각하게 되는 것이다.

과거의 일이 빛을 발하거나 빛이 바래거나

○

카너먼의 음악 감상 예시가 우리의 물음에 의미하는 바는 무엇일까? 앞서 우리는 특정한 시점을 선호하는 이유에 대해 여러 견해들을 살펴보았다. 이 과정에서 우리는 인생 궤적에 따라서 행복의 크기를 깎아서 보는 견해가 우리의 물음에 그럴듯한 답변을 제시할 수 있다는 점을 보았다. 하지만 문제는 어떻게 행복의 크기를 깎는가이다. 여기에는 미래에 더 큰 무게를 두고 행복의 크기를 다시 평가해야 한다는 견해와, 이와 반대로, 과거에 더 큰 무게를 두고 행복의 크기를 다시 평가해야 한다는 견해 모두 가능하다. 고통스러운 수술 사례를 고려한다면 미래에 편향적인 태도가 우리의 선호를 더 잘 설명하는 것 같지만, 설치 기사 사례는 그런 설명에 잘 들어맞지 않는다. 반면 음악 감상 사례는 과거에 편향적인 태도가 우리의 선호를 더 잘 설명한다는 점을 보여 준다. 그렇다면 과거에 대한 편향성에 근거한 설명이 설치 기사 사례를 더 잘 설명하는 게 아닐까?

이에 대해 살펴보려고 한다. 우선 '나'라는 존재가 시간대별로 존재하는 '시간대 자아'로 구성된다고 가정해 보자. 시간대는 우리가 원하는 대로 설정할 수 있지만 설치 기사 사례에 적절하게 적용하기 위해서 1분 동안 한 명의 시간대 자아가 존재한다고 가정한다. 즉 한 시간 동안에 60명의 시간대 자아가 존재하는데 이들은 모두 한 사람의 시간대 자아이다. '나'는 설치 기사가 언제 방문하는지를 놓고 내기를 한다. 오전 9시부터 오후 3시까지 6시간 동안 존재하는 나의 시간대 자아 360명을 생각해 보자. 이 6시간 동안 존재하는 임의의 시간대 자아들은 이 내기에서 각자 자신이 이겼는지(달리 표현하면, 자신이 내기에서 이기는 사람의 시간대 자아인지)를 알고 있는지의 여부에 따라서 두 부류로 나뉘고, 또한 실제로 내기에서 이겼는지(달리 표현하면, 자신이 내기에서 이기는 사람의 시간대 자아인지)에 따라서 두 부류로 나뉜다. 그렇다면 우리는 임의의 시간대 자아를 다음 네 부류로 구분할 수 있다.

> **유형 1**: 내기 결과를 알고 실제로 내기에서 이긴 시간대 자아
> **유형 2**: 내기 결과를 알고 실제로 내기에서 진 시간대 자아
> **유형 3**: 내기 결과를 알지 못하고 실제로 내기에서 이긴 시간대 자아
> **유형 4**: 내기 결과를 알지 못하고 실제로 내기에서 진 시간대 자아

이 중 어떤 유형의 시간대 자아가 많았으면 좋겠고 반대로 어떤 유형의 시간대 자아가 적었으면 좋겠는가? 아마도 우리는 무지의 상태보다 앎의 상태에 있는 것을 선호할 것이다. 알고 있는 상태가 그렇지 못한 상태보다 더 가치 있다고 여기기 때문이다. 또한 내기에서 이기는 것을 지는 것보다 선호할 것이다. 그렇다면 우리는 유형 1을 가장 선호하고 유형4를 가장 기피한다고 할 수 있다. 즉 유형 1의 시간대 자아가 가능하면 많길 원하고 유형 4의 시간대 자아가 가능하면 적길 원한다. 유형 2와 유형 3은 어떤가? 유형 2가 많아지는 것은 내기에서 진 시간대 자아가 많아지는 것을 의미하므로 이는 별로 바라지 않을 것이다. 하지만 유형 2의 시간대 자아는 승부 결과를 알고 있으므로 그 점에서는 긍정적으로 평가된다. 한편, 유형 3의 시간대 자아가 많아지는 것은 승부의 결과를 알지 못한다는 점에서 좋지 않지만 내기에서 이기는 자아에 속했다는 점에서는 긍정적이다.

그런데 우리는 설치 기사 내기에서 오전 시간대를 택하든 오후 시간대를 택하든 이길 확률은 동일하다고 믿는다. 그런 점에서 시간대 자아가 실제로 내기에 이긴 사람에 속하는지의 여부 자체는 중요한 문제가 아니다. 오히려 우리의 관심사는 내기 결과를 알지 못하는 시간대 자아이다. 내기 결과를 알지 못하는 상태에 있는 시간대 자아가 결국에는 내기에서 이긴 것으로 드러나는 것이 진 것으로 드러나는 것보다 낫다고 여기는 것이다. 즉 우리는 다음과 같은 제안을 그럴듯하다고 받아들인다.

> 유형 3의 시간대 자아를 가능한 한 많이 만들거나 유형4의 시간대 자아를 가능한 한 적게 만들어 내는 쪽이 더 낫다.

이 제안을 따르면 우리는 오후 시간대에 내기를 거는 것을 오전 시간대보다 선호하게 된다. 왜 그런지 이해하기 위해서 오전 10시에 설치 기사가 집을 방문했는데 '내'가 오전 시간대(오전 9시부터 정오)에 내기를 걸었다고 가정해 보자. 10시 이전에 존재하는 '나'의 시간대 자아는 유형 3에 속하고 10시 이후에 존재하는 '나'의 시간대 자아는 유형 1에 속하게 된다. 이 경우 유형 3에 속한 시간대 자아는 모두 60명이다. 만약 '내'가 오후 시간대에 내기를 걸었다면 10시 이전에 존재하는 시간대 자아는 유형 4에 속했을 것이고, 이 유형 4에 속한 시간대 자아도 정확히 60명일 것이다. 10시에 설치 기사가 방문하는 것은 오전 시간대에 내기를 거는 사람이 이기는 경우에 해당한다.

그렇다면 설치 기사가 오후 1시에 방문해서 오후 시간대에 내기를 건 사람이 이기는 경우와 앞의 경우를 비교해 보자. 이 경우 오후 시간대에 내기를 거는 사람은 유형 3에 속하는 시간대 자아를 180명 갖게 된다. (왜 그런지 생각해 보라.) 한편 오전 시간대에 내기를 걸어서 내기에 진 사람은 유형 4에 속하는 시간대 자아를 180명 갖게 될 것이다. 이를 앞의 경우와 비교한다면 오후 시간대에 내기를 건 사람이 오전 시간대에 내기를 건 사람보다 유형 3에 속하는 시간대 자아를 더 많이 갖게 되고 유형 4에 속하는 시간대 자아를 덜 갖게 된다. 이런 식으로 오전 시간대에 내기를 거는 경우와 오후 시간대에 내기를 거는 경우를 일대일 대응하면서 따져보면 오전 시간대에 내기를 거는 것보다 오후 시간대에 내기를 것이 더 낫다는 결론에 이르게 된다. 바로 앞에서 제시된 제안대로다.

이를 좀 더 직관적으로 설명하자면 이렇다. 결과를 모르는 상태에서 결과를 기다리는 것은 괴로운 일이다. 그런데 그 결과가 자신이 원하는 대로 나온다면 괴롭게 보낸 시간은 '빛을 발할' 것이다. 반면 결과가 원하는 것과 반대라면 괴롭게 보낸 시간은 '빛이 바랠' 것이다. 다시 말해서 다음과 같은 원리가 성립한다.

어차피 고통을 피할 수 없다면 우리는 **빛을 발하는** 고통의 시간이 **빛바랜** 고통의 시간보다 긴 것을 선호한다.

과거의 수고와 고통이 빛을 발한다면, 그 수고와 고통은 더 작게 평가된다. 견딜 만한 기억이 되는 것이다. 과거의 고통에 대한 평가 절하가 생겨나는 것이다. 반대로, 과거의 수고와 고통의 빛이 바랜다면, 그 수고와 고통은 더 크게 평가될 것이다.

정리와 한 가지 화두

지금까지 특정 시점에 대한 우리의 선호를 어떻게 설명할 수 있는지에 대해서 생각해 보았다. 거칠게 정리하자면, 시간에 대한 선호를 설명하는 방식은 세 가지로 구분할 수 있다. 첫째는 시점 자체에 대한 선호는 없다는 중립성 견해(견해 1)이고, 둘째는 특정 시점까지의 행복과 불행의 분량에 따라서 시간에 대한 선호가 생겨난다는 견해(견해 2)이다. 셋째는 과거와 미래의 불행과 행복이 어떻게 평가 절하되거나 절상되는지에 따라서 시간에 대한 선호가 생겨난다는 견해(견해3)이다. 또한 견해3은 평가 절하와 평가 절상이 일어나는 방식에 따라서 미래에 편향적인 견해와 과거에 편향적인 견해로 구분될 수 있다. 그리고 설치 기사 내기가 제기하는 물음에 대해서 과거에 편향성을 두는 견해가 다른 견해보다 낫다는 주장을 펼쳐 보았다.

그렇다고 해서 이로부터 우리의 선호 체계가 항상 과거에 편향적인 방식으로 이해되어야 한다는 결론을 이끌어 낼 수는 없다. 고통스러운 수술 사례가 보여주듯이 일반적으로 우리는 미래에 다가올 일들에 훨씬 더 큰 가치를 부여한다. 오히려 우리가 적절하게 내릴 수 있는 결론은 미래에 대한 편향성을 가지고는 제대로 설명할 수 없는 사례들도 있다고 말하는 것이다. 특히 앞으로 다룰 주제들은 과거에 편향적인 견해가 선호 체계를 더 잘 설명할 수 있다는 것을 보여준다. 달리 말해서 앞으로 주제를 다룰 때 우리는 다음과 같은 물음을 중요한 길잡이로 삼을 것이다.

어떤 행동이나 태도를 취하는 것이 옳은지를 판단하는 데 있어서 그 행동이나 태도는 과거에 있었던 수고와 고통이 빛을 발하게 하는가, 아니면 빛바래게 하는가?

이런 물음을 던진다는 것은 윤리적 문제를 고려할 때 시간 또는 시간의 경과가 중요한 요소라는 점을 인정하는 것이다. 앞으로 우리가 다룰 '후회', '사죄', '용서', '구원', '세대 간 정의'와 같은 개념들은 시간이라는 요소를 고려해야만 제대로 이해할 수 있다고 생각한다. 전통적인 윤리학 이론은 그렇지 않았다. 공리주의와 칸트의 의무론에서 시점은 중요한 요소가 아니다. 그런 점에서 전통적인 윤리학은 무시간적 윤리학이다. 무시간적 윤리학은 앞으로 우리가 다룰 주제들을 제대로 분석할 틀을 제공하지 못한다.

지금까지 시간의 윤리학이 갖고 있는 문제의식에 대해서 설명했다면, 앞으로 다룰 주제를 예고하는 차원에서 한 가지 화두를 던져 보겠다. 이 역시 앞에서 소개된 여러 사례들처럼 철학자의 사고 실험으로 제시된 것이다. 영국을 대표하는 현대 철학자 더밋Michael Dummett은 사자 사냥에 관한 사고 실험을 통해서 흥미 있는 물음을 던진다.

젊은이의 용맹성을 시험하여 성인으로 인정하는 부족이 있다. 이 부족의 젊은이들은 사자 사냥을 나가서 자신의 용맹성을 증명해야 한다. 사자 사냥의 일정은 총 6일이다. 처음 이틀 동안은 걸어서 사자 사냥 장소로 이동한다. 그다음 이틀은 본격적인 사자 사냥 기간이다. 마지막 이틀 동안 젊은이들은 걸어서 마을로 돌아온다. 참가 젊은이들이 실제로 얼마나 용감했는지를 기록하여 추장에게 보고하는 감독관들이 이 6일 간의 일정을 같이 한다. 추장은 사냥에 참가한 젊은이들이 용맹하게 사냥하고 무사히 돌아오길 기원하면서 6일 내내 춤을 춘다.*

이 추장은 6일 간의 일정 중에서 4일이 지나면 사자 사냥이 끝났다는 것을 알고 있다. **그런데도 왜 그는 마지막 이틀 동안에도 계속해서 춤을 추는 것일까?** 자신의 춤이 이미 일어나 버린 일의 결과를 바꿀 수 있다고 믿는 것일까? 이 믿음은 이상하지 않은가? 이 믿음이 이상하다면 추장을 어떻게 설득할 수 있을까?

---

*   Dummett(1964), p. 342.

3장

· · ·

후회

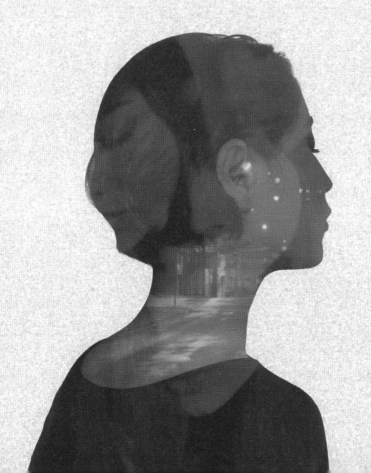

1불 지폐와 10불 지폐 중 하나를 고르면, 그 돈은 당신 돈입니다. 마음 대로 골라서 가져가세요. 단, 여러분이 자신이 내린 선택을 후회하는 경우에 한해서 100불의 보너스가 추가로 지급된다는 점을 잊지 마세요. 자, 어느 쪽을 고르시겠습니까?

윤리적 주제로서의 후회

지난날을 돌이켜 보다가 자신이 저질렀던 잘못에 생각이 가닿을 때가 있다. 그 잘못에는 윤리와 무관한 잘못도 있고 윤리적인 잘못도 있다. 예를 들어, 늦잠을 자다가 중요한 모임에 가지 못했던 경우를 떠올려 보자. 늦잠을 잔 것은 고의도, 악의도 아니었다. 그 결과 중요한 모임에 가지 못해서 낭패를 보았을 수 있지만, 이는 윤리적으로 평가할수는 없는 일이다. 반면에 윤리적인 의미를 갖는 잘못도 있다. 곤경에 빠진 친구를 보고도 모른 척하는 것이 그런 잘못에 속할 것이다. 또 단순한 실수인지 윤리적으로 나쁜 행위인지 구별하기 어려운 경우도 있다. 주의를 기울이지 않고 운전을 하는 행위가 그런 경우에 속한다고볼 수 있다.

단순한 실수이든 의도적인 나쁜 행위이든, 자신이 과거에 저지른 잘못을 되돌아보았을 때 우리의 전형적인 반응은 후회라는 감정이다. 우리는 과거의 잘못을 뼈아프게 생각하고 그때의 일을 생각하기만 하면 밤잠을 설친다. 얼굴이 화끈거리고 자다가도 벌떡 일어나기도 한다. 어떤 경우에는 후회에 사로잡혀서 밥도 먹지 않고 잠도 자지 않는다. 그럴 때 주변 사람들이 가장 쉽게 하는 말이 있다. '후회해서 뭐해. 이미 엎어진 물인데.'

과거에 저지른 잘못은 이미 엎어진 물이고 벌어진 일이다. 맞는 말이다. 하지만 후회는 과거가 아니라 바로 지금 하는 것이다. 그렇다면 우리는 왜 후회라는 감정에 사로잡히는 걸까? 후회는 해서는 안 되는 감정인데 우리가 어리석게도 이에 빠져드는 걸까? 이 물음이 중요한 점을 시사한다. '후회는 해서는 안 되는 감정'이라는 표현에 주목해 보자. 후회라는 감정에 사로잡히는 것은 '해서는 안 되는 일'이다. 후회를 피하는 것에 당위성이 있다는 말이다.

하지만 우리는 이 당위성에 대해서 반대의 목소리도 자주 듣는다. 예를 들어, 악행을 저지르고도 자신의 행동을 전혀 후회하지 않는다고 말하는 사람이 있다면, 우리는 그가 후회를 하지 않는다는 사실에 분노할 것이다. 왜냐하면 그가 자신이 저지른 잘못에 대해서 '후회를 해야 한다'고 보기 때문이다. 후회를 하는 것에 당위성이 있다는 말이다. 단순한 실수에 대해서도 마찬가지라고 생각한다. 늦잠을 자는 바람에 중요한 모임에 가지 못한 사람이 자신의 행동에 아무런 후회가 없다면, 우리는 그의 품성에 문제가 있다고 생각할 것이다. 실수로 노트북을 떨어뜨리는 바람에 노트북이 망가졌는데도 자신의 실수를 후회하지 않는다면, 그에게 문제가 있다고 봐야 하지 않을까?

그렇다면 우리는 다음과 같은 사실을 알 수 있다. 윤리적인 의미를 갖지 않는 실수를 저지른 경우에도, 그 실수에 대해서 후회를 하는 것은 윤리적인 의미를 갖는다. 어떤 일에 대해서 어느 정도로 얼마나 오랫동안 후회를 하는지는 윤리적 물음인 것이다.

후회할 것인가, 아니면 후회에 저항할 것인가?

다음에 제시되는 김막심 씨의 사례를 통해서 후회가 제기하는 윤리적인 물음에 대해서 생각해 보도록 하자.

김막심 씨가 연구실을 나선 것은 밤 11시였다. 저녁 식사를 제대로 하지 못한 그는 허기를 느끼며 운전을 해야 했다. 30분 넘게 차를 몰아 집 근처에 도착한 그는 요기를 위해 음식 몇 가지를 샀다. 주차를 하고 두 손에 가방과 음식 꾸러미를 든 그는 집으로 올라가는 승강기를 타면서 뭔가 잘못되었다는 느낌이 들었다. 그의 기분 나쁜 직관은 틀리지 않았다. 바지 주머니 속에 있어야 할 집 열쇠가 없었던 것이다. 가방과 모든 주머니를 뒤져본 후 그는 직감적으로 연구실 책상 서랍에 열쇠를 두고 왔다는 느낌이 들었다. 출근해서 그가 제일 먼저 하는 일이 주머니 속의 소지품을 서랍에 넣어두는 것이기 때문이다.

자정이 가까운 때였다. 단지 열쇠를 가져오기 위해서 다시 왕복 한 시간 이상을 운전하는 것은 고역이었다. 더구나 막심 씨는 너무 배가 고팠고, 쉬고 싶었다. 열쇠를 잊은 것이 후회막심일 뿐이었다. 다행히 현관문에 '24시간 열쇠 수리'라는 문구와 함께 전화번호가 적힌 스티커가 붙어 있었다. 그 번호로 전화를 걸자 '퇴근한 후라서 할증 요금으로 5만원을 더 내야 한다'는 이야기를 듣게 되었다. 막심 씨는 잠시 고민을 했지만 빨리 와달라는 부탁과 함께 통화를 끝냈다. 열쇠 수리공이 도착한 것은 10분 후였다. 그는 15분 정도면 문을 열 수 있을 것이라고 했다. 하지만 현관문이 열린 것은 거의 한 시간이 흐른 후였다. 흔한 자물쇠가 아니라서 생각보다 열기가 어렵다는 열쇠 수리공의 변명이 한 시간 동안 이어졌다. 막심 씨는 기다리는 내내 연구실에 다녀오는 것이 차라리 나을 뻔했다고 생각했다. 이 생각에 5만 원을 건네는 그의 마음은 더욱 쓰라렸다.

다음 날 막심 씨는 연구실에 출근하자마자 서랍을 열어보았다. 하지만 당연히 있다고 생각했던 열쇠는 거기에 없었다. 연구실의 다른 곳을 살펴보았지만 찾을 수 없었다. 그는 어젯밤에 열쇠를 찾으러 연구실로 다시 차를 몰고 왔더라면 어땠을까를 생각했다. '어젯밤에 열쇠를 찾으러 연구실로 돌아왔다면, 후회막심할 뻔했어.' 막심 씨는 후회막심할 뻔했던 상황을 피했으므로, 안도감을 느꼈다. 동시에 어제 열쇠 수리공에게 돈을 주고 현관문을 열게 했던 자신의 결정에 대해서 아무런 후회를 하지 않게 되었다.

그는 자신이 모르는 사이 열쇠가 어느 곳에 떨어졌을 것이라고 생각했다. 어제 자신이 다녔던 곳을 모두 떠올려 봤지만 특별히 의심할 만한 곳이 생각나지 않았다. 어쨌든 그곳은 자신의 손이 쉽게 닿는 곳이거나 그렇지 않은 곳이거나 둘 중 하나일 것이다. 그는 차라리 열쇠가 자신의 손이 쉽게 닿는 곳에 있지 않길 원했다. 만일 그렇다면 그곳을 찾아보지 못한 자신이 후회스러울 것이기 때문이었다. 반면에, 만일 누군가 자신의 열쇠를 훔쳐 가기라도 했다면 그가 아무리 열쇠를 찾는다고 한들 찾을 수 있는 일이 아니기에 덜 후회스러울 것이라는 생각도 들었다. 자신의 열쇠를 누군가가 훔쳐갔길 원한다는 것이 이상하게 느껴졌지만 그것이 솔직한 그의 심정이었다.

하지만 열쇠에 관한 한 그의 모든 바람은 들어맞지 않았다. 그날 집으로 가기 위해서 다시 자신의 차에 올라탄 김막심 씨는 운전석 밑에 떨어져 있는 열쇠를 발견했다. 떨어진 위치로 보아서 바지 주머니에서 열쇠가 흘러 떨어진 것 같았다. 바지 주머니에 열쇠가 있을 가능성이 높다는 것을 알면서도 열쇠가 주머니에서 흘러 나왔을 가능성을 생각하지 못한 것에 대한 후회가 몰려왔다.

'만일 어제 차를 몰고 다시 연구실로 가기로 했다면 어땠을까? 그랬다면 차를 타기 위해서 차문을 열다가 열쇠를 발견할 수도 있지 않았을까?'

물론 차 속에서 열쇠를 발견하지 못하고 연구실까지 운전을 하고 간 뒤, 책상 서랍에서도 열쇠를 찾지 못하고 다시 돌아와, 결국은 열쇠 수리공에게 전화를 하게 되었을 수도 있었다. '그 가능성에서 위로를 찾아야 할까?' 김막심 씨는 밀려오는 후회감을 덜어 내기 위해서 어떤 생각을 하는 것이 좋을지를 생각하며 운전을 했다.[*]

82

김막심 씨의 사례를 통해서 우리는 후회가 갖고 있는 미묘한 특성을 관찰할 수 있다. 김막심 씨는 집 열쇠를 잃어버렸다. 이는 윤리적으로 아무런 의미를 갖지 않는 것 같은, 단순한 실수이다. 공리주의자는 이런 사소한 실수마저도 김막심 씨 개인에게 불편을 가져다주기 때문에 그의 실수를 '나쁘다'고 말할 것이다. 하지만 나는 우리의 상식적인 기준을 말하는 것이다. 김막심 씨의 실수에는 도덕적으로 나쁘다고 할 것이 없다.

이 실수에 대해서 그는 분명 어떤 낭패감을 겪었을 텐데 이를 후회라고 불러도 무방할 것이다. 하지만 이것이 그가 상대해야 할 유일한 후회는 아니다. 그보다 중요한 후회의 순간은 이 실수에 대한 그의 대처에서 생겨난다. 그는 열쇠를 연구실에 두고 왔다고 생각했다. 이런 판단에 근거해서 연구실로 돌아가는 선택을 했을 때의 불편과 편익을 고려하고 열쇠 수리공에게 문 열기를 맡겼을 때 들어갈 비용과 편익을 따져본 후 열쇠 수리공에게 전화를 하는 것이 낫다는 결정을 내렸다. 이 결정이 그에게 후회를 가져다줄까? 이것이 우리가 흥미롭게 살펴봐야 할 지점이다.

다음 날 그는 연구실에 집 열쇠가 있지 않았다는 것을 알게 되었다. 이를 깨달은 시점에서 그의 바람에 주목할 필요가 있다. 그는 차라리 집 열쇠를 누군가가 훔쳐 갔기를 기대한다. 왜 그럴까? 열쇠를 훔쳐 가는 것은 범죄 행위인데, 어떻게 그는 자신이 범죄의 피해자가 되길 바랄 수 있는가? 그의 바람은 도덕적으로 정당화되기 힘든데도, 우

---

* 짐작하는 대로 김막심 씨의 사례는 나의 경험을 토대로 쓰인 것이다. 이때의 일을 계기로 나는 후회라는 주제를 철학적 주제로 진지하게 생각해 보게 되었다.

리는 그가 이런 바람을 갖는 것을 이해할 수 있다. 그 이유는 집 열쇠를 누군가가 훔쳐 간 것이라면, 막심 씨가 어젯밤 열쇠 수리공에게 전화를 걸기로 한 결정을 두고 어리석다고 할 수 없기 때문이다. 여기에는 다음과 같은 전제가 숨어 있다. 막심 씨의 결정이 어리석은 결정이었다면, 그는 자신이 그런 결정을 한 것에 대해서 후회를 하는 것이 마땅하다.

그런 그에게 후회를 하는 것이 불가피해 보이는 순간이 찾아왔다. 집 열쇠가 자동차 안에 떨어져 있는 것을 발견한 순간이다. 그가 어젯밤에 차 안을 살펴보았다면, 열쇠 수리공을 부르는 데 비용을 들일 필요도 없었고 밖에서 추위에 떨며 기다릴 필요도 없었다. 그렇다면 이제 막심 씨는 어젯밤 차 안을 먼저 살펴보지 않고 열쇠 수리공에게 전화하기로 한 결정에 대해서 후회하는 것이 마땅할 것이다. 여기서 중요한 표현은 '마땅'이다. 그의 후회에 당위성이 발생하는 것이다.

하지만 막심 씨는 이에 저항하는 듯하다. 막심 씨는 '밀려오는 후회감을 덜어내기 위해서 어떤 생각을 하는 것이 좋을지'를 생각하기 시작한다. 어떤 것이 이 후회감을 덜어낼 수 있을까? 예를 들어서, 막심 씨가 이 경험을 계기로 '후회'라는 개념에 대해서 깊이 고민하고 관련 서적을 읽기 시작했다고 하자. 이후 막심 씨는 후회의 개념을 주로 다루는 심리학자가 되었다. 만약 그렇다면, 그가 집 열쇠를 차 안에 떨어뜨리고 열쇠 수리공을 불렀던 그날 자신이 내렸던 결정을 후회하게 될까? 아마도 아닐 것이다. 그렇다면 이런 물음이 남는다.

그는 그날 자신이 했던 **후회 때문에** 일생에서 아마도 가장 중요한 선택, 즉 심리학자가 되겠다는 선택을 하게 된 것일까? 아니면 그 선택은 그가 그날의 실수에 대해서 **후회하지 않으려고 노력했기** 때문에 가능했던 것일까?

후회의 필요성

'김막심 씨에게 어떤 조언을 해주고 싶은가?'라는 물음에 아마도 많은 사람들은 이렇게 말할 것이다. "이미 지나간 일은 잊어라."

어차피 벌어진 일을 후회하는 것은 그 자신에게 이롭지 않기 때문이다. 사람들은 이미 일어난 일과 아직 일어나지 않은 일에 대해서 너무 많은 걱정을 한다고들 말한다. 그런 '불필요한' 걱정만 안 한다면 인생이 훨씬 행복해질 것이라고도 말한다. 그럴듯하게 들린다.

하지만 이러한 간단명료한 조언을 알고 있음에도 불구하고 왜 우리는 계속해서 이미 일어난 일들에 대해서 후회를 하는 것일까? 인간의 모든 심리적 기제가 진화적 이점을 갖고 있다는 진화심리학적 전제에 동의하지 않는다고 하더라도, 이미 일어난 일에 대해 후회하는 것이 정말로 불필요한 걱정에 빠지는 것일 뿐이라고 보이지는 않는다. 만일 그렇다면 인간은 고질적으로 스스로를 통제하지 못하는 존재로 보아야 할 것 같기 때문이다. 인간은 어떤 필요에 의해서 후회를 하는 것은 아닐까?

한 사람이 과거를 잊으려고 노력하면서도 동시에 되짚어 보려고 노력하는 것은 흔한 일이고 나아가 자연스러운 일인지도 모른다. 과거를 되짚어 보는 것은 우리에게 꼭 필요한 일이다. 그렇다면 후회는 그저 과거를 되짚어 보는 일일까? 이 질문에 답하는 것은 '이미 일어난 일을 두고 후회한다'는 것이 무엇을 의미하는지에 달렸다.

후회가 감정의 한 종류라고 볼 때, 후회를 규정하는 일은 감정의 정체성을 밝히는 것과 맞닿아 있다. 그런데 감정이 무엇인지에 대해서는 오래된 논란이 있다. 감정의 본성에 대한 이론은 다양하다. 이를 단순화하자면, 감정을 인간의 몸에서 일어나는 신체적 현상으로 보는 한 극단과 믿음과 같은 정신적인 현상으로 보는 극단 사이에 여러 이론들이 스펙트럼을 이루고 있다고 할 수 있다.

미국의 심리학자이자 철학자인 제임스William James는 감정을 '몸에서 일어나는 변화를 느끼는 것'으로 본다. 그에 따르면 인간은 '공포를 느끼기 때문에 몸이 떨리는 것이 아니라 몸이 떨리기 때문에 공포를 느끼는 것'이며 '슬프기 때문에 우는 것이 아니라 울기 때문에 슬픈 것이다.'* 이런 견해는 매력적으로 들리긴 하지만 감정에 대한 우리의 상식적인 이해에 반한다. 몸에서 느껴지는 것만으로 판단했을 때 자신의 감정이 슬픔인지 기쁨인지 아리송할 때가 있다. 감정이 단순히 몸에서 일어나는 변화, 예를 들어 체온 상승과 같은 것을 느끼는 것이라면, 이런 현상을 설명하기 힘들다.

후회라는 감정에 집중하면 제임스의 견해는 더욱 받아들이기 힘들다. 만일 후회라는 감정이 신체적 통증과 같은 것이라면, 아무리 떨쳐 버리려고 노력해도 일정 기간 그런 신체적 반응은 남아 있을 수밖에 없고, 또 그 기간이 지나고 나면 아무리 후회라는 감정을 가지려고 노력해도 가질 수 없을 것이다. 하지만 우리는 어떤 일이 벌어진 직후

---

*   James(1884)

에만 후회의 감정을 느끼는 것이 아니다. 지난날에 있었던 사건을 떠올릴 때도 후회의 감정은 일어난다. 후회가 신체적 변화를 감지하는 것에 불과하다면, 후회가 시간을 넘나들며 생기는 것을 설명하기 어렵다.

후회라는 감정은 신체적 통증을 지각하는 것보다 훨씬 더 정신적인 감정이다. 전형적으로 후회는 자신이 과거에 한 일이 바람직하지 못한 결과를 가져왔다는 믿음에서 비롯된다. 만일 자신의 행위가 바람직한 결과를 낳았다고 믿고 있음에도 불구하고 여전히 그 일을 후회하는 사람이 있다면, 그는 합리적인 사람이라고 할 수 없거나 적어도 이에 대한 특별한 설명이 요구된다. 이는 인간에게 후회라는 감정이 이런저런 조건하에서 발생하는 경향이 있다는 점과 함께, 어떤 조건하에서 발생하는 것이 합리적인가를 말할 수 있는 여지가 있다는 점을 보여 준다.

후회가 **생겨나는** 조건은 후회의 기술적descriptive 측면인 반면, 후회가 **생겨나야 할** 조건은 후회의 규범적normative 측면이라고 할 수 있다. '왜 우리는 이미 일어난 일에 대해 후회하는가?'라는 물음은 후회의 기술적 측면과 규범적 측면에 대한 고찰을 모두 요구한다. 우리는 어떤 조건하에서 후회를 하는 경향이 있는가를 알아야 하지만, 그러한 기술적 측면에 관한 고찰만으로는 물음에 대한 답을 찾는 데 역부족이다. 이 질문에 적절히 대답하기 위해서는 후회의 '목적', 또는 후회가 일어날 수밖에 없는 사정을 설명해야 하기 때문이다. 후회에 대처하는 방법에 대한 논의 역시 이 두 가지 고찰을 모두 요구한다. 후회에서 벗어나는 효율적인 방법이라는 기술적 측면도 살펴야 하지만, 어떤 방법이 더 바람직한가에 대한 규범적 고찰도 중요하다는 말이다.

심리학이라는 학문은 후회라는 감정의 기술적 측면을 주로 다룬다. 여기서 우리는 후회에 관한 심리학적 발견이 남겨놓은 규범적 물음, 특히 '왜 우리는 후회를 하는가?' 하는 물음과 '후회에 대처하는 바람직한 방법은 무엇인가?' 하는 물음에 방점을 두겠지만, 먼저 후회에 관한 심리학의 연구 결과도 간단히 살펴볼 필요가 있다. 이를 통해서 우리는 후회에 관한 중요하면서도 규범적인 질문이 심리학에서는 간과되고 있음을 보게 될 것이다.

후회에 관한 심리학

후회에 관한 심리학적 관심은 후회가 어떤 감정을 동반하고 행동에 어떤 영향을 미치는가에 집중되어 왔다. 이를 설명하기 위해서 몇 가지 개념들이 도입된다. 우선, '반사실적 사고counterfactual thinking'*라는 개념이다. 후회는 전형적으로 이미 일어난 사실에 반하는 상황을 가정함으로써 발생한다는 맥락에서 반사실적 사고와 연관된다.

반사실적 사고는 '… 했다면, … 했을 것이다'라는 형태를 띤다. 이

---

* 심리학계에서는 'counterfactual thinking'을 '사후가정사고'라고 번역하는 것이 일반적이다(허태균, 2001, 2002). 반면 철학계에서 'counterfactual conditional'을 '반사실적 조건문'이라고 번역하는 관례에 비추어 볼 때, 'counterfactual thinking' 역시 '반사실적 사고'로 번역하는 게 알맞아 보인다. 'counterfactual'을 '반사실적'이라고 번역하는 것은 언어학에서도 일반적이다. 단어 'counterfactual'이 갖고 있는 의미를 고려할 때에도 '반사실적'이라는 번역어가 더 적합하다고 여겨진다. 엄밀히 말해서 'counterfactual'이란 표현에는 '이후'와 같은 시간적 개념은 들어있지 않다. 이 번역어의 차이가 갖는 의미는 사소하지 않다.

때 행위자가 염두에 둔 반사실적 상황의 결과가 현재 상황보다 더 낫다고 여겨진다면, 이를 '상향적upward 반사실적 사고'라고 하고, 현재 상황보다 못하다고 여겨진다면 '하향적downward 반사실적 사고'라고 한다.** 예를 들어, '십 분만 먼저 출발했더라면, 비행기를 놓치지 않았을 것이다'는 상향적 반사실적 사고를, '십 분만 먼저 출발했더라면, 그 비행기를 타고 추락했을 것이다'는 하향적 반사실적 사고를 나타낸다.

반사실적 사고를 한다는 것은 일어난 일에 대한 대안적 상황을 생각하는 것인데, 이 대안적 상황은 행위자의 사고 범위에 영향을 받는다. 대안적 상황이 행위자에게 얼마나 쉽게 제시될 수 있는가는 대안적 상황의 '전환성mutability'에 달려 있다. 논리적으로는 가능한 대안이지만 행위자의 사고 범위 안에서 제시되기 어렵다면 전환성은 떨어진다고 할 수 있다.

2000년대 들어 심리학에서 보고되는 연구 결과는 다음과 같다.***

① 사람들은 긍정적 사건을 경험한 이후보다는 부정적 사건을 경험한 이후에 더 쉽게 반사실적 사고를 한다. 예를 들어서, 출근 준비에 늑장을 부리다가 버스 정거장에 평소보다 늦게 나갔다고 해보자. 다행히 버스가 때 맞춰 와서 버스를 타는 경우와 버스를 기

** 하향적 반사실적 사고가 어떤 방식으로 후회와 연결되는지 의문이 들 수 있다. 하향적 반사실적 사고는 '후회'라기보다는 '안도감'에 가깝기 때문이다. 심리학에서는 이에 대한 적절한 설명을 찾아볼 수 없다. 하지만 하향적 반사실적 사고 또는 이와 유사한 것이 후회와 연결되는 지점이 있다.

*** 로즈(2008)와 허태균(2002) 참조.

다리다가 지각을 하는 경우를 비교했을 때, 전자에서는 '출근 준비를 서둘렀으면' 하는 대안적 상황을 별로 생각하지 않지만, 후자에서는 대안적 상황을 쉽게 떠올리게 된다.

② 대안적 상황이 현실 상황과 비슷해서 전환성이 높을수록 사람들은 더 쉽게 반사실적 사고를 한다. 예를 들어, 로또에서 숫자 하나가 맞지 않아 상금을 얻지 못한 경우, 숫자 모두가 달라서 상금을 얻지 못한 경우보다 더 큰 후회를 하는 경향이 있다. 숫자 하나가 맞지 않거나 숫자 모두가 다르거나 로또에 당첨되지 못한다는 결과는 동일하다는 점을 잘 알면서도 그렇다.

③ 어떤 행동을 함으로써 갖게 되는 반사실적 사고는 비교적 짧은 시간 동안 활성화되는 반면, 어떤 행동을 하지 않음으로써 갖게 되는 반사실적 사고*는 (강도는 낮을 수 있으나) 더 오랜 시간 지속되는 후회를 불러일으키는 경향이 있다. 예를 들어서, 누구를 도와주려는 행동을 하다가 결과가 좋지 못한 경우와 누구를 도와주려는 행동을 하지 않아서 결과가 좋지 못한 경우를 비교했을 때, 전자보다는 후자에서 생겨나는 후회가 더 오랜 기간 지속된다.

이러한 심리학의 연구 결과들은 대부분 우리 각자의 심리적 경향성을 들여다보면 수긍할 수 있는 것들이다. 그런 점에서 이러한 연구 결과는 우리가 갖고 있는 경향성을 설명한다기보다는 보여줄 뿐이다.

그러나 '왜 우리는 이미 일어나서 이제는 어쩔 수 없는 일을 놓고 후회하는가?'라는 질문 앞에서는 사정이 달라진다. 후회로 밤을 지새

---

* 이를 '비행동inaction으로부터의 반사실적 사고'라고 한다.

위 백발이 되었다는 말은 과장이라고 하더라도 후회는 분명 괴롭고 고통스러운 경험이다. 후회의 눈물은 있어도, 후회의 기쁨은 없는 법이다. 후회로 자신을 탓할 수는 있어도, 자신을 드높일 수는 없다. 그런데도 왜 그런 고통스러운 경험에 빠져드는가? 그저 일어난 일을 그대로 관조할 수는 없는 것일까? 이 물음은 후회를 둘러싼 우리의 경향성에 대해서 설명을 요구한다. 이 물음을 놓고 심리학자들은 다양한 견해를 제시한다.

후회가 우리에게 안겨주는 고통이 '필요악necessary evil'인지 아니면 '악'처럼 보이지만 사실은 좋은 것인지에 대해서 어떤 대답을 내리는지에 따라 이 견해들은 구별될 수 있다. 첫 번째 견해는 후회라는 감정이 다른 순기능을 가진 인지적 능력을 갖게 됨에 따라 치러야 할 대가라고 주장한다. 다시 말해서, 후회는 일종의 필요악이라는 것이다. 이 설명에 따르면, 인간에게 기억력은 생존에 필수적인 능력이지만, 고도의 기억력은 잊고 싶은 일을 쉽게 잊지 못하게 하는 부작용을 낳는다. 이렇게 잊고 싶은 일을 잊지 못하는 상태가 바로 후회이다.[**] 이에 따르면, 후회는 피하고 싶은 감정 상태이기는 하지만 그렇다고 해서 제거해 버릴 수 없다. 후회를 제거해 버리면, 기억력과 같이 인간을 인간답게 만드는 중요한 능력도 사라져 버릴 것이기 때문이다. 그런 점에서 고도의 기억력은 후회가 생겨나는 필요조건이라고 할 수 있다.

[**] 마커스Gary Marcus는 인간의 여러 인지적 능력이 임기응변식 대처의 산물이라고 주장한다. '클루지kluge'란 '서투른 해결책'을 의미하는 속어인데, 그에 따르면 인간의 기억, 믿음, 언어, 감정 등은 진화의 과정에서 변화에 적응한 결과 생겨난 최적의 결과물이라기보다는 클루지이다. 마커스(2008) 참조.

하지만 후회를 인지능력의 부작용으로 규정할 수 있는지에 대해서는 의문이 든다. 우선, 후회는 잊고 싶은 일을 잊지 못하는 것을 넘어서는 상태이다. 과거에 교통사고를 당한 곳을 지나가다가 그때의 기억이 떠오르는 것만으로는 후회를 한다고 할 수 없다. 후회하기 위해서는 그때 일어났던 교통사고를 피할 수 있었던 반사실적 상황에 대한 고려가 필요해 보이기 때문이다.* 물론 후회를 부작용으로 규정하려는 입장에서는 이와 같은 반사실적 사고 역시 인간이 인지적 능력을 가짐에 따라서 지불하게 되는 대가라고 볼 수 있다. 다시 말해서 후회는 잊고 싶은 일을 잊지 못하는 상태에서 반사실적 사고를 하면서 동반되는 불쾌한 감정이라는 것이다.

그러나 이 역시 만족스럽지 못한 설명이다. 후회가 가져다주는 결과에는 분명 긍정적인 측면이 있어 보이기 때문이다. 후회가 회피하고 싶은 감정 상태임에는 틀림없으나, '몸에 좋은 약이 입에 쓰다'는 속담처럼, 그런 감정 상태에 빠져드는 데에는 분명한 보상이 있어 보인다. 어떤 사람이 어이없는 실수를 하고도 후회하지 않는다면, 우리는 그 사람이 실수로부터 아무것도 배우지 못할 것이고, 따라서 동일한 실수를 다시 저지를 가능성이 높다고 생각한다. 범죄를 저지르거나 비도덕적 행위를 한 사람에게 사과를 요구하는 것은, 자신의 행위를 후회하는 사람이라면 그런 일을 다시는 하지 않을 것이라고 기대하기 때문이다.

---

* 경우에 따라서는 문제가 되는 사건에 대한 대안적 상황이 존재할 수 없었다는 것을 아는 경우에도 후회를 할 수 있다. 대안적 반사실적 상황의 범위가 어떠해야 하는지에 대해서는 4장에서 논의할 것이다.

두 번째 견해는 이처럼 후회에 순기능이 있다고 본다. 후회의 순기능에 주목한 심리학자들은, 주로 하향식 반사실적 사고를 통해서 사람들이 자신이 당면한 상황에 대한 부정적 감정을 해소하고, 상향식 반사실적 사고를 통해 미래에 일어날 유사한 상황에 보다 잘 대처하게 된다고 주장한다. 이에 따르면, 반사실적 사고가 갖는 정서적 기능과 미래 준비적 기능의 긍정적 효과가 부정적 효과를 능가한다. 다시 말해서, 후회는 피하고 싶은 부정적 정서 상태이지만 이를 통해 얻게 될 이득이 더 크기 때문에 인간의 다양한 감정 양태의 하나로 남아 있다는 것이다.

사회적 소통이라는 측면에서 후회의 순기능을 설명하려는 견해도 가능하다. 한사람이 어떤 일에 대해서 후회하고 어떤 일에 대해서 후회하지 않는지는 그 사람의 가치 체계와 의도를 파악하는 데 중요한 단서가 된다. 결혼기념일을 잊은 것은 후회하면서도 의류 기증함에 쓰레기봉투를 몰래 집어넣은 것은 후회하지 않는 사람이 있다면, 우리는 그 사람이 무엇을 중요하게 생각하는지 들여다본 셈이다. 또한 자신의 잘못을 뉘우치고 후회하고 있다고 누군가가 말한다면, 이는 단지 자신이 한 일을 기술하고 그에 대한 평가를 한 것 이상을 보여 준다. 연쇄살인범이 자신이 저지른 사건을 낱낱이 기술하고 그 모든 사건이 잘못된 일이었다고 말한 다음에, 그와 같은 상황이 또 온다면 아마도 자신은 또 살인을 저지를 것 같다고 말한다면, 그는 진정으로 자신이 한 일에 대해서 후회하고 있지 않다고 말해야 할 것이다.[**]

[**] 이 사람이 자신의 범죄를 후회하고 있지만, 그와 동시에 자신을 좀 더 '객관적으로' 바라보았을 때 스스로를 통제할 능력이 없다는 시인을 하고 있을 뿐이라고 해석할

그럼에도 불구하고 후회의 순기능에 주목하고 있는 견해들이 간과하는 것이 있다. 이들에 따르면 후회라는 감정은 현재 상황에서 최선의 결과를 가지고 올 가능성이 높은 효율적인 기제이다. 하지만 우리가 물어야 할 물음은 이것이다.

> 최선의 결과라고 생각하는 그 효과만을 누리고 후회라는 쓰디쓴 감정의 독배는 마다할 수 없는가? 그렇게 대응하는 것이 가능하다면, 그런 대응이 좀 더 합리적이지 않을까?

다시 말하자면, 후회를 통해서 긍정적 효과를 얻는 것이 합리적이라면, 후회를 거치지 않고도 그 효과를 얻는 것이 더 합리적이지 않겠는가?

또 다른 의문도 있다. 후회의 순기능이 미래에 얻을 효과에 있다면, 그런 미래가 없는 사람에게는 후회가 무익할까? 예컨대, 죽음을 바로 앞둔 사람의 후회는 어떻게 이해할 수 있는가? 점심 식사 후에 사형에 처해질 사형수가 내일 아침 식사 메뉴에 대해서 궁금해한다고 해보자. 이 부질없는 궁금증은 무해하지만 무익한 것으로 간주할 수 있다. 그렇다면 후회도 그럴까? 사형수가 처형을 앞두고 자신이 했던 행동을 후회한다면, 이를 단지 무익하다고 할 수는 없다. 사형수의 후회는 그 사람에 대한 윤리적 평가에서 중요한 역할을 하기 때문이다.

또한 사형수의 후회는 그가 어떤 사람이라는 것을 다른 사람에게 드러내 주는 기능을 할 수도 있지만, 그것이 후회의 본래적 기능이라

수도 있다. 하지만 진정한 의미에서 자신의 범죄를 후회한다는 것은 스스로를 그렇게 통제하겠다는 의지를 내세우고 그 의지에 자신의 진정성을 거는 것이다.

고 볼 수는 없다. 후회의 핵심은 자신의 삶을 성찰한 결과 갖게 되는 감정에 있다. 그것을 통해서 후회하는 사람의 의도를 파악하는 것은 후회가 갖는 부차적인 기능에 불과하다.

　지금까지의 논의를 토대로 판단할 때, 후회의 기술적 측면에 주목하는 심리학적 고찰은 후회의 본질을 놓치고 있다.

소런슨의 짓궂은 내기

○

미국 철학자 소런슨Roy Sorensen은 악명 높은 문제를 내고 이에 현상금을 거는 것을 즐기곤 한다. 예를 들어, 누군가 다음과 같이 내기를 제안한다고 하자.

> 내 손에 있는 1불 지폐와 10불 지폐 중 하나를 고르면, 그 돈은 당신 돈입니다. 마음대로 골라서 가져가세요. 단, 자신이 내린 선택을 후회하는 경우에만 100불의 보너스가 추가로 지급된다는 점을 잊지 마세요. 자, 어느 쪽을 고르겠습니까?*

얼핏 보자면 이 내기에서 합리적인 선택은 1불을 선택하는 것이다. 선택의 논리는 분명하다. 1불과 10불 중에서 10불을 마다하고 1불을 갖는 것은 어리석은 일이고, 따라서 후회를 할 만한 선택이다. 따라서 100불의 보너스가 주어질 것이다. 그러니 당연히 1불짜리 지폐를 선

------

* 　Sorensen(1998), p. 528.

택해야 한다.

소런슨의 짓궂은 내기를 제의받은 사람이 1불을 선택한다면, 그 선택은 100불을 더 받기 위한 계산에서 나온 것이다. 하지만 바로 그 순간 1불을 선택하는 행위는 전혀 후회스러운 선택이 아니게 되고, 이 때문에 100불은 지급되지 않을 것이다.

잠깐, 그렇다면 1불을 선택한 사람이 1불만 받고 끝나게 되는 셈인데, 그러면 그 사람은 자신이 했던 선택이 후회스러울 것이다. 그렇다면, 다시 100불이 추가 지급될 것이다. 하지만 이는 다시 원점으로 돌아온 것과 같다. 우리는 소런슨이 친 덫에 걸려든 것이다. 100불을 보너스로 지급하기 위해 서랍을 여는 바로 그 행위가 100불을 지급해야 할 이유를 상실하게 만들고, 반대로 100불이 든 서랍을 닫는 행위가 다시 서랍을 열어 100불을 지급하게 만든다. 서랍이 열고 닫히는 것만 반복될 뿐 100불은 결코 서랍을 빠져나가지 못하는 것이다.

1불이 아니라 10불을 선택해도 마찬가지이다. 10불을 선택하는 것이 현명한 선택이라고 생각한다면, 100불은 지급되지 않는다. 하지만 100불을 추가적으로 받지 못하는 선택이라면 현명한 선택이 아니다. 똑같이 소런슨의 덫에 걸려들어 제자리를 돌게 된다.

소런슨의 짓궂은 내기는, 후회를 예측하면서도 후회할 일을 하고자 의도하는 것이 합리적이지 못하다는 점을 보여 준다. 이 내기가 짓궂은 이유는 선택의 합리적 근거를 처벌하기 때문이다. 후회를 의도하는 것이 선택의 이유가 되어야 한다. 하지만 여기에서 충돌이 생겨난다. 우리가 무엇인가를 의도한다면, 그것은 아직 실현되지 않은 미래의 사태이다. 반면에 후회의 대상은 이미 일어난 사태이다. 다시 말해서 의도의 대상과 후회의 대상은 시간적 방향성에서 정반대이다.

소런슨의 짓궂은 내기에 도전하는 사람을 세 가지 시점에서 생각해 보자(밑의 그림을 참고). '시점 0'은 그가 어떤 선택을 할지 고민하는 시점이고, '시점 1'은 1불과 10불 사이에서 선택하는 시점을, '시점 2'는 자신의 선택을 돌아보는 시점을 나타낸다. 그는 시점 2에 선 자신의 상황을 생각해 본다. 그리고 시점 2에 선 자신이 시점 1에서 한 선택을 후회하도록 만들고 싶다. 그렇게 의도하는 것이 시점 0에 있는 그에게 합리적인 선택이기 때문이다. 하지만 그렇게 된다면 시점 1에서 한 선택 역시 시점 0에 있는 그에게 합리적인 선택이 되고, 후회는 사라지게 된다. 소런슨이 내기에서 100불을 지급할 필요가 없는 이유이다.

어떤 사태가 후회스러운가는 현재의 상황이 어떻게 드러나는가에 따라 달라진다. 시점 1에서 후회스럽던 사태가 시점 2에서는 후회스럽지 않을 수 있다. 그리고 그것을 예측한다면, 시점 0에서도 시점 1에서의 사태는 후회스럽지 않을 것으로 예측된다.

앞에서 논의한 적이 있는 새옹지마 사례는 후회의 이런 성격을 잘 보여 준다. 아들이 낙마하여 다리를 다친 시점에서, 아버지는 아들에게 말을 준 선택을 후회할 수 있었지만, 아들이 다리를 다쳐서 전쟁에 나가지 않아도 된다는 사태에 비추어 볼 때 아버지의 선택은 후회스럽지 않은 것이 된다. 이렇듯 후회의 대상은 이미 과거에 일어난 일이긴 하지만, 동시에 현재와 미래라는 새로운 맥락에서 평가된다.

| 시점 0 | 시점 1 | 시점 2 |

[소런슨의 짓궂은 내기에서의 시점]

후회의 합리성

새옹지마 고사는 '후회의 합리성'이라는 개념에 숨겨진 이중성을 보여 준다. 이렇게 물어보자.

> 새옹지마 고사에 등장하는 변방의 노인을 두고 현명하다고 평가한다면, 그것은 후회를 좀 더 신중하게 했기 때문인가, 아니면 아예 후회를 하지 않았기 때문인가?

새옹지마 이야기는 우리에게 노인의 현명함을 알려주는 것 같지만, 왜 우리가 이 노인을 현명한 사람으로 여겨야 하는지는 분명하게 밝히지 않는다. 그 이유는 우리가 그다음 이야기를 듣지 못했기 때문이다. 아들이 다리를 다친 덕분에 전쟁에 나가지 못해서 목숨을 부지하게 된 다음에는 어떤 일이 있었는가? 이로부터 어떤 교훈을 이끌어 낼 것인지는 우리의 몫으로 남는다. 하지만 과연 우리는 어떤 교훈을 얻어야 할까?

중요한 점은, 왜 노인은 일어난 일에 일희일비하지 않았는가이다. 다음 이야기를 모르는 상태에서는 두 가지 해석이 가능하다. 첫 번째 해석은 노인이 현명하게도 사실이 어떻게 드러나는지를 신중하게 지켜보고자 후회를 계속해서 미루어 왔다는 것이다. 이 경우 노인이 던지고자 하는 메시지는, '불확실하고 유동적인 상황에서는 눈앞의 결과에 일희일비하지 말자'는 정도로 해석될 수 있다. 만일 사태가 확정되고 더 이상 자신의 상황이 긍정적인 결과로 이어질 수 없다는 것을 안다면, 그때 노인은 비로소 미루어 왔던 후회를 할지 모른다. 하지만

'최종적인' 결과를 알지 못한다면, 기뻐하거나 슬퍼할 필요가 없다. 후회를 그때까지 미루어라. 그것이 첫 번째 해석이 말하는 바이다.

두 번째 해석은 이와 다르다. 이에 따르면, 노인은 아예 후회를 하지 않기 때문에 현명하다. 그 이유는 후회하는 것이 결코 합리적일 수는 없기 때문이다. 고사에 등장하는 일은 우리에게 일어날 수 있는 상황에 대한 예시일 뿐이다. 그런 일은 계속될 수 있기 때문에, 어떠한 후회도 어리석다. 따라서 어떤 일이 일어나더라도 후회하지 마라. 이것이 두 번째 해석이 말하는 바이다.

변방의 노인에 관한 이 두 해석은 후회의 합리성에 대한 상반된 철학적 입장에서도 찾아볼 수 있다. 비트너Rüdiger Bittner는 철학자 윌리엄스Bernard Williams와 스피노자Baruch Spinoza의 입장을 대비시킨다.[*] 윌리엄스는, 행위자는 자신이 의도하지 않은 일에도 도덕적 책임을 느낄 수 있으며, 바로 그런 일에 대해서 후회를 하는 것이 행위자의 성품을 진정으로 드러낸다고 주장한다. 다시 말해서 후회를 하는 사람은 덕스러운 사람이다. 반면에 스피노자의 입장은 이와 다르다. 그는 이렇게 말한다.[**]

> 후회는 덕이 아니다. 즉, 이성에서 생겨나는 것이 아니다. 후회하는
> 사람은 이중적으로 비참한 사람, 즉 무능한 사람이다.

이에 따르면 변방의 노인은 후회하지 않기에 현명한 사람이다. 후회

---

[*] Bittner(1992).

[**] Spinoza, Ch. 2, §§40.

는 이미 일어난 잘못된 일을 전혀 바꿀 수 없는데도 자신을 괴롭히는 일이다. 잘못을 저질렀다는 점에서 비참할 뿐 아니라, 부질없이 자신을 괴롭힌다는 점에서도 이중적으로 비참하다.

두 해석 중 어느 쪽이 더 설득력이 있는가? 비트너는 스피노자의 손을 들어주며 후회를 하는 것은 합리적이지 않다고 말한다. 비트너는 후회가 합리적일 수 있다는 윌리엄스의 입장을 세 가지 논증으로 재구성한 뒤 모두 설득력이 없다고 물리친다.[*]

첫 번째 논증은 후회가 미래에 좀 더 나은 행동을 할 개연성을 높여주기 때문에 합리적이라는 것이다. 하지만 행위자가 자신이 무엇을 잘못했는지 충분히 이해한다고 해서 그러한 깨달음으로부터 괴로움을 겪을 필요는 없다고 비트너는 주장한다. 미래에 보다 나은 행동을 하기 위해 고통을 겪을 필요는 없다는 것이다.[**]

첫 번째 논증을 발전시켜 후회의 합리성을 옹호하는 방법을 생각해 보자. 한 가지 방법은, 후회를 하지 않는다면 자신의 잘못을 깨달을 수 없다고 주장하는 것이다. 하지만 비트너는 이런 주장이 의심스럽다고 말한다. 왜 후회라는 감정을 겪어야만 자신의 잘못을 알게 될까? 그에 의하면, 괴로움을 겪지 않고도 자신의 잘못을 직시할 수 있고, 또 그렇게 하는 것이 후회에 사로잡히는 것보다 더 합리적이다.

두 번째 논증은, 잘못을 한 행위자가 후회를 통해 고통을 받음으로써 일종의 속죄atonement를 한다는 점에서 후회는 합리적이라는 것이

---

[*] 비트너가 지적하듯이, 윌리엄스가 이 세 논증 모두를 실제로 펼친 것은 아니고, 그의 주장을 재구성한 것이다.

[**] Bittner(1992), p. 267.

다. 그러나 비트너는 속죄라는 개념 자체가 합리적인 생각이 아니라고 말하면서 간단히 두 번째 논증을 물리친다. (속죄라는 개념에 대해서는 8장에서 다시 논의할 것이다.)

세 번째 논증은 후회를 하지 않으면 지불해야 할 대가가 너무 크기 때문에 후회가 합리적이라는 것이다. 후회를 하지 않으면, 행위자의 정체성과 성격이 훼손되기 때문이다. 하지만 비트너는 이에 대해 '행위자로서의 정체성과 성격'이 말하는 바가 불분명하다고 말한다. 왜 그것을 유지하는 것이 바람직한가? 비트너는 이에 동의하지 않는다. (이에 대해서는 4장에서 더 살펴볼 것이다.)

후회의 합리성을 둘러싸고 견해들이 대립하는 지점은, 자신이 한 일이 나쁜 일이었다는 것을 이해할 때 항상 고통이 따르는가 하는 물음이다. 윌리엄스처럼 후회의 합리성을 받아들이는 사람은 자신이 지난날 저지른 잘못을 진정으로 깨닫기 위해서는 후회가 주는 고통의 맛을 겪을 수밖에 없다고 생각한다. 반면에, 비트너는 후회를 통해 겪는 부정적인 감정이란 행위자의 선택에 따라 겪을 수도 있고 겪지 않을 수도 있다고 생각한다. 부정적인 감정을 겪지 않고서도 자신의 잘못을 깨달을 수 있다는 것이다.

하지만 나는 비트너의 주장대로 부정적인 감정 없이도 자신의 잘못을 깨달을 수 있다고 하더라도, 후회의 합리성을 여전히 인정할 수 있다는 쪽에 손을 들어주고 싶다. 왜 그런지 살펴보기로 하자.

후회의 구조

후회를 하게 되는 전형적인 경우를 생각해 보자. 선택의 지점에서 두 개의 가능한 대안이 있다. 이때 두 길 중 어느 한 길만을 택할 수 있다고 해보자. 그런데 종종 우리는 자신이 택한 길보다 택하지 않은 다른 길이 더 낫고, 자신은 잘못된 선택을 했다고 생각한다. 이러한 생각과 함께 부정적인 감정에 사로잡힌다. 이것이 전형적으로 후회하는 경우이다. 이를 분석해 본다면, 후회를 다음과 같이 정의할 수 있다.

[분석 1]

행위자가 후회한다.

(1) 그는 실제 선택의 시점에 다른 가능한 선택지가 있다고 믿는다.

(2) 선택 이후에 다른 선택지를 택하는 편이 더 나았다고 믿는다.

(3) 그에 비해 자신이 한 실제 선택은 나쁜 결과를 가지고 왔다고 믿는다.

(4) 이에 동반되는 부정적인 감정 상태에 있다.

비트너의 주장은, (1)~(3)은 성립하면서 (4)로부터는 벗어나는 것이 가능하며 그렇게 하는 것이 합리적인 반면, (1)~(4) 모두 성립하는 것은 합리적이지 못하다는 것이다. (1)~(3)이 성립하면 바로 (4)도 성립하는지에 대한 논쟁점은 제쳐두고, 비트너의 주장처럼, (1)~(3)은 성립하지만 (4)로부터는 벗어날 수 있다고 가정해 보자.

　내가 하려는 주장은, (1)~(3)에도, 즉 비트너의 말대로 지난날의 잘못을 응시하는 것에도 '비합리적'일 수 있는 측면이 내재되어 있으며, 나아가 이 비합리적인 측면을 해소하려는 노력 속에서 후회의 합리성을 찾을 수 있다는 것이다. 다시 말해서 '부정적 감정을 동반하지 않는 반사실적 사고'라는 개념이 비트너의 생각대로 그렇게 합리적이지는 않다는 말이다. 먼저, [분석 1]에서 정의하는 후회에 이미 비합리성이 내포되어 있다는 점부터 생각해 보자.

이를 위해서 우리는 소런슨의 짓궂은 내기로 돌아갈 필요가 있다. 소런슨의 짓궂은 내기에서 드러나는 중요한 고찰은, 반사실적 사고에서는 행위자의 시점이 중요하고 반사실적 사고는 과거, 현재, 미래 시점의 판단들이 서로 얽혀서 빚어진다는 점이다. 우리는 전형적인 후회의 상황을 떠올릴 때, 행위자가 자신이 저지른 행동을 '돌이켜' 보는 것만으로 후회한다고 생각한다. 하지만 이는 후회를 너무 단순화하는 것이다. 많은 경우에서, 후회는 과거를 돌이켜 보는 것뿐만 아니라 미래를 예측해야만 하는 일이기도 하다.

대안적 행동이 더 나았다고 믿는다면 왜 그 행동을 하지 않았는가? 당연히 그때는 자신이 선택한 방식으로 행동하는 것이 나을 것이라고 예측했기 때문이다. 그런데 그 행동이 나을 거라고 예측하는 것은 미래의 자아가 어떤 일을 후회할지를 예측하는 것이기도 하다. 미래의 자아가 덜 후회할 것 같은 행동을 하는 것이 실제로 덜 후회할 개연성이 높기 때문이다. 하지만 때로 인간의 행동은 그렇게 '합리적'이지 않다. 때로는 미래의 자아가 덜 후회할 것 같은 행동을 의도적으로 거부하고 이에 대해서 후회하지 않는 경우가 있기 때문이다.

소런슨의 짓궂은 내기는 이를 극적으로 보여준다. 1불을 선택할 때, 10불을 선택할 수 있는 다른 선택지가 있었다. 그런데도 1불을 선택한 이유는 그렇게 해야 우리의 목표, 즉 자신의 선택에 후회를 함으로써 추가로 100불을 받을 수 있다고 판단했기 때문이다. 하지만 문제는, 그렇게 해서 돈을 더 받게 된다면, 그것은 후회할 만한 일이 아니라는 것이다. 이를 깨닫는 순간, 우리는 1불을 택했던 원래의 선택이 아닌 다른 선택지를 택하는 쪽이 더 나았다고 생각하게 된다. 결국 1불을 택했던 애초의 선택은 1불만 받는 것으로 끝난다. 그러면 우리는 애초의 선택을 후회하게 되는 셈이 아닌가. 그렇다면 보너스 100불을 받을 수 있게 된다. 기쁘다. 하지만 기쁨을 느낀다면 후회를 하는 것이 아니다. 따라서 100불을 받을 수 없다.

다시 한 번 우리는 후회와 기쁨 사이를 왔다 갔다 한다. 소런슨의 짓궂은 내기는 [분석 1]의 모든 조건을 만족하더라도 후회는 성립하지 않을 수 있음을 보여 준다. 후회에는 애초에 비합리적인 요소가 있다는 것이다. 이에 대해서 누군가는 이렇게 말할지 모른다. '짓궂은 내기와 같은 경우는 역설을 만들어 내기 위해서 생각해 낸 가상의 상황일 뿐, 현실의 후회 상황과는 전혀 다르다.'

그럴지 모른다. 소런슨의 짓궂은 내기 같은 것은 현실에서 겪을 만한 상황이 아니다. 하지만 후회 자체에 비합리적인 요소가 있다는 점은 현실에서도 여전히 유효하다고 생각한다. 각자 현실에서 후회의 비합리적 요소가 드러나는 사례를 찾아보도록 하자. (10장에서 나는 이런 사례를 하나 제시해 볼 생각이다. 두 명의 아이를 키우고 있는 부모가 또 한 명의 아이를 가질까 고민하는 사례이다.)

[분석 1]을 다른 근거로 비판하기 위해서 앞에 등장한 김막심 씨의 예시로 돌아가 보자. 막심 씨의 경우는 전형적인 후회의 구성 요소로 제시된 (1)이 과연 필요한가 하는 물음을 제기한다. 막심 씨는 운전석 밑에 떨어진 열쇠를 발견하고 후회에 빠진다. 하지만 열쇠 수리

공에게 전화하기로 결심을 할 때 그는 열쇠가 운전석 밑에 떨어졌을 수 있다는 점을 전혀 깨닫지 못했다. 따라서 차 문을 열어 운전석 밑을 살펴보는 대안은 그의 선택지 중 하나가 아니었다. 막심 씨의 후회는 그런 생각을 미처 하지 못한 데에서 생겨났다. 다른 선택지는 그 당시 그에게 주어지지 않았고, 그는 바로 그런 선택지를 갖지 못했다는 점에 대해서 후회한다는 말이다. 차로 가서 운전석 밑까지 살펴보았어야 했는데 그러지 못했다는 후회이다. 이는 물론 구체적인 행동을 하지 못했다는 후회이기도 하지만, 궁극적으로 후회하는 이유는 자신의 생각이 거기에 미치지 못했기 때문이다.

(1)이 후회의 구성 요소가 아닐 수 있다는 점을 받아들이면, (2)도 마찬가지다. 가능한 선택지가 있다는 믿음을 갖지 않으면 그것이 더 나은 선택지라는 믿음도 당연히 갖지 않을 것이기 때문이다. 그렇다면 후회에는 자신의 선택이 나쁜 결과를 가지고 왔다는 믿음, 즉 (3)밖에 남지 않는다. 후회에서 비교가 사라지는 것이다. 그렇다면 후회는 낭패감에 다름없는 것이 된다.

더 나은 선택지가 있었다는 것을 알지 못했다면 후회를 하는 것이 아니라고 말할 수 있을까? 아니다. 막심 씨는 자신이 차 안을 살펴보지 못한 것을 후회하고 있다. 그렇다면, 후회를 구성하는 데 중요한 것은 (1)과 같은 행위자의 **믿음**이 아니라 더 나은 선택지가 있었다는 **사실**이라고 말해야 하지 않을까? 전형적인 후회의 경우에는 그런 선택지를 행위자가 충분히 인식하는 반면, 김막심 씨의 경우에는 미처 인식하지 못했지만 더 나은 선택지가 있었던 점은 여전히 사실이기 때문이다. 그렇다면 우리는 이전의 분석을 다음과 같이 수정해야 할 것 같다.

[분석 2]

행위자가 후회한다.

(1) 행위자가 알든 모르든, 그에겐 더 나은 선택지가 있었다.

(2) 행위자는 실제 선택 이후에 그 다른 선택지가 더 나았다고 믿는다.

(3) 그에 비해 자신이 한 실제 선택은 나쁜 결과를 가지고 왔다고 믿는다.

후회에 대한 이런 정의는 그럴듯한가? 아니다. 후회를 이렇게 정의한다면, 행위자는 자신의 의지에 따라 한 거의 모든 선택을 후회하게 된다고 말해야 할 것이다. 행위자가 어떤 선택을 하든지, 비록 선택을 하는 시점에 그가 고려하지 못했더라도, 자신의 선택보다 더 나은 결과가 있는 상황이 실제로 존재할 가능성은 거의 항상 있기 때문이다. '이보다 더 좋을 수는 없다'고 여겨지는 상황일지라도 행위자가 좀 더 찾아본다면 아주 사소할지는 몰라도 더 나은 상황을 찾을 수 있다는 말이다.

예컨대, 지원한 회사에서 합격 통보를 받은 사람이 있다고 하자. 물론 기쁘겠지만 그에겐 더 원했던 다른 회사에 합격하는 선택지가 있을 수 있다. 그가 그 회사에는 아예 지원을 하지 않았기에 그런 선택지는 있을 수 없다고 말하더라도, 그 회사에 지원할 수 있도록 만들어 줄 사건이 그 전에 있게 하는 선택지도 존재할 수 있다. 이는 행위자가 자신의 과거를 얼마나 찬찬히 곱씹어 보느냐의 문제이다. 이제 후회는, 그런 가능성을 찾아내고 그때 그렇게 했으면 더 나은 결과가 되었을 것이라고 믿음으로써 발생하는, 행위자의 의지의 산물이 되고 만다.

후회의 불가피성

영화 〈소피의 선택〉은 나치 치하 유태인 포로수용소에 있던 여주인공 소피가 맞는 비극적 선택을 그리고 있다. 그녀는 나치군으로부터 자신의 두 아이 중 처형될 한 명을 선택하라는 잔인한 요구를 받는다. 만일 소피가 누구도 지목하지 않는다면 두 아이를 모두 처형할 것이라고 나치 장교는 말한다. 그녀에게 더 나은 선택이 있을까?

소피는 선택의 순간 어느 쪽이 더 낫다고 판단할 수 없을 것이다. 두 아이 모두 처형되는 것을 막기 위한 선택이지만, 어느 쪽을 택하든 그녀에겐 고통스러운 결과를 낳을 뿐이다. 분명 그녀는 그 후 후회의 감정을 피할 수 없을 것이다. 왜 그런가? 그녀는 자신이 그런 상황에 처하게 된 것을 후회하기 때문이다. 다시 말해서, 소피는 자신을 그런 상황에 처해지지 않게 할 수 있는 선택지를 과거 어느 시점에 할 수 있었다. 예를 들어, 2차 세계 대전이 일어나기 전에 자신이 살던 폴란드를 떠나 미국으로 이민을 갈 수도 있었을 것이다. 물론 자신에게 닥칠 불행한 선택의 순간을 소피는 전혀 예견할 수 없었다. 하지만 선택의 순간이 지나고 나서 소피는 그런 상황에 처하지 않을 수 있었던 과거의 선택지들을 평생 떠올리게 될 것이다.

비트너의 주장처럼 소피가 자신의 잘못된 선택을 직시하면서도 부정적인 감정을 느끼지 않는 것이 합리적이라고 할 수 있을까? 이 경우 소피는 어떤 의미에서 잘못된 선택을 한 것이 아니다. 하지만 또 다른 의미에서 그녀는 잘못된 선택을 한 것이다. 소피의 선택에는 양립할 수 없는 평가가 주어진다. 그런 점에서 소피의 후회는 비합리적이다. 소피가 부정적인 감정 상태에 있는지의 여부를 떠나서도 그렇다.

[분석 2]가 제시하는 것처럼 후회가 거의 모든 행위에 대해서 생겨나는 것이라면, 과연 후회를 하는 것은 합리적인가? 그렇지 않다. 후회를 하는 것에는 비합리적인 측면이 존재한다. 모든 행동 또는 비행동inaction의 선택이 후회할 만하다는 것은 분명 받아들이기 힘든 주장이기 때문이다. [분석 2]대로라면, 후회 없는 삶을 지향하는 우리들은, 현실은 항상 후회할 만한데도 이를 애써 외면하는 존재들이라는 점에서 비합리적라고 해야 한다.

하지만 중요한 점은, 행위자가 마음먹기에 따라서 자신이 내린 모든 선택을 후회할 만한 것으로 만들 수 있다면, 이는 후회의 비합리성을 드러내는 동시에 그 후회의 비합리성을 해소시킬 수 있는 힘도 행위자에게 있다는 것이다. 김막심 씨가 운전석 밑에서 열쇠를 찾고 나서 자신의 후회에 어떻게 대처하는가를 생각해 보자. 그는 운전석 밑을 살펴보아야 한다는 생각을 하지 못한 것에 후회를 하지만, 동시에 그 전날 연구실로 돌아가서 서랍을 뒤졌다면 느꼈을 낭패감과 후회감에 대해서도 생각한다. 이는 우리가 흔히 후회에 대처하는 방식이다. 즉, 우리는 후회를 더 큰 가상의 후회감으로 보상한다. 가상의 후회감을 통해서 후회를 보상하는 것 역시 후회가 행위자의 의지의 산물이기 때문에 가능한 것이다.

후회로부터 배우기

○

그날 이후 김막심 씨의 삶에 어떤 일이 있었는지 다시 한 번 생각해 볼 필요가 있다. 그는 그날 이후 또 그런 실수를 했을까? 그렇지 않았다. 그렇다면 그는 그날의 후회로부터 무엇인가를 배웠다고 할 수 있을까? 정말 후회는 미래를 대비하게 해주는 기능을 할까? 그는 그런 실수를 하지 않기 위해서 집 열쇠를 자동차 열쇠와 같은 꾸러미에 넣어 두었고, 예비 열쇠도 마련했다. 또한 그는 이를 계기로 후회라는 개념에 대해서 진지하게 연구하게 되었고, 마침내 후회에 관한 연구를 하는 심리학자의 길을 걷게 되었다. 막심 씨는 자신의 진로에 매우 만족한다.

그렇다면 그는 집 열쇠 소동을 되돌아보면서 당시 자신이 한 일을 후회할까? 그렇지 않을 것이다. 오히려 그는 그때 자신이 그렇게 처신한 것을 다행이라고 여길 것이다. 하지만 그렇다고 해서 그때 자신의 행동이 당시에 후회할 만한 일이 아니라고는 말할 수 없다. 그는 당시에 자신의 행동을 후회스럽게 여겼어야 했다. 그렇지 않았다면 그는 심리학자의 길을 걷는 선택도 하지 못했을 것이기 때문이다.

후회에는 당위성이 있다. 우리는 자신이 지난날 저지른 잘못을 후회해야만 하는 경우가 있다. 그렇게 하는 것이 그 후회스러운 일에 저항하는 일이고, 후회를 후회스럽지 않게 만드는 일이다.

4장

· · ·

사죄

"이미 용서를 받았는데 내가 어떻게 다시 용서할 수 있어요? 내가 그 인
간을 용서하기도 전에 어떻게 하나님이 먼저 그를 용서할 수 있어요? 난
이렇게 괴로운데 그 인간은 하나님 사랑으로 용서받고 구원받았어요. 어
떻게 그럴 수가 있어요?" _ 영화 〈밀양〉 중에서

죄가 처리되는 도덕적 과정

○

영화 〈밀양〉에 등장하는 도섭은 자신이 운영하는 웅변 학원에 다니는
아이를 납치하여 살해한다. 그 과정에서 그는 아이 엄마인 신애에게
아이를 인질로 삼아 돈을 요구한다. 결국 도섭은 검거되어 교도소에
서 복역하는데, 어느 날 신애로부터 면회 요청을 받는다. 자신이 죽인
아이의 엄마가 자신을 용서하겠다고 찾아온 것이다. 면회장에서 도섭
은 신애에게 자신은 이미 죄를 회개했으며 신으로부터 용서를 받았다
고 말한다. 이 말을 들은 신애는 분노와 갈등을 겪게 된다.

　우리는 두 사람의 만남에서 여러 생각과 바람이 교차하는 것을 본
다. 이 교차하는 생각과 바람에 주목해 보자. 우선 신애는 어떤 생각을
할까? 아마도 그녀는 도섭이 자신에게 사죄를 해야 한다고 생각했을
것이다. 그가 행한 범죄로 인해서 자신이 피해를 입었으며 사죄는 피

해를 입은 사람에게 해야 한다고 생각하기 때문이다.

또한 신애는 도섭으로부터 사죄를 받고 싶은 바람을 갖고 있다. 그가 사죄를 해야 한다고 믿는 것과 그의 사죄를 바라는 것은 서로 다르다. 피해자는 가해자가 사죄를 해야 하는 것이 마땅하다고 생각하면서도 자신은 그런 사죄를 받고 싶지 않을 수도 있기 때문이다. 그런데왜 신애는 그런 바람을 갖게 되었는가? 자기 아들을 죽인 범죄자의 사죄로부터 신애가 얻고자 하는 것은 무엇일까? 아마도 신애는 자신의아이를 죽인 도섭을 용서하고 싶지만, 그가 진정으로 사죄한다는 조건에서만 그를 용서하는 것이 가능하다고 믿었을 것이다. 용서를 위해서 진정한 사죄가 요구된다고 믿는 것이다. 그런데 도섭은 자신에게 사죄하지 않았다. 따라서 신애는 도섭을 용서하지 못한다. 이것이아이의 엄마가 내린 결심일 것이다. 신애의 생각을 정리하면 이렇다.

> 그는 나에게 피해를 주었으므로 나에게 사죄를 해야 한다. 또한 나는 그의 사죄를 받고 싶다. 왜냐하면 그를 용서하고 싶기 때문이다. 그가 나에게 사죄를 해야만 나는 그를 용서할 수 있다. 하지만 그는 나에게 사죄를 하지 않았다. 따라서 그를 용서할 수 없다.

그렇다면 이번에는 가해자 도섭의 생각에 주목해 보자. 그는 아이의엄마에게 사죄할 필요가 없다고 생각한다. 왜 그런 생각을 하게 되었을까? 도섭은 자신이 이미 신으로부터 용서를 받았기 때문에 아이의엄마에게 다시 사죄할 필요가 없다고 생각한 것이다. 그리고 신으로부터 용서를 받았다고 믿는 이유는 자신이 죄를 고백하고 스스로 새로운 사람이 되었다고 생각했기 때문일 것이다. 그는 자신이 끔찍한

죄를 저질렀음을 인정하고 그 죄에 대해서 처벌을 받는 것이 마땅하다고 받아들인다. 신에게 자신의 죄를 고백하는 것이야말로 자신의 죄를 인정하는 진정한 사죄라고 그는 생각했을 것이다. 그리고 자신이 이렇게 진정한 사죄를 했으므로 신으로부터 이미 용서를 받았다고 생각한다. 도섭의 생각을 정리하면 이렇다.

나는 내가 지은 죄를 신에게 고백했고, 신으로부터 용서를 받았다.

이 이야기를 통해 우리는 무엇을 생각해 볼 수 있는가? 〈밀양〉은 죄, 죄책감, 사죄, 용서, 처벌 등과 같은 묵직한 주제에 대해서 고민하게 만든다. 이런 주제들을 다룬 문학 작품들은 많지만, 〈밀양〉의 주제는 우리가 일반적으로 기대하는 바를 벗어난다. 어떤 사람이 죄를 저질렀을 때 우리는 다음과 같은 순서로 일이 진행되는 것이 바람직하다고 생각한다. 즉, 죄를 저지른 사람은 자신의 행위에 죄책감을 갖고, 피해자에게 사죄를 한다. 사죄를 받은 피해자는 죄 지은 사람을 용서하며, 이 모든 것을 고려하여 죄 지은 사람에게 합당한 처벌이 내려진다. 다시 말해서 우리는 죄가 다음과 같은 순서로 처리될 것을 기대한다.

죄를 저지름 → 가해자의 죄책감 → 가해자의 사죄
→ 피해자의 용서 → 처벌

이에 '죄가 도덕적으로 처리되는 과정'이라고 이름 붙일 수 있다. 〈밀양〉은 이 과정이 흐트러진 상황을 보여준다. 가해자는 피해자에게 사죄하지 않았고, 그 이유로 피해자는 가해자를 용서할 수 없었다. 죄가 도덕적으로 처리되는 과정에 균열이 생긴 셈이다.

이 균열은 무엇 때문에 생겨난 것일까? 도섭의 뻔뻔한 성격 때문일까? 아니면 용서를 하려던 아이 엄마의 의도가 정당하지 않기 때문일까? 둘 다 아니다. 죄가 도덕적으로 처리되는 과정에 균열이 생겨난 이유는 이 과정에 등장하는 개념들이 그런 균열을 만들어낼 여지를 품고 있기 때문이다. 우리는 죄, 죄책감, 사죄, 용서, 처벌이 톱니바퀴처럼 잘 맞아 돌아가기를 기대하지만, 이 개념들은 우리의 기대만큼 아귀가 잘 맞지 않는다.

죄가 도덕적으로 처리되는 과정에서 우리가 기대할 수 있는 것은 무엇일까? 이 물음이 막연하게 들린다면, 좀 더 구체적인 상황에 적용해 보기 위해서 다시 영화 속의 상황으로 돌아가도록 하자.

도섭은 아이를 납치해서 인질로 삼고 죽인 자신의 행위가 잘못된 것이라고 생각한다. 검거 후 재판까지 받아 수감된 시점의 도섭이라면 그런 범죄를 저지를 생각을 하지 않을 것이고 그런 욕구를 갖지 않을 것이다. 그런 점에서 그는 과거의 도섭이 아니다. 그는 자신이 새로운 사람이 되었다고 생각한다. 그리고 자신이 새로운 사람이 될 수 있었던 것은 자신의 죄를 인정했기 때문이라고 생각한다. 자신이 죄를 지었음을 인정하는 것을 사죄라고 한다면, 그는 자신이 사죄를 했다고 여길 것이다. 그리고 사죄를 하는 것이 새로운 사람이 되기 위한 조건이라고 생각할 것이다. 일단 그의 생각을 받아들여, 그가 사죄를 통해서 새로운 사람이 되었다는 데 동의한다고 하자. 그렇다면 우리는 이 '새로운' 사람에게 과연 아이를 죽인 범죄의 책임을 물을 수 있을까? 그가 글자 그대로 '새로운' 사람이라서 더 이상 과거의 그가 아니라고 한다면, 그에게는 아이를 죽인 범죄에 대한 책임이 없다고 해야 하지 않을까?

물론 이런 주장을 진지하게 받아들이기는 힘들다. 자신의 죄를 인정하고 사죄를 했다는 이유만으로 그 죄의 책임에서 벗어나게 된다면 '사죄'의 개념이 왜곡되는 것처럼 보인다. 사죄를 하는 행위가 자신이 지은 죄에 대해서 책임을 지겠다는 각오를 밝히는 것이라면, 사죄를 한 사람이 바로 그 사죄를 통해서 자신의 행동에 대한 책임을 벗어나는 것은 모순처럼 보이기 때문이다. 이에 동의한다면, 우리는 도섭이 사죄를 했다고 해서 그가 글자 그대로의 의미에서 '새로운' 사람이 되었다고는 볼 수 없다. 그가 '새로운 사람으로 다시 태어났다'는 것은 은유적 의미일 뿐이다. 따라서 도섭이 사죄한다고 해서, 과거에 저지른 범죄에 대한 책임이 사라진다고는 볼 수 없다.

하지만 이로써 의문이 사라지지는 않는다. 우리는 도섭이 스스로 지은 죄에 대해서 반성하고 사죄할 것을 도덕적으로 요구한다. 만약 자신이 저지른 범죄에 대해서 도섭이 도덕적 책임을 지는지의 여부가 그가 사죄를 하는 것과 상관이 없다면, 왜 우리는 그가 사죄를 해야 한다고 생각할까? 다시 말해서 '죄가 도덕적으로 처리되는 과정'의 한 요소로 사죄가 포함되어야 하는 근거는 무엇일까?

사죄의 딜레마

사죄는 과거에 일어났던 일에 관한 것이며, 사죄를 하는 사람은 자신이 지난날 저지른 잘못을 적어도 현재 시점에서는 승인하지 않는 태도를 지녀야 한다. 과거에 저지른 잘못을 승인하지 않는 태도가 도덕적으로 옳다면, 사죄를 하는 사람이나 사죄를 받는 사람 모두 그런 태도를 취하는 셈이고, 그에 따라 이들의 태도는 모두 도덕적으로 옳다. 교도소에 있는 도섭이나 아이의 엄마인 신애나 영화를 보는 우리 모두 과거의 도섭이 저지른 범죄를 승인하지 않는다는 점에서는 같은 편에 서 있다. 그에게 사죄를 요구하고 그가 사죄를 한다면, 우리는 모두 현재의 도섭과 함께 과거의 도섭을 가리키면서 그의 잘못을 지적하는 셈이다. 그런 점에서 볼 때, 가해자 도섭은 교도소로 자신을 찾아온 피해자 신애에게 자신도 그녀와 같은 편에 서 있다고 말하는 것이다.

그렇다면 신애는 현재의 도섭을 지목하여 비난하기 어렵다. 더 이상 자신이 도덕적으로 비난할 사람이 없다는 점에 신애는 당혹감을 느꼈을 것이다. 이렇듯 사죄는 죄를 저지른 과거의 자아와의 단절을 만들며, 도덕적 책임의 대상을 현재 시점으로부터 몰아내는 것 같다. 이 점이 사죄를 당혹스러운 개념으로 만든다.

이번에는 다른 영화 속 장면을 생각해 보자. 영화 〈쇼생크 탈출〉에서 레드라는 인물이 등장하는 장면이다. 그는 어린 시절에 살인을 저지른 죄목으로 오랜 기간 교도소에 갇혀 생활해 왔다. 가석방 심사가 있을 때마다 레드는 자신이 변했다고 간절하게 말하지만 가석방은 허락되지 않았다. 가석방에 대한 기대를 접고 지내던 어느 날 레드는 또다시 가석방 심사를 받게 되는데 그 자리에서 그는 다음과 같이 말한다.

단 하루도 후회를 느끼지 않고 지나간 날이 없습니다. 내가 여기(교도소)에 있기 때문이라거나 당신이 내가 여기 있어야 한다고 생각하기 때문이 아닙니다. 그저 그 끔찍한 범죄를 저지른 어리석은 아이였던 나 자신을 돌아보는 거죠. 그 아이에게 알아듣게 말하고 싶고 세상이 어떤지 말해주고 싶어요. 하지만 그럴 수가 없지요. 그 아이는 오래전에 사라졌고, 이 늙은 사람만이 여기 남아 있습니다. 이를 그저 견디어낼 수밖에요.

이렇게 말하는 그는 가석방 심사관에게 아무 기대를 하지 않는 듯이 보인다. 그날 그는 기대하지 않았던 가석방 허가를 받는다. 간절히 원하던 사람에게는 주어지지 않던 가석방이 가석방을 원치 않은 사람에게는 주어진 것이다. 아마도 가석방 심사관은 레드가 과거에 저지른 범죄에 대한 책임이 더 이상 그에게 없다는 판단을 했을 것이다. 그리고 그 판단의 근거는 레드가 더 이상 과거의 레드가 아니라 새로운 사람이 되었다고 여겼기 때문일 것이다.

이는 가석방 심사관 앞에 앉아 있는 늙은 레드가 수십 년 전 범죄를 저질렀던 당시의 레드와 동일한 사람이 아니기 때문은 아니다.* 다시 말해서, 이는 철학에서 말하는 '인격적 동일성personal identity'이 과거의 레드와 현재의 레드 사이에 성립하지 않기 때문이 아니다. 만약 과거의 레드와 현재의 레드가 말 그대로 '동일한 사람'이 아니라면, 현재의 레드는 아무런 죄가 없는데도 교도소에 수감되어 있는 것이다. 그렇다면 국가는 레드에게 엄청난 잘못을 저지른 셈이 된다. 무고한 사람을 가둔 것이기 때문이다. 하지만 가석방 심사관이 한 일은 국가가 무고한 사람을 감금하고 있는 잘못을 바로잡으려는 것이 아니다.

---

* '시간의 경과와 도덕적 책임의 관계'에 대한 논의는 Parfit(1984) 3부를 참조.

그렇다면 가석방 심사관이 그렇게 판단한 이유는 무엇일까? 레드가 이미 자신의 죗값을 모두 치렀다고 봤기 때문일까? 이 역시 그럴 듯해 보일 수 있지만, 다시 생각해 보면 받아들이기 어려운 주장이다. 레드가 죗값을 치렀기 때문에 가석방을 받은 것이라면 애초에 그에게 내려진 죗값은 과도하기 때문이다. 가석방이란 죄에 대한 처벌을 경감하여 죄수가 다시 그런 범죄를 저지르지 않으리라는 기대 속에서 석방을 허가하는 제도이다. 다시 말해서 레드는 자신의 죗값을 이미 감당했기 때문에 석방된 것이 아니라 치러야 할 죗값이 경감된 것이다.

그렇다면 레드의 죗값이 경감된 이유는 무엇일까? 앞의 장면에서 그는 자신의 후회를 솔직하게 진술했을 뿐이다. 그렇다면 그의 사죄가 그가 받아야 할 죗값과 도덕적 비난을 가볍게 했다고 봐야 한다. 어떻게 사죄가 그런 힘을 가질 수 있을까? 우리는 여기서 사죄와 도덕적 책임과 관련하여 개념적 당혹감을 느끼게 된다. 자신의 행위가 끼친 피해에 대한 책임이 자신에게 있음을 고백하는 것이 사죄라면, 어떻게 사죄가 도덕적 책임을 벗어나게 하는 힘을 가질 수 있는가? 짐을 지겠다는 선언을 하는 것만으로 짐으로부터 벗어나게 된다면 그 선언은 성취된 것이라고 볼 수 없을 것이다. 짐을 지겠다는 선언이 성취되기 위해서는 스스로 짐을 지는 수밖에 없기 때문이다.

여기서 내가 사죄가 불필요하다는 것을 암시하고 있다고 생각한다면, 이는 성급한 판단이다. 자신이 저지른 잘못에 대해서 사죄를 하는 것이 도덕적으로 중요하다는 점을 부인하긴 어렵다. 내가 의문을 제기하는 것은 어떤 근거로 사죄가 그런 도덕적 중요성을 갖는지에 관한 것이다. 나는 사죄에 대한 법 관습에 동의한다. 우리는 자신의 죄를 인정하고 뉘우치는 사람은 정상 참작의 대상이 되어야 한다고 믿는데, 나 역시 이런 통상적인 법 관습을 따르는 것이 옳다고 생각한다. 하지만 문제는 어떻게 이를 정당화할 수 있는가이다.

〈밀양〉의 도섭과 〈쇼생크탈출〉의 레드는 사죄와 도덕적 책임 사이에서 생겨나는 개념적 혼란을 잘 드러내 준다. 우리는 도섭의 사죄를 받아들이기 불편해하며 그의 사죄가 그가 저지른 범죄에 대한 도덕적 책임을 덜어주지 않는다고 생각한다. 반면, 레드의 경우는 그 반대이다. 우리는 그의 사죄를 기꺼이 받아들이게 되고 과거에 저지른 범죄에 대한 도덕적 책임으로부터 그가 조금이나마 벗어나는 것이 정당하다고 생각한다.

사죄와 도덕적 책임 사이에서 생겨나는 개념적 혼란은 다음과 같이 일종의 딜레마로 제시될 수 있다. 사죄는 과거에 일어난 행위에 대한 도덕적 책임을 경감하지 않는다. 도섭의 사례처럼 사죄가 도덕적 책임을 경감하지 않는다면, 우리가 잘못을 저지른 사람에게 사죄를 요구하는 이유가 의심스러워진다. 한편, 레드의 사례처럼 사죄가 도덕적 책임을 경감한다면, 사죄가 어떻게 그런 힘을 갖게 되는지 이해하기 어렵다. 이는 마치 도덕적 책임이 자신에게 있음을 선언함으로써 그 도덕적 책임을 면하는 것처럼 보이기 때문이다. 사죄를 통해서 도덕적 책임이 덜어진다는 점을 받아들이더라도 사죄가 면죄부가 된다는 것을 받아들이기는 힘들 것이다.[*] 이를 정리하면 다음과 같다.

---

[*] 이 딜레마는 사죄와 관련된 다른 개념들도 이해하기 어렵다는 점을 나타낸다. 사죄를 요구하는 것이 딜레마를 만들어 내듯이, 피해자가 가해자를 용서하는 것 역시 딜레마를 만든다. 진정한 용서는 가해자가 자신의 잘못을 잊지 않는 동시에 그 잘못으로 더 이상 비난받지 않아야 한다는 것을 요구하는데, 이는 동시에 만족하기 불가능한 요구처럼 보인다. Tongeren(2008) 참조.

- 사죄는 도덕적 책임을 경감하지 않는다.
- 사죄가 도덕적 책임을 경감한다면, 사죄는 이상할 정도로 강력한 능력을 지녔다고 할 수 있다.
- 사죄가 도덕적 책임을 경감하지 않는다면, 우리가 사죄를 요구할 이유가 없다.
- ∴ 따라서, 어떤 경우이든, 사죄는 이상한 개념이다.

이제 우리에게 남겨진 물음은, 과거의 자아가 저지른 잘못에 대해서 현재 자아는 어떤 태도와 행동을 취하는 것이 올바르며, 그런 태도와 행동이 지난날의 잘못에 대한 도덕적 평가에 어떤 영향을 미치는지이다. 이 물음을 복잡하게 만드는 원인 중 하나는 이 물음의 종교적 함축, 특히 기독교적 함축이다. 원죄와 회개, 대속과 구원은 기독교 교리를 구성하는 주요 요소이다. 아마도 사죄와 도덕적 책임을 다루면서 기독교적 함축을 피하는 것은 불가능한 일일지 모른다.

그럼에도 불구하고 가급적이면 기독교적 함축을 피하고자 한다. 사죄의 문제는 종교의 범위를 넘어선다고 생각하기 때문이다. 지금까지 나는 '잘못', '범죄', '사죄'와 같은 용어를 사용해 왔는데, 이런 용어는 도덕적 평가를 이미 담고 있다. '원죄', '죄악', '회개', '회심' 등의 용어를 사용했더라면 그 도덕적 의미는 더 분명했을 것이고 나아가 종교적 의미까지 넘보게 되었을 것이다. 하지만 나는 이보다 광범위하고 중립적인 맥락에서 이 문제를 살펴보고 싶다. 우리가 저지르는 잘못 중에는 도덕적인 함축이 없는 것도 있다.

예를 들어, 여행을 떠나면서 집에 지갑을 두고 나오는 '잘못'을 했을 때 여기에는 어떤 도덕적인 함축도 없다. 이 잘못을 깨달았을 때 우리는 자신의 부주의함을 후회하고 다시는 이를 반복하지 않겠다고 다짐하지만, 이 후회와 다짐에 어떤 특별한 도덕적 함축이 있는 것은 아니다. 그럼에도 나는 사죄와 도덕적 책임에 관한 논의가 '잘못을 저지르고 이 잘못을 바로잡으려는 노력'이라는 보다 중립적인 맥락에도 적용될 수 있어야 한다고 생각한다. 사죄도 결국 과거에 저지른 잘못을 바로잡으려는 노력이기 때문이다. 그런 의미에서 '사죄'라는 표현을 '사과'라는 단어로 바꾸어 이해해도 좋다.

깨끗한 몸으로 빚 갚기

사죄의 딜레마를 풀기 위해서 사죄에 대한 가장 전형적인 설명으로 시작해 보자. 영국의 기독교 철학자 스윈번Richard Swinburne의 주장이 그런 사례이다.* 스윈번은 두 가지 비유를 통해 사죄에 대해 전형적으로 설명한다. 한 가지는 사죄를 빚 갚는 것에 비유하는 것이고, 다른 하나는 사죄를 스스로 몸을 씻는 것에 비유하는 것이다.*

사죄를 빚 갚는 것에 비유하는 근거는, 우선, 잘못을 저질러서 다른 사람에게 피해를 주는 것을 곧잘 그 사람에게 빚을 지는 것으로 비유하기 때문이다. 스윈번이 이 비유를 최초로 제시한 것은 물론 아니다. 일상적인 표현에서 이런 비유는 흔하며 다른 언어권에서도 마찬가지라는 점을 고려할 때, 이 비유는 인간의 뿌리 깊은 사고방식 속에

---

* Swinburne(1989), Ch. 5.

자리 잡고 있는 것 같다. 경찰에 붙잡힌 흉악범이 '지은 죄를 평생 갚으며 살겠다'고 말하는 것을 방송에서 볼 때가 있다. 돈을 빌려 생긴 빚을 '갚듯이' 지은 죄를 '갚는다'는 것이다. 이런 비유의 논리에 충실하면, 가해자가 악행을 저지르는 것은 피해자에게 큰돈을 강제로 빌려 가서 경제적 손실을 입힌 것과 같다.

스윈번에 따르면, 잘못을 저질러서 다른 사람에게 피해를 입힌 사람은 죄를 얻는다. 죄를 얻은 사람은 빚을 진 사람이 빚을 갚을 의무를 지는 것처럼, 이 죄를 바로잡을 의무가 있다. 즉 피해자에게 보상을 해야 하는 것이다. 하지만 채무의 경우에는 빌린 돈과 약속한 이자를 갚는 것으로 완벽하게 빚 청산이 이루어지는 반면, 죄를 바로잡는 일은 피해자가 입은 피해를 보상하여 원상 복귀시키는 것만으로 충분하지 않다. 잘못을 저지른 사람은 잘못을 저지르는 과정에서 가해자 자신을 '불결하게' 만들기 때문이다. 그렇기 때문에 피해자가 입은 피해를 갚는 것 말고도 자신을 정결하게 만들어야 한다. 이를 위해서 죄를 저지른 사람의 사죄와 피해자의 용서가 요구된다. 하지만 가해자가 사죄를 해도, 죄를 저지른 사실이 변하지는 않는다. 사죄의 본질은 잘못을 저지른 사람이 잘못된 행위와의 관계를 공적으로도 사적으로도 끊음disowning으로써 과거의 자신과 거리를 두는 것이다. 이것이 스윈번의 생각이다.**

** Swinburne(1989), p. 82. 여기서 'disown'이라는 단어는 신중하게 선택된 것이다. 자신의 것이 아닌 것을 자신의 것으로 만드는 것이 소유(own)라면, 그것을 뒤집는 것(dis), 즉 자신의 것을 자신의 것이 아닌 것으로 만드는 것을 'disown'으로 표현하고 있다.

그의 주장은 죄를 도덕적으로 처리하는 과정에 대한 상식적인 생각을 잘 반영한다. 죄를 짓는 것이 빚을 지거나 자신을 더럽히는 것에 비유된다면, 빚을 갚고 더러움을 씻는 일이 필요할 것이다. 그렇다면 스윈번의 이런 주장이 사죄에 대한 딜레마에서 우리를 꺼내줄 수 있는지 생각해 보자.

우선, 이런 주장이 비유를 근거로 든다는 점을 지적할 필요가 있다. 잘못을 저지른 사람이 글자 그대로 빚을 진 사람과 같은 처지에 있다고는 보기 어렵고, 더구나 단순히 더러운 사람이라고 단정하기도 어렵다. 죄를 짓는 것과 빚을 갚고 더러움을 씻는 것 사이에는 중요한 차이점들이 존재하기 때문이다. 이 차이점들에 주목해 보자.

첫째, 채무 관계란 돈을 빌려주는 사람과 빌리는 사람이 모른 채로 생겨날 수 없는 반면, 죄를 저지르는 사람은 자신의 행위로 피해를 받는 사람이 누구인지 모를 수 있고, 또한 피해를 받는 사람도 누구 때문에 자신이 피해를 받는지 모를 수 있다.

둘째, 빚이란 갚으면 원상 복귀가 가능하며 더러워진 몸도 씻으면 다시 원래 상태대로 깨끗해질 수 있다. 하지만 잘못을 저지른 사람이 피해자에게 한 일은 대부분 원상 복귀가 가능하지 않다.

셋째, 빚은 제삼자가 대신하여 갚을 수도 있고 더러움도 대신 씻어줄 수 있다. 하지만 누군가가 죄를 저지른 사람을 대신하여 죗값을 치르는 것은 합당한 일처럼 보이지 않는다. 예를 들어, 큰 빚을 져서 갚을 능력이 없는 사람을 대신하여 그의 형제가 빚을 갚는다면 이를 마다할 채무자는 없을 것이다. 하지만 도섭을 대신하여 그의 생모가 나서서 대신 죗값을 치르겠다고 하더라도 그의 생모를 교도소에 보내서는 안 된다. 또한 그의 생모가 도섭을 대신하여 사죄하는 것 역시 진정한 사죄로 받아들일 수 없다.

넷째, 이자가 상정된 보통의 채무 관계에서는 피해가 생겨나지 않는다. 돈을 빌리는 사람이든 돈을 빌려주는 사람이든 자신에게 이롭기 때문에 그렇게 하는 것이다. 그렇기 때문에 누구를 피해자나 가해자로 규정할 수 없다. 반면에, 죄를 저지르는 경우에는 그 죄로 인해서 해악을 입는 사람이 존재한다.

그 외에도 더 많은 차이점이 있다. 또 다른 중요한 차이점 하나를 바로 다음 절에서 거론할 것이다. 어쨌든, 이런 차이점들을 생각해 보면, 도대체 어떻게 사죄를 채무 청산과 관련된 것으로 볼 수 있게 되었는지 의아스러울 정도다. 이런 비유가 흔하게 쓰이는 데는 이유가 있기 마련이다. 사죄를 빚을 갚고 더러움을 씻는 것에 비유하는 것은 여전히 사죄를 이해하는 설득력 있는 방식이다. 그 설득력은 어디서 생겨나는가?

빚진 자가 빚을 갚고 더러운 자가 더러움을 씻었다면, 어떻게 이 사람을 대해야 합당한가? 이 사람을 더 이상 빚지고 더러운 자로 여기는 것은 합당한 처사가 아니다. 이 모델을 통해서 사죄를 바라본다면, 잘못을 저지른 사람은 앞으로 그런 죄를 저지르지 않겠다는 다짐을 통해서 더 나은 사람이 된다. 더 나은 사람이 되었기 때문에 이제는 더이상 그를 이전에 대하던 방식으로 대할 수 없다. 이것이 빚 갚고 더러움을 씻는 것에 사죄를 비유하는 이해 방식이 갖는 설득력의 원천이다. 죄지은 자에게 사죄를 요구하는 것은, 우리가 정당하고 죄지은 자가 정당하지 못하다는 것을 드러내려고 한다거나 죄지은 자의 실패를 스스로 인정하게 함으로써 통쾌함을 느끼려는 것이 아니다. 그 이유는, 그가 더 나은 인간이 되길 바라기 때문이다.

하지만 사죄에 대한 이런 설명이 우리를 딜레마에서 구하지는 못한다. 이 주장에 따를 때, 사죄가 잘못을 저지른 사람의 도덕적 책임감을 덜어준다고 할 수 있는가? 아마도 스윈번은 잘못을 저지른 사람이 앞으로 그런 죄를 저지르지 않겠다는 다짐을 통하여 더 나은 사람이 되기로 결심한 것이 그의 도덕적 책임감을 경감한다고 생각할 것이다. 하지만 우리는 여전히 다음과 같은 질문을 할 수 있다.

> 어떻게 그런 일이 가능한가? 도덕적으로 더 나은 사람이 되는 것은 그에게 바람직한 일이다. 자신에게 바람직한 일을 하는 것은 그에게 좋은 일이지만, 잘못을 저지른 사람이 자신에게 좋은 일을 하는 것이 어떻게 그의 도덕적 책임감을 덜어줄 수 있는가?

이 질문에 대해서 스윈번은 어떻게 답할 수 있을까? 그가 할 수 있는 한 가지 대답은 '잘못한 사람이 자신에게 좋은 일을 하는 과정에서, 즉 사죄를 하는 과정에서 고통이 따른다'고 말하는 것이다. 빚을 갚고 몸을 청결히 하는 과정도 마찬가지이다. 이를 통해서 도달하는 최종적인 단계는 바람직하고 좋지만, 그 과정에서는 지불해야 하는 비용이 있기에 고통이 따른다고 할 수 있다. 그리고 이 고통이 자신이 진 도덕적 책임감을 덜어준다고 말할 수 있다.

래드직Linda Radzik은 잘못된 일이 일어난 후 생기는 도덕적 문제를 연구하는 미국의 철학자이다. 그 역시 사죄를 빚 갚기로 이해하는 이론에는 잘못을 저지른 사람이 사죄의 과정에서 겪어야 하는 고통이 전제되어 있음을 지적한다.[*] 잘못을 저지른 사람이 사죄를 통해서 고통을 겪어야 한다는 주장은 직관적으로 옳아 보인다. 하지만 문제는 그 고통이 무엇을 위한 고통인지 하는 점이다. 아마도 '잘못을 저지른 사람이 더 나은 사람이 되는 데 필요한 고통'이라고 대답할지도 모른다. 그렇다면 왜 피해자는 잘못을 저지른 사람의 사죄를 요구하는가?

스윈번은 사죄의 과정에서 피해자가 들어설 여지를 마련하지 않는다. 이 과정에 피해자가 필요하다면 이는 결국 잘못을 저지른 사람을 위해서이다. 그에게는 그의 사죄를 들어줄 사람이 필요하기 때문이다. 피해자가 얻을 수 있는 것이라고는 죄를 저지른 사람이 사죄의 과정에서 겪는 고통을 지켜보는 일뿐이다. 하지만 래드직이 지적하듯이 다른 사람의 고통을 즐겁게 지켜보는 것이 바람직할 수는 없다.

그렇다고 해서 스윈번이 딜레마의 다른 뿔, 즉 사죄가 가해자의 도덕적 책임을 경감시키지 못한다는 것을 인정하는 선택을 할 수도 없어 보인다. 채무자에게 빚을 갚도록 요구하는 것이 정당하듯이, 사죄를 빚을 갚고 몸을 청결하게 하는 것으로 이해하면서 피해자에게 이를 요구하지 않는 것은 이상하기 때문이다.

이런 점들을 고려할 때 우리가 내릴 결론은, 죄지은 자가 스스로를 정결하게 하고 빚을 갚는 것으로 사죄를 이해하려는 시도는 사죄와 도덕적 책임의 관계를 제대로 설명하지 못한다는 것이다.

통시적 책임

◌

사죄의 모델을 빚을 갚고 더러움을 씻는 데서 찾으려는 이론의 난점

---

* Radzik(2009), Ch. 2.

은 도덕적 책임을 시간이라는 변수와의 관계 속에서 고려하지 못하기 때문에 생겨난다. 도섭과 레드의 예시를 다시 생각해 보자. 도섭은 아이의 죽음으로 인해서 아직 고통에 신음하는 아이 엄마에게 자신의 죄는 이미 용서를 받았다고 말한다. 반면, 레드는 어린 시절에 겪었던 죄 때문에 노인이 된 시점에서도 벌을 받고 있다. 이 둘을 가르는 중요한 변수 중 하나는 시간이다. 이를 고려하면, 도섭은 '새로운' 사람이 되었다고 말할 수 있는 적절한 시점에 있지 않지만, 레드는 이미 그 시점에 도달했다고 볼 수 있지 않을까?

만약 '새로운' 사람이 되는 데 시간이라는 변수가 필요하다면, 스윈번이 제시하는 전통적 모델은 이 변수를 무시한다는 점에서 사죄의 적절한 모델이라고 볼 수 없다. 빚을 진 사람이 빚을 갚는 일은 빠르면 빠를수록 좋다. 더러움을 씻는 일도 마찬가지로 빠르면 빠를수록 좋다. 하지만 사죄는 반드시 그렇지 않다. 자신이 지은 잘못을 깨닫는 일이라면 빠르면 빠를수록 좋다고 할 수 있다. 하지만 사죄를 하는 일이라면 반드시 그렇지 않으며 오히려 적절한 시간의 경과가 필요할 수도 있다. 그 이유는 피해자가 사죄를 받아들일 만한 시간이 필요하기 때문이다. 사죄를 통해서 새로운 사람이 될 수 있다고 한다면, 더욱 그렇다. 죄를 짓자마자 사죄를 하여 새로운 사람이 된다고 볼 수 없으며, 나아가 이런 사죄는 바로 그 사죄의 시점 때문에 진정성을 의심받게 된다.

시간이라는 변수를 도입하여 사죄를 이해한다면 어떻게 사죄라는 개념에 접근해야 할까? 미국의 젊은 철학자 코리Andrew Khoury가 사죄를 이해하는 방식이 바로 그 한 가지 사례이다.[*] 일반적으로 윤리학에서는 도덕적 책임이 시간에 의해서 변화할 수 없다고 암묵적으로 받아들여 왔다. 이 암묵적 전제를 좀 더 정확히 표현하면 다음과 같다.

> 한 행위자가 시점 t_1에 저지른 일로 도덕적 책임을 져야 한다면, 이
> 시점 이후인 t_2에도 행위자는 그 일에 대해서 동일한 정도의 도덕
> 적 책임을 져야 한다.

서로 다른 두 시점 사이의 도덕적 책임, 즉 통시적 책임diachronic respon-sibility에서 요구되는 것은 두 시점에 존재하는 행위자의 인격적 동일
성이다. 인격적 동일성이 주어진다면, 통시적 책임은 결국 공시적 책
임synchronic responsibility과 다를 바 없다. 이것이 일반적으로 윤리학에
서 받아들이는 암묵적 가정이다. 하지만 코리는 이 암묵적 주장에 반
대한다. 즉, 그에 따르면, 첫째, 통시적 책임과 공시적 책임은 서로 구
별되는 개념이고, 둘째, 도덕적 책임이 성립하기 위해서 반드시 인격
적 동일성이 전제될 필요가 없다.[**]

　우리의 관심은 도덕적 책임과 시간의 관계에 있으므로 그의 첫째
주장에 주목해 보자. 그는 다음과 같은 예시를 통해서 통시적 책임과
공시적 책임이 구별되어야 한다고 주장한다. 예를 들어, 시점 t_1에 영
희가 철수에게 심히 모욕적인 독설을 퍼부었다고 하자. 이제 1년이 지
난 t_2에 일어날 수 있는 두 가지 시나리오를 생각해 보자.

---

[*] 　Khoury(2013)

[**] 　코리는 철학자 슈메이커David Shoemaker의 논증에 따라 두 번째 주장을 받아들인
다. Shoemaker(2012) 참조.

[첫 번째 시나리오]

영희는 자신이 철수에게 한 언행을 깊이 후회하고 노력하여 남에게 독설을 내뱉던 1년 전과는 전혀 다른 사람이 되었으며, 철수에게 진심 어린 사죄를 구했다.

[두 번째 시나리오]

영희는 철수에게 한 일을 전혀 후회하지 않고 1년 전과 별로 다르지 않은 태도로 살아간다.

코리는 t_1 시점에 영희가 비난받아 마땅하다는 점은 두 시나리오에서 같지만, 영희가 t_2 시점에도 비난받아 마땅한지는 다르다고 주장한다. 즉, 두 번째 시나리오와 비교하여 첫 번째 시나리오에서 영희에 대한 비난가능성은 현저히 줄어든다. 여기서 비난가능성은 t_1에 영희가 한 일을 t_2에 판단하는 것임을 염두에 둘 필요가 있다. t_1에 영희가 한 일에 대한 평가가 t_1 이후에 영희가 무슨 일을 했는지에 상관없이 변하지 않는다고 판단한다면, 통시적 책임은 공시적 책임을 연장한 것에 불과하다고 여기는 것이다. 반면, t_1에 영희가 한 일에 대한 평가가 t_1 이후에 영희가 한 일에 따라 달라질 수 있다고 판단한다면, 통시적 책임과 공시적 책임을 서로 구별되는 개념으로 여기는 것이다. 코리는 첫 번째 시나리오에서 영희의 독설에 대한 비난가능성이 줄어들기 때문에, 통시적 책임과 공시적 책임은 서로 구별되어야 한다고 주장한다.

그렇다면 통시적 책임을 공시적 책임과 구별되게 만드는 요인은 무엇인가? 앞서 말했듯이, 우리는 영희가 1년이 지난 시점에 전혀 다른 인간이 되었다고 여기지 않는다. 따라서 현재의 영희가 1년 전의 영희와 다른 인간이라는 것을 근거로, 영희가 1년 전 철수에 퍼부은 독설에 대한 도덕적 책임이 1년이 지난 시점에 와서 가벼워졌다고 볼 수는 없다. 즉, 영희가 한 일에 대한 도덕적 책임을 1년이 지난 시점에 동일하게 묻는다고 했을 때, 그에 대한 근거로 영희의 인격적 동일성이 변하지 않았다는 점을 들 수 없다. 코리 역시 통시적 책임을 구성하는 요소가 인격적 동일성이라고 생각하지 않는다. 그는 통시적 책임에 대한 평가는 심리적 **연결성**psychological connectedness에 달려있다고 주장한다.

심리적 연결성이란 시점을 달리하는 두 심리적 상태가 그 내용을 상당 부분 공유하고 있는 것을 가리킨다. 예를 들어, 오늘 영희는 어제의 자신이 가지고 있던 기억이나 생각을 상당 부분 그대로 가지고 있을 것이다. 그런 점에서 오늘의 영희와 어제의 영희는 심리적으로 연결되어 있다. 하지만 오늘의 영희와 3살 때의 영희 사이에 심리적 연결성은 없다고 해야 할 것이다. 그 중간에 존재하는 영희의 시간적 자아temporal selves 사이에는 심리적 연결성이 있겠지만, 시간적으로 멀리 떨어진 두 시간적 자아 사이에서는 심리적 연결성을 기대하기 힘들기 때문이다. 이와 같은 경우 코리는 오늘의 영희와 3살 때의 영희 사이에 심리적 **연속성**psychological continuity만 존재한다고 말한다. 심리적 연속성과 심리적 연결성이라는 두 개념을 혼동하지 않고 구별하는 것이 중요하다.*

---

* 심리적 연결성과 연속성이라는 개념은 10장에서도 다시 등장한다. 283쪽 두 번째 각주 참조.

이를 신체에 비유하여 설명하면, 영희의 신체를 구성하는 세포들에 주목해 볼 때 오늘의 영희와 어제의 영희는 대부분의 세포들을 공유한다는 점에서 신체적으로 **연결**되어 있지만, 오늘의 영희와 3살 때의 영희가 신체적으로 **연결**되지는 않는다. 그럼에도 불구하고 오늘의 영희와 3살 때의 영희는 신체적으로 **연속적**이다. 두 영희 사이에 신체적으로 서로 **연결**되는 많은 영희들이 있기 때문이다.

코리에 따르면, 통시적 책임은 심리적 연결성의 정도에 따라서 판단된다. 앞에 등장한 영희의 예시를 들어 설명하면, 첫 번째 시나리오에서 영희는 1년 전의 영희와 심리적 연결성을 거의 잃었지만, 두 번째 시나리오에서는 둘 사이에 심리적 연결성이 여전히 있다고 보아야 한다. 이 때문에 첫 번째 시나리오에서 영희가 도덕적 책임에서 어느 정도 자유로워진 반면, 두 번째 시나리오에서는 여전히 도덕적 책임을 진다고 판단해야 한다.

그렇다면 도섭과 레드의 예시에 코리의 주장을 적용하면 어떻게 될까? 그는 아마도 이렇게 주장할 것이다. "아이를 유괴하여 살해한 도섭이 사죄를 받아들이기 힘들다면, 그 이유는 그가 죄를 저지른 시점의 도섭과 심리적으로 연결되어 있다고 여겨지기 때문이다. 반면 레드는 지난날 범죄를 저지른 시점의 그와 심리적으로 단절되었기 때문에 그 범죄에 대한 도덕적 책임에서 자유롭다."

하지만 이러한 코리의 주장이 사죄의 딜레마로부터 우리를 구해줄 수 있을까? 이 역시 그렇지 못하다고 나는 생각한다. 코리는 비유의 도움 없이 통시적 책임감이라는 개념을 도입함으로써 사죄에 대한 우리의 직관적 생각을 잘 포착한 것처럼 보인다. 하지만 이는 스윈번이 비유를 들어 말하고자 한 바와 본질적으로 크게 다르지 않다고 생각한다. 딜레마에 대한 코리의 답변은, 사죄는 과거에 일어난 행위에 대한 도덕적 책임을 경감한다는 것이다.

그렇다면 우리의 다음 물음은 '도대체 사죄가 어떻게 그런 힘을 가질 수 있느냐'인데, 사죄는 문제의 행위를 했던 과거 행위자와 현재 행위자 사이에 심리적 연결성이 없음을 보여주기 때문에 통시적 책임을 덜어준다는 것이 코리의 답변인 셈이다. 하지만 이런 답변은 '사죄가 어떻게 도덕적 책임을 경감할 수 있는가' 하는 원래의 문제를 '심리적 단절이 어떻게 도덕적 책임을 경감할 수 있는가' 하는 문제로 뒷걸음치게 할 뿐이다. 앞서 보았듯이 도섭은 자신이 죄를 지었던 과거의 자신으로부터 완전히 단절되었다고 주장한다. 하지만 우리는 그의 변신이 자신이 저지른 범죄에 대한 도덕적 책임으로부터 그를 자유롭게 하지는 못한다고 생각하기 때문에 죽은 아이의 엄마의 편에서 그를 용서할 수 없다.

코리의 견해는 빚을 갚고 자신의 더러움을 씻는 것에 대한 비유로 사죄를 이해하려는 스윈번과 마찬가지로 사죄를 가해자의 관점에서 바라보고 있다. 가해자의 관점에서 보면, 사죄를 하기 위해서는 현재 자신의 심리적 상태가 범죄를 저지른 시점과 크게 달라야 한다. 코리의 견해를 받아들이고 도섭의 진술을 그대로 받아들인다면, 도섭은 이전의 자신과 심리적으로 단절되었고 따라서 자신이 저지른 범죄에 대한 도덕적 책임으로부터 벗어났다고 보아야 한다. 하지만 도섭이 주장하는 대로 심리적 연결성이 사라졌다고 하더라도 우리는 그것만으로 그의 도덕적 책임이 경감되었다는 데 동의할 수 없다. 이는 코리의 주장이 잘못되었거나 적어도 중요한 요소를 결핍하고 있음을 의미한다.

사죄를 통해 과거 사건의 의미가 바뀔 수 있을까?

나는 행위자의 도덕적 책임이 시간에 따라서 변화할 수 있다는 점에서 코리의 견해에 동의한다. 통시적 책임과 공시적 책임이 구별된다는 코리의 통찰 역시 올바르다고 생각한다. 하지만 그의 분석에는 피해자의 관점이 개입될 여지가 없으며 가해자의 심리적 연결성이 단절되는 이유에 대한 분석이 없다. 이 때문에 그의 분석은 사죄의 딜레마로부터 우리를 벗어나게 하지 못한다.

잘못된 행위를 저지른 사람이 하는 사죄는 사죄를 하는 시점에 그 사람이 지고 있는 도덕적 책임을 어느 정도 덜어준다. 이를 받아들인다는 점에서 나 역시 코리와 같은 생각이다. 이것이 사죄의 딜레마에 접근하는 올바른 방식이라고 생각한다. 문제는 사죄가 도덕적 책임을 벗어나게 하는 근거, 또는 심리적 연결성의 부재가 도덕적 책임을 가볍게 하는 근거가 무엇이냐는 것이다.

이 지점에서 나는 다음의 주장을 논증하고자 한다. '사죄가 도덕적 책임을 덜어주는 힘을 갖는 이유는 사죄가 행위자가 과거에 저지른 사건의 의미를 긍정적으로 변화시키기 때문이다. 그리고 이렇게 과거 사건이 갖는 의미가 변화함으로써 피해자는 자신에게 일어난 불행이 완전히 헛된 것은 아니었다고 믿을 수 있다. 사건의 의미가 변화하는 것은, 가해자의 심리적 상태에 일어난 변화에서 비롯되는 것이 아니라, 피해자 또는 피해자의 대리인이 가해자에게 내리는 평가에서 비롯된다.'[*]

---

[*] '피해자의 대리인'이란 표현을 추가한 이유는 피해자가 사망하여 존재하지 않은 경

이 주장에서 가장 핵심적인 점은, 어떤 행위가 그 이전 시점의 사건의 의미를 변하게 한다는 것이 무슨 뜻인지를 밝히는 것이다. 여기서 주의해야 할 점은, 어떤 행위가 과거 사건의 의미를 변하게 하는 것과 과거 사건 자체를 변하게 하는 것을 구별하는 것이다. 우리가 고려하고 있는 주장은 사죄가 과거에 일어난 사건에 인과적으로 영향을 끼칠 수 있다는 것이 아니라 과거에 일어난 사건의 의미를 변화시킨다는 것이다. 그렇다면 어떻게 t_2에 일어난 사건이 이전 시점인 t_1에 일어난 사건의 의미를 변하게 할 수 있을까?

이런 주장이 철학에서 낯선 것은 아니다. 프린스턴 대학의 철학 교수 켈리Thomas Kelly가 제시한 다음의 예시를 생각해 보자.[**]

어떤 사람이 시점 t_1에 쏜 총에 맞아서 한 사람의 생명이 위급한 상태였다. 그런데 마침 근처에 있던 의사가 시점 t_2에 그를 치료해서 생명을 구했다.

여기서 주목해야 할 점은, t_1에 총을 발사한 사건은 의사의 치료 행위로 인해 '살인 사건'으로 규정되지 않게 된다는 것이다. 의사의 치료 행위가 총격 사건 자체를 없앨 수는 없지만 그 사건의 의미를 변화시

우에도 사죄의 가능성을 열어두기 위해서이다. 정확히 누가 피해자의 대리인이 되어야 하는지에 관해서는 또 다른 논의가 필요하겠지만, 도섭의 사례에서 죽은 아이의 엄마는 피해자의 대리인이라고 할 수 있다.

[**] Kelly(2004), pp. 72-3.

킨다는 것이 켈리의 주장이다. 만약 그 당시 치료를 받지 못하고 t_2에 총상을 입은 사람이 죽었다면, t_1에 총을 쏜 사건은 살인 사건이 되기 때문이다.

이와 관련해서 철학자 벨먼 J. David Velleman의 예시도 우리의 관심을 끈다. 그는 다음과 같은 상황을 제시한다.[*]

불행한 결혼 생활을 10년 동안 끌고 온 사람이 있다. 그에게 앞으로 일어날 수 있는 두 가지 시나리오가 있다. 하나는 이 결혼을 끝내고 다른 사람과 재혼을 하여 행복하게 사는 시나리오이다. 다른 하나는 10년 동안의 불행한 결혼 생활을 극복하여 결국, 첫 번째 이혼 시나리오의 경우와 같은 정도로, 행복하게 사는 시나리오이다. 어느 시나리오를 택하든 이 사람이 보낸 지난 10년의 불행한 결혼 생활은 변하지 않고, 앞으로의 결혼 생활에서 느끼는 행복도 동일하다고 하자. 즉 두 시나리오에서 행복의 총량은 동일하다.

이 사람의 관점에 서서 생각해 보자. 두 시나리오 가운데 어떤 쪽을 택하는 것이 나은가? 벨먼에 의하면, 우리는 후자를 선호해야 한다. 그 이유는 불행한 결혼 생활로 보낸 10년이라는 시간이 첫 번째 시나리오에서는 그저 버려진 시간이지만 후자에서는 행복한 결혼 생활로 이

---

[*]   Velleman(2000), pp. 65-6.

어지면서 보상을 받기 때문이다. 이 사람이 보낸 10년의 결혼 생활이 갖는 의미는 후에 일어나는 일에 따라 달라지는 것이다. 모든 조건이 같다면 이혼보다는 결혼 유지가 더 나은 선택이라는 것이 벨먼이 말하고자 하는 바가 아니다. 그가 주목하는 것은 10년 동안 겪은 불행한 경험은 변할 수 없지만 이후의 선택이 이전에 자신이 살았던 삶의 의미를 변화시킨다는 점이다. 이에 대해서 다음과 같은 반론을 제기해 볼 수 있다.

> 총을 쏜 사건이 살인 사건이 되는 시점은 총격을 받은 사람이 사망하는 시점이지, 총알이 발사된 시점이 아니다. 따라서 지나가는 의사가 총격을 받는 사람을 치료해서 생명을 건지는 경우, 총을 쏜 사건이 이후에 살인 사건으로 발전하지 않은 것일 뿐이다. 즉 의사의 치료 행위는 총을 쏜 사건을 살인 사건으로 규정되지 않게 한 것이 아니라 살인 사건으로 발전하지 않게 했을 뿐이다. 불행한 결혼 생활의 사례에 대해서도 동일한 비판이 가능하다.

이 반론을 좀 더 도식적으로 설명해 보겠다. t_1에 발생한 사건을 E_1이라고 하고, 이후 시점인 t_2에 발생한 사건을 E_2라고 해보자. 벨먼의 주장은 E_2가 E_1에 새로운 의미를 부여한다는 것이다. 이에 대한 반론의 핵심은, 이 경우 사건 E_1이 이후에 E_2가 발생하는 연쇄적 사건으로 발

t_1	t_2
E_1	E_2
쟁점 : E_2가 E_1에 새로운 의미를 부여할 수 있는가?	

전했다고 할 수는 있어도, E_1이 E_2에 의해서 새로운 의미를 얻는 것은 아니라는 것이다. 결국, 이 반론에 따르면, E_1에 새로운 의미를 부여한다고 주장하는 또 다른 사건이 있을 뿐이지, 그런 사건이 있다고 해서 E_1에 새로운 의미가 부여되는 것은 아니다.

하지만 이 반론은 '행위'와 '그 행위의 산물'을 구별하지 못하는 잘못을 저지르고 있다. 물론 행위의 산물이 그 행위와 구별되어 따로 존재한다고 볼 수 없는 행위도 있다. 예를 들어, '달리는 행위'를 했을 때 이 행위의 산물인 '달리기'가 따로 존재한다고 할 수 없다.

반면에, 그렇지 않은 행위들도 있다. 예를 들어, 채무자가 채권자에게 매달 일정한 금액을 송금하여 1년 안에 빚을 갚는다는 약속을 했다고 하자. 채무자는 꾸준히 송금을 했고 마지막 한 번의 송금을 남겨두고 있다. 그가 마지막 남은 한 번의 송금을 하지 않는다면 그는 약속을 지키지 못하는 것이며, 반대로 송금을 한다면, 약속을 지키는 것이다. 이런 점에서 '약속 지키기'는 마지막 송금 행위의 산물이다. 마지막 송금 행위는 지금까지 해온 송금이 '약속 지키기'에 도달하는 과정이 되는 데 의미를 부여한다.

만약 반론대로, 과거에 있었던 사건에 대해서 이후에 새로운 의미가 생기는 것이 아니라 새롭게 의미를 내리는 행위가 있을 뿐이라면, 역사에 대해서 후대가 내리는 평가는 그저 후대의 생각에 불과하고 과거 사건에 대해서는 어떠한 자국도 남길 수 없다. 역사를 '바로잡는다'는 것은 후대가 쓰는 감상문에 불과하게 되는 것이다. 물론 역사를 바로잡는다는 미명하에 자신이 하고 싶은 대로 평가하는 경우도 있다. 하지만 이는 올바르지 못한 '역사 바로잡기'의 사례일 뿐, 모든 '역사 바로잡기'의 시도가 그렇다는 것을 보여주지는 않는다. 오히려 이는 우리가 '역사 바로 잡기'의 올바른 사례와 그릇된 사례를 구분한다는 것을 보여주며, 그런 구분을 한다는 것은 과거 사건에 대해서 이후에 새롭게 의미를 내리는 것이 가능하다는 증거이다. ('역사를 쓴다'는 것이 무엇인지에 대해서는 9장에서 좀 더 논의할 것이다.)

다시 사죄의 딜레마

이제 사죄의 딜레마로 돌아오자. 이 딜레마에서 벗어나는 열쇠는 사죄라는 개념이 지닌 시간성을 어떻게 이해하는지에 달려 있다. 사죄라는 행위는 과거 사건에 새로운 의미를 부여한다. 그리고 과거 사건에 이렇게 의미를 부여하는 것이 그렇지 않은 경우에 비해서 더 바람직하다. 그 이유는 사죄로 인해서 잘못을 저지른 사람이 더 나은 사람이 되기 때문도 아니고 피해를 입은 사람의 울분이 풀리는 심리적 효과 때문도 아니다. 잘못을 저지른 사람이 사죄를 하면서 겪는 고통을 피해자가 보면서 즐기기 때문은 더욱 아니다.

사죄를 통해서 과거 사건에 새로운 의미를 부여하는 것이 바람직한 이유는, 사죄가 없다면 과거에 있었던 사건은 헛된 낭비가 될 뿐이기 때문이다. 사죄가 과거에 있었던 피해를 없던 일로 만들 수는 없지만 그 피해가 순전한 낭비가 되지 않도록 할 수는 있다. 그런 점에서 사죄는 과거지향적인 행위이다. 사죄의 목적은 앞으로 유사한 잘못이 일어나지 않도록 하는 데 있지 않다. 사죄를 통해서 앞으로 유사한 잘못이 일어날 가능성이 줄어든다고 해도 이는 사죄에서 파생되는 유익한 **부산물**일 뿐이다. 미래에 그와 유사한 잘못이 일어날 확률이 전혀 없다고 하더라도 사죄는 요구될 수 있기 때문이다.

　잘못을 한 사람이 사죄를 통해서 도덕적 책임을 덜어낼 수 있는 근거도 여기에 있다. 사죄가 없었다면 순전한 낭비가 될 뻔했던 과거의 잘못이 사죄를 통해서 새롭게 규정되기 때문에 잘못을 저지른 사람의 도덕적 책임도 가벼워질 수 있다. 앞에서 등장했던 살인 사건의 예시에서, 만약 총을 쏜 사람이 자신의 총격으로 사람이 쓰러진 이후에 그 사람을 치료해서 목숨을 건졌다고 생각해 보자. 이 경우 당연히 우리는 그의 도덕적 책임이, 총을 쏘고 도망가서 총격을 당한 사람이 사망한 경우보다, 훨씬 덜 하다고 생각할 것이다. 사죄를 하는 것은 자신이 쏜 총에 맞은 사람을 치료해 주는 것에 비유할 수 있다. 물론 경감되는 도덕적 책임의 정도에서 현격한 차이가 있겠지만 그 성격은 같다.

　사죄를 통해서 가해자가 도덕적 책임을 덜어내는 것의 핵심은 가해자의 믿음이 변하는 것이 아니다. 사죄의 핵심은, 가해자가 잘못을 저지른 시점의 자아와 심리적으로 단절되는 것이 아니라, 과거에 있었던 사건이 순전한 낭비가 되지 않도록 새롭게 의미를 규정하는 것이다. 이러한 사건 성격의 변화는 단순히 가해자가 사죄를 공표하거나 심리적 변화를 겪는다고 이루어지지 않고 피해자의 승인이 필요하다.

남겨진 물음

우리는 영화 속의 두 인물, 도섭과 레드에 주목하여 사죄라는 개념이 갖는 양립할 수 없는 성격에 주목했다. 과거 자아가 저지른 잘못에 대해서 현재 자아는 통시적 책임을 갖지만, 현재 자아는 이 통시적 책임을 사죄를 통해서 덜어낼 수 있다. 그렇다면 왜 잘못을 저지른 사람은 자신의 통시적 책임을 조금이라도 덜어낼 수 있는 방법을 기꺼이 택하지 못하는가? 다시 말해서 사죄가 통시적 책임을 덜어낸다면 잘못을 저지른 사람에게는 사죄를 하는 것이 합리적인 선택이어야 하는데, 왜 가해자는 기꺼이 사죄를 하지 않는가? 그 이유를 이렇게 설명해 볼 수 있다. 지금까지의 논의를 따라온 사람이라면 이렇게 판단할 것이다. '사죄는 통시적 책임을 덜어낼 수 있다. 따라서 사죄를 하는 것이 합리적인 선택이다.' 이런 판단에 따라서 그는 사죄를 한다. 하지만 그의 사죄가 이런 판단에 근거했다면, 바로 그 이유가 그의 사죄의 진정성을 의심하게 만든다. 다시 말해서 그가 사죄를 한 이유는 통시적 책임을 덜기 위해서라고 의심받게 되는 것이다. 만약 통시적 책임을 면하는 것을 노리고 사죄를 한다면, 그런 사죄가 진정한 사죄라고 볼 수 있을까? 여기에 사죄의 또 다른 역설적인 면이 있다. 사죄를 하는 것이 도덕적 책임을 덜어내지만, 도덕적 책임을 덜기 위해서 사죄를 시도하는 것은 진정한 사죄가 되지 못한다. 물론 이는 불가능한 일은 아니다. 하지만 어려운 일이다.

인터넷에서 '반성문'이라는 단어로 검색해 보면 '반성문을 대신 작성해 주는 서비스'를 제공한다는 업체들을 쉽게 찾을 수 있다. 사건 경위를 알려주면 진심이 느껴지는 반성문을 24시간에 작성해서 보내주겠다고 한다. 이제 사죄하는 마음의 씨앗만 있다면, 진심 어린 반성문을 작성할 수 있는 시대가 되었다. 물론 대리 작성자가 요구하는 비용을 치를 수 있는 경제력은 필수이다. 사과하는 마음을 갖는 것과 사과문을 작성하는 것 사이에는 어떤 간극이 있다고 보아야 할까? 반성의 마음 없이도 반성문을 작성할 수 있다면, 피고인이 제출한 반성문이 그에게 내릴 형벌의 무게를 덜어줄 수 있다는 생각은 어떻게 정당화될 수 있을까? 이런 생각은 진정한 사과가 갖는 힘을 너무 단순화하는 측면이 있다.

그렇다면 진정한 사죄란 무엇인가? 사죄를 통해서 과거의 사건에 새로운 의미를 부여할 수 있다는 것을 받아들이더라도, **어떤** 사죄가 그런 능력을 갖는지에 대한 물음은 남는다. 지금까지의 논의는 이 물음에 대해서 부정적인 답변만을 제시할 뿐이다. 피해자가 스스로 변화했다고 주장하는 것으로는 진정한 사죄가 되지 못한다. 그렇다면 진정한 사죄가 이루어지기 위해서 성립해야 하는 조건들은 무엇일까? 가해자가 피해자의 마음을 헤아려야 한다든가, 가해자는 피해자의 아픔을 덜기 위해서 노력해야 한다든가, 가해자는 피해자에게 충분히 보상을 해야 한다든가와 같은 주장은 모두 피상적인 대답이다. 우리에게 필요한 것은 다양한 조건에서 제기되는 사죄의 문제를 구체적으로 살펴보는 일이다. 예를 들어, 의도적으로 악행을 저지르는 도덕적 잘못이 아니라 불찰과 실수로 저지른 잘못이 남에게 피해를 주었을 때, 우리에겐 어떤 사죄의 책임이 있는가? 또는, 자신이 저지르지 않았으나 우리의 조상이 저지른 잘못에 대해서 우리는 사죄할 수 있을까? 다음 장에서 이런 물음에 대해 생각해 보기로 하자.

5장

집단 사죄

백인인 토니는 천재 피아니트스이자 흑인인 셜리의 운전기사이다. 공연을 위해 간 미국 남부에서 셜리는 인종차별을 겪는다. 토니는 이런 상황이 불편하다. 토니가 셜리에게 차별적으로 대하진 않지만, 그럼에도 불구하고 다른 백인들이 셜리에게 가하는 차별적 대우에 사죄해야 할까?

집단 후회라는 개념

지금까지 우리는 한 사람이 경험하는 후회, 한 사람이 구하는 사죄에 대해서 생각해 보았다. 다시 말해서 한 개인의 후회와 사죄가 우리의 관심사였다. 그렇다면 개인을 넘어서 집단은 어떻게 후회를 경험하고 또 사죄를 구할 수 있을까?

그런데 이 물음은 애초에 시작조차 하기 어려워 보인다. 후회와 사죄는 개념상 개인이 감당해야 하는 몫처럼 여겨지기 때문이다. 체중을 줄이는 데 의기투합한 두 명의 친구가 있다. 두 사람은 꾸준히 같이 운동을 해오다가 어느 날 갑자기 단골 식당에서 폭식을 했다. 오랜 기간 참아오던 허기가 순간적으로 정신을 잃게 만든 것이다. 정신을 차리고 나니 후회가 밀려온다. 두 사람이라는 '집단'이 동시에 후회를 하는 것이다.

이런 경우 두 사람의 후회를 '집단 후회'라고 할 수 있을까? 아니다. 엄밀히 말해서 여기서 후회는 각자의 몫이기 때문이다. 나는 나의 폭식을, 너는 너의 폭식을 후회한다. 내가 너의 폭식을 후회할 수는 없다. 같이 후회스러운 일을 했지만, 그렇다고 해서 두 사람이 상대방의 잘못까지 후회하는 것은 이상하다. 상대방의 잘못된 행동을 내가 막지 못한 것을 후회할 수는 있다. 또한 나의 잘못된 행위를 상대방이 막지 못한 것이 원망스러울 수도 있다. 하지만 이 경우에도 역시 후회의 대상은 내가 한 것 또는 하지 못한 것이다. 상대방이 한 행동 또는 하지 않은 행동이 후회스럽다고는 말하기 어렵다.

그렇다면 집단이 후회와 사죄의 주체가 될 수는 없을까? 후회와 사죄가 철저히 개인의 몫이라면, 집단이 후회를 하거나 사죄를 구하는 것은 그 집단을 이루는 개인들이 각각 후회를 하거나 사죄를 구한다는 말에 불과하다. 다시 말해서, 긴말을 줄여 말하는 것뿐이라는 의미이다.

여기서 우리는 후회와 사죄를 나누어 생각해 볼 필요가 있다. 먼저 '집단 후회'에 대해서 생각해 보자. 부부와 아들 이렇게 세 명으로 구성된 김 씨네 가족이 있다. 김 씨네는 일 년 전에 음식점을 열었다. 세 명 모두 음식점에서 일정한 역할을 맡아서 일을 해왔다. 그런데 안타깝게도 지난 일 년간 적자였다. 더 큰 문제는 앞으로 상황이 나아질 것 같지 않다는 점이다. 그래서 개점한 지 일 년이 된 시점에 남편은 음식점 연 것을 후회한다. 아내도 마찬가지다. 처음에 아내는 음식점이 자리 잡은 상권이 꽤 좋다고 생각했다. 그래서 남편을 설득하여 지금의 위치에 음식점을 열었다. 하지만 지금 아내는 자신의 상권 분석이 서툴렀다고 생각한다. 결국 아내도 음식점 연 것을 후회한다. 아들은 직장을 그만두고 요리를 배우는 데 열정을 쏟았다. 그런데 지금은 그냥 계속 직장을 다녔다면 좋았을 것이라고 생각한다. 아들도 음식점 연 것을 후회하는 셈이다. 그래서 우리를 이 상황을 한마디로 이렇게 요약할 수 있다. '김 씨네 가족은 음식점 연 것을 후회한다.'

이런 의미라면 '집단 후회'라는 개념은 공허해 보인다. 남편과 아내, 그리고 아들은 저마다의 이유로 음식점을 연 것을 후회하지만, 김 씨네 가족이 공통적으로 후회하는 것이 있다고는 보이지 않기 때문이다. 문제는, 이 세 사람이 겉으로 보기에는 같은 것을 후회하고 있는 것 같지만 따져보면 서로 다른 것을 후회하고 있다는 점이다. 예를 들어, 남편은 직장을 그만두고 너무 급히 다른 업종에 뛰어든 것을, 아내는 다른 곳에 음식점을 열지 못한 것을, 아들은 직장을 그만둔 것을 후회하고 있다. 다시 말해서 세 사람 모두 후회를 하는 것은 맞지만, 세 사람이 같은 것을 후회하는 것은 아니다.

집단 후회는 가능한가?

그렇다면 집단 후회는 있을 수 없을까? 그렇지 않다. 앞의 사례는 집단 후회가 있을 수 없음을 결정적으로 보여주지 못한다. 단지, 집단에 속하는 사람들이 같은 일을 두고 모두 후회를 한다고 해서 집단 후회가 있다고 단언할 수 없다는 것을 보여줄 뿐이다.

김 씨네 가족의 경우, 세 사람은 각각 자신의 결정에 대해서 후회한다. 세 사람 모두 가게를 여는 결정에 동의했다. 그렇게 했던 자신의 결정이 후회스러운 것이다. 하지만 집단 후회는, '나'는 동의하지 않았지만 '우리'가 한 선택에서 오히려 더 잘 드러난다. 예를 들어, 아내는 음식점 여는 것에 반대했다고 하자. 그녀의 반대에도 불구하고 남편과 아들은 음식점을 열었고, 그녀는 음식점 운영에 참여했다. 그녀는 음식점이 잘되길 바랐고 열심히 일했지만 음식점은 적자에 허덕였다. 아내는 음식점 여는 것에 반대했던 자신의 결정을 후회하지 않는다. 그렇지만 당연히 그녀는 가족이 음식점을 연 것을 후회한다. '나는 음식점 여는 것에 반대했어.' 이렇게 생각한다고 해서 후회가 사라지는 것이 아니다.

집단 후회는, 동의했든 동의하지 않았든, 집단 구성원이 집단으로서 한 일에 대해서 그 집단의 구성원이기 때문에 느끼는 부정적 감정이다. 이는 우리가 애초에 물었던 '집단 후회가 가능한가?'에 대한 거친 답변이기도 하다. 여기에 중요한 두 요소가 등장한다. 하나는 '집단으로서 한 일'이고, 다른 하나는 '집단의 구성원이기 때문에 느끼는 감정'이다. 이 표현들이 무엇을 의미하는지는 상식적으로 쉽게 이해할 수 있지만 깊이 들여다보면 그리 명확하지는 않다. 각각에 대해서 살펴보자.

'집단으로서 한 일'은 '집단이 한 일'과는 조금 다른 의미를 갖는다. '집단이 한 일'이란 집단이 행동의 주체가 되는 경우에 쓸 수 있는 표현이다. 우리나라 축구 대표팀이 일본 대표팀과 경기를 해서 이겼을 때, '이겼다'는 동사의 주어에 해당하는 것은 '한국 축구 대표팀'이라는 집단이다. 이 경우 한일전 승리는 이 집단이 한 일이라고 할 수 있다. 이 일을 위해서 우리나라 축구 대표팀에 속한 선수들은 각자 나름의 일을 한다. 어떤 이는 골키퍼로서 몸을 날려 실점을 막고, 어떤 이는 공격수로서 결승점을 올린다. 이 모두 우리나라를 대표하여 각자가 한 일, 즉, '집단으로서 한 일'이다.

하지만 이 경기에서 선수들이 한 모든 행동이 '집단으로서 한 일'은 아닐 것이다. 한 선수는 선수 대기석에 앉아서 풍선껌을 씹는다. 이는 집단으로서 하는 일이라고 할 수 없다. 한 선수가 관람석에 앉아 있는 친구를 발견하고 손을 흔든다. 이 역시 집단으로서 하는 일이 아니다.

한 사람이 하는 일이 '집단으로서 하는 일'이 되기 위해서는 일단 그 사람이 그 집단에 속해야 한다. 그리고 그가 하는 일이 그 집단이 추구하는 목적을 실현하는 데 기여하려는 의도로 이루어져야 한다. 그래야 비로소 우리는 그 일을 '집단으로서 하는 일'이라고 평가할 것이다. 이런 점을 고려할 때, 집단이 아니라 한 개인이 한 일도 '집단으로서 하는 일'이 될 수 있다. 엽서 한 장을 배달하는 우체국 공무원은 한 명의 사람이지만, 그의 배달은 '집단으로서 한 일'이다. 흔히 '공적 업무'라고 부르는 일이 모두 이런 일에 속한다고 할 수 있다.

문제는 한 개인이 여러 집단에 속해 있다는 데에서 생겨난다. 엽서를 배달하는 사람은 우체국 공무원 집단에 속하기도 하고, 축구 동호회 모임에 속하기도 하며, 대한민국 국민이라는 집단에 속하기도 한다. 자신이 하는 행동이 이 중 어떤 집단을 대표하여 한 것이라고 말할 수 있을까? 엽서 배달에 관해서는 분명하게 답할 수 있다. 엽서를 배달하는 행위는 우체국 공무원 집단으로서 한 일이다. 왜인가? 아마도 이렇게 대답할 수 있을 것이다.

그가 우체국 공무원이 아니었다면 그 행위를 하지 않았을 것이다.
바로 이 때문에 엽서를 배달하는 행위는 우체국 공무원이라는 집단으로서 한 일이라고 할 수 있다.

하지만 이 대답은 그렇게 만족스럽지 못하다. 우편물을 배달하는 우체국 공무원은 한 가정의 생계를 책임지고 있을 수 있다. 그가 한 가정의 생계를 책임지고 있지 않는다면, 그는 그 일을 하지 않았을지도 모른다. 그렇다면 엽서를 배달하는 행위를 두고 '가족이라는 집단으로서 한 일'이라고도 해야 하지 않을까? 한 개인의 행동이 어떤 집단을 대표해서 한 행위인지를 명확하게 가려내는 것은 어려운 일이다. 그럼에도 불구하고 이렇게 말할 수 있다.

> 한 개인이 자신이 속한 어떤 특정 집단을 대표하여 행위를 한다는 것은 그 집단이 없다면 그와 같은 행위를 할 수 없다는 것을 의미한다.

우체국 공무원이 우편물을 배달하는 행위는 우체국이라는 국가 차원의 공적인 체제를 전제한다. 그런 체제가 없다면 우체국 공무원은 우편물을 배달하는 행위를 할 수 없을 것이다. 물론 우체국이 없더라도 한 사람이 다른 사람에게 가서 엽서를 전하는 행위는 할 수 있다. 하지만 엽서를 단순히 '전하는 행위'는 우편물을 '배달하는 행위'와는 다르다. 우편물을 배달하는 것은 우편물 내용이 전달 과정에서 제3자에게 잘못 전달되지 않는다는 것을 전제하고, 만약 그것이 지켜지지 못했을 경우 그 책임을 물을 수 있다는 것도 함축한다. 이런 점을 고려할 때 우체국 공무원이 우편물을 배달하는 행위는 우체국이라는 집단으로서 한 일이기도 하면서 동시에 한 국가 집단으로서 한 일이기도 하다. 우체국은 국가라는 체제의 일부이기 때문이다.

이번에는 '집단의 구성원이기 때문에 느끼는 감정'에 대해서 생각해 보자. 우리는 감정을 통해서 살아가는 동력을 얻기도 하고 반대로 무기력에 빠지기도 한다. 이런 경우 대부분 우리가 느끼는 감정은 각자의 이런저런 상황에서 비롯한다. 오랫동안 병을 앓고 있다가 어느 날 고통이 씻은 듯이 사라졌을 때 느끼는 감정이나, 사랑하는 사람에게 고백을 했다가 거절을 당할 때 느끼는 감정은 오롯이 한 개인이 겪는 상황에서 비롯하는 내적 상태이다. 자신이 처한 상황의 변화가 내적 상태의 변화를 낳은 것이다.

하지만 어떤 경우 우리는 자신이 처한 상황이 변한 것도 아닌데도 감정을 느끼기도 한다. '애국심'이라고 표현되는 감정이 대표적인 사례라고 할 수 있다. 우리나라 축구 대표팀이 일본 대표팀을 이겼다고 해서 우리 개개인의 상황이 달라지는 것은 거의 없어 보이지만, 그럼에도 사람들은 기쁨의 감정을 주저하지 않고 표현한다. 물론 모든 사람들이 그런 것은 아니고 개인별로 감정의 강도와 표현의 정도에서 차이가 있지만 말이다. 이런 감정은 개인이 처한 상황에서 비롯된 것이 아니라 그가 특정한 집단에 속하는 구성원이라는 점에서 비롯된다.

집단 후회의 근거

'집단의 구성원이기 때문에 느끼는 감정'에서 논쟁거리가 되는 것은 '때문에'라는 표현을 어떻게 이해해야 하는가이다. 국가 대표팀 간의 축구 경기 결과에 대해서 모든 국민이 비슷한 감정을 느끼는 것은 아니므로, 여기서 말하는 '때문에'가 원인과 결과의 관계를 나타낸다고 할 수는 없을 것이다. 그보다는 '때문에'가 감정의 근거를 말한다고 보는 것이 맞다. 다시 말해서, 축구 경기 결과를 보고 느끼는 감정의 근거가 자신이 특정한 집단에 속해 있다는 사실에 있는 것이다.

논쟁은 이 근거가 정당한지에 대한 다툼에서 생겨난다. 내가 특정한 국가의 국민인 사실이 국가 간 경기에서 한 팀의 승리에 '감동'해야 할 합당한 근거가 되는가? 내가 특정한 지역에서 태어난 사실이나 특정한 학교를 졸업한 사실이 출신 지역이나 학교에 대해서 특별한 감정을 가져야 할 근거가 되는지는 논쟁적이다. 어떤 사람들은 이런 감정이 오랜 기간 형성되어 온 학습의 결과로 생겨난 편견이라고 본다. 국가 운영을 위해서 국민의 충성이 필요하고, 충성을 위해서 사소한 일에서도 애국심을 부추겨야 하는 환경에서 이런 감정이 생겨난다는 것이다.

《정의란 무엇인가》의 저자로 유명한 샌델Michael Sandel은 '공동체주의'라는 견해를 지지한다. 그는 윤리적 의무를 적용 범위와 합의 필요성에 따라서 구분한다. 먼저, 적용 범위를 이야기해 보면, 어떤 경우에 있든 인간이라면 모두 적용되는 의무가 있는 반면, 특정한 조건의 사람들에게만 적용되는 의무가 있다. 예를 들어서, 죄 없는 사람을 죽여서는 안 된다는 것은 모든 사람에게 요구되는 의무이다. 반면에, 월세를 내야 하는 의무는 월세 계약을 한 사람에게만 부과되는 요구이다. 이번에는 합의 필요성에 따라서 의무를 구분해 보면, 특정한 합의가 없어도 생겨나는 의무와 특정한 합의 때문에 생겨나는 의무로 나눌 수 있다. 죄 없는 사람을 죽여서는 안 된다는 의무는 사람들이 합의해서 발생한다고 할 수 없다. 서로 죽이지 말자는 신사 협정 따위를 맺은 사람들 사이에서만 그런 의무가 생겨나지는 않기 때문이다. 한편, 월세를 내야 하는 의무는 임대인과 임차인이 그렇게 하기로 합의했기 때문에 생겨난다.

우리는 이 구분이 현실에서도 일관되게 적용되기를 기대한다. 다시 말해서, 모든 사람에게 요구되는 의무는 합의가 없어도 생겨나고, 특정한 조건의 사람들에게 요구되는 의무는 합의가 있어야만 생겨난다고 여기는 경향이 있다는 것이다. 하지만 샌델은 그렇지 않다고 주장하면서, 특정한 조건의 사람들에게 요구되지만 합의가 필요하지 않는 의무도 있다고 말한다. 그에 의하면, 연대 의무가 이런 의무이다. 예를 들어, 가족 구성원은 가족이 아닌 사람보다는 서로를 우선적으로 배려해야 한다는 의무가 그 예가 될 수 있다. 이 의무는 가족 구성원이 서로 합의한 바는 없지만 생겨나고, 또한 그들에게만 적용되는 연대 의무이다.[*]

샌델의 공동체주의에서는 한 개인이 특정 공동체에 속한 사실로부터 그 공동체에 대한 긍정적인 감정이 생겨나는 것은 자연스러울 뿐 아니라 정당하다. 가족에 대한 사랑, 애국심, 지역 사회에 대한 사랑 등은 공동체가 그 목적에 맞게 유지될 수 있도록 해주는 버팀목과 같다.

하지만 문제는 한 사람이 속하는 집단은 여러 개이고, 각 집단의 목적이 서로 상충할 수도 있다는 점이다. 지역주의, 학연주의, 성차별주의 등은 우리 사회가 극복하기 위해서 타파해야 하는 '집단주의'이

---

[*] 샌델(2014), 9장.

다. 이 점을 고려해 볼 때, 우리가 특정한 집단에 속한다는 사실만으로 그 집단에 대한 감정이 모두 정당화될 수는 없다.

중요한 것은 집단적 감정 중에서 잘못된 것과 올바른 것을 구별하는 일이다. 우리가 느끼는 집단적 감정 중에 잘못된 것이 많다는 점을 보여주는 한 가지 증거가 있다. 집단적 감정은 대부분 긍정적인 것으로 포장된다는 점이다. 다시 말해서, 애국심이나 민족적 자긍심은 고취되지만 집단적인 수치심이나 죄책감은 숨겨지는 경향이 있다. 더나아가 수치심, 죄책감, 후회 등은 개인이 느끼는 감정이지, 집단이 느낄 수 있는 감정이라고 여겨지지 않는다. 사랑은 집단이 할 수 있지만 부끄러움은 각자의 몫처럼 여겨지는 것이다.

외국 여행에서 무례하게 행동하는 한국인을 목격했다고 하자. 이 경우 우리는 그의 행동에 집단적 부끄러움을 느끼기보다는 개인이 저지른 돌출 행동이라고 비난한다. 이와 반대로, 외국에서 한 한국인이 선행을 베푸는 것을 보면, 그가 국위를 선양했다고 뿌듯해한다. 공동체의 유지를 위해서는 공동체의 훌륭함은 부각하고 허물은 감추는 전략이 필요할 것이다. 공동체의 허물을 감추는 쉬운 방법은 개인에게 허물을 돌리는 것이다. '가난은 나랏님도 못 구한다'는 속담을 사람들에게 받아들이게 하는 것도 그런 전략의 한 자락이라고 할 수 있다. 이는 집단적 감정이 교육 환경을 통해서 후천적으로 강화된 측면이 있다는 점을 보여준다. 하지만 그렇다고 해서 애국심이 조작된 감정이라고 할 수 없고, 마찬가지로 부정적인 감정은 개인의 차원에만 머물러야 하는 것도 아니다. 다만, 집단적 감정이 상징 교육을 통해서 왜곡될 수 있다는 점을 염두에 두는 것이 중요하다.

집단 후회라는 부정적 감정을 느끼는 것이 적절한 상황이 있다.

2016년 우리나라는 지금껏 경험해 보지 못한 일을 겪었다. 국민의 선출로 국민의 권력을 위임받은 대통령이 그 권력을 다른 사람에게 맡겨버리다시피 했다는 사실이 드러난 것이다. 사람들은 촛불을 들고 광장에 모여서 항의했다. 촛불은 점점 더 커졌고 결국 대통령은 탄핵되었다.

탄핵된 대통령에 호감을 갖고 있는 사람도 있고, 반대로 반감을 갖고 있는 사람도 있다. 그럼에도 불구하고, 대통령 탄핵이라는 사상 초유의 일을 경험한 사람들 대부분은 이런 일이 일어난 것에 대해서 후회하는 것이 마땅하다고 생각한다. 대통령이 탄핵되면서 정치적으로 이득을 본 사람도 있을 것이고, 반대로 큰 피해를 입은 사람도 있을 것이다. 하지만 개인적 이득과 손해와는 상관없이, 대통령이 탄핵되는 사건은, 탄핵을 일으킨 사건들이 일어나지 않았다면 지금보다 바람직했을 거라는 의미에서, 후회스러운 일이다.

이 지점은 미묘해서 말하기가 쉽지 않다. 잘못된 일들이 청와대 권력의 핵심에 있던 사람들 사이에서 일어났기 때문에, 이렇게 비밀스럽게 지켜지던 잘못이 드러나고 합법적인 탄핵 과정을 거쳐 대통령이 자리에서 물러나는 것이 오히려 잘된 것 아니냐고 말할 수 있다. 당연히 그렇다. 여기서 '후회스러운 일'이라고 말하는 것은 대통령이 탄핵된 사실 그 자체를 가리키지 않는다. 후회스러운 일은 그 이전에 있었던 일, 즉 대통령에 선출된 사람이 자신에게 부여된 권력을 올바르게 쓰지 못한 일이다.

대통령을 선출할 때 우리는 대통령 탄핵과 같은 일이 일어나지 않는 것이 바람직하다는 데 동의했을 것이다. 정치적 지향점이 달라서 대통령이 탄핵된다면 정치적 이득을 보는 사람들도 있지만, 단지 그런 이득을 위해서 대통령의 탄핵을 바라는 것은 잘못된 정치적 노림수에 불과하다. 핵심은, 대통령 선거에서 탄핵된 대통령을 지지하지 않은 사람이라도 대통령의 탄핵 자체는 후회스럽게 여긴다는 것이다. 그 사람은 그 대통령이 선출되는 것에 책임이 있다고 볼 수 없다. 지지하지 않았기 때문이다. 그럼에도 불구하고 대통령의 탄핵은 후회스럽다. 이는 그가 이 나라의 한 구성원이기 때문에 느끼게 되는 감정이고, 그런 의미에서 그의 감정은 집단 후회이다.

〈그린 북〉을 통해서 본 집단 사죄 문제

대통령 탄핵 과정을 통해서 한국 사회가 집단 후회를 경험했다면, 이를 어떻게 처리하는 것이 적절할까? 후회라는 감정이 누군가의 잘못에서 비롯되었고 그 때문에 상처를 입은 사람이 있을 경우, 후회에 적절하게 대응하는 전형적인 방법은 피해자에게 사죄를 하는 것이다. 이는 적어도 개인의 차원에서는 당연하고 적절한 대응 방식으로 받아들여진다. 하지만 집단의 차원으로 눈을 돌리면 이는 분명치 않다. 집단 후회를 경험하는 사람들이 모두 피해자들에게 사죄를 해야 하는 것은 적절해 보이지 않기 때문이다.

대통령 탄핵에 대해서 한국 사회 구성원 대부분이 집단 후회를 경험했지만, 그렇다고 해서 그들이 모두 사죄를 해야 하는 것은 아니다. 그 이유 중 하나는 사죄의 대상이 되어야 할 피해자가 누구인지 분명치 않기 때문이다. 아마도 집단 후회를 경험한 많은 사람들이 스스로를 피해자로 여길 것이다. 누가 이들에게 사죄해야 할까? 대통령? 대통령 옆에 있으면서 잘못된 일을 지적하거나 막지 못했던 사람들, 대통령을 앞세워 탈법을 저지른 사람들, 대통령을 정치적으로 지지하여 그를 대통령으로 만들었던 사람들? 분명 이들 중에서 대통령 탄핵이 국민 전체에 남긴 상처에 대해 사죄해야 할 사람들이 있을 것이다. 하지만 이들에게 온전히 사죄의 책임을 넘기고, 나머지 사람들은 그들의 잘못을 비난하고 책임을 묻는 것으로 이 사건은 정리되기 어렵다. 비난의 주체와 비난의 대상을 규명하는 것만으로 해결되기 어려운 문제다. 그 이유는 우리 모두 집단 후회를 경험했기 때문이다. 후회를 하는 사람은 비난의 화살을 던지기에 적절한 위치에 있지 않다.

〈그린 북〉이라는 빼어난 영화가 있다.[*] 1960년대 초반 미국을 배경으로 한 이 영화는 흑인 천재 피아니스트 셜리가 백인 운전사 토니를 고용하여 미국 전역으로 연주 여행을 다니는 이야기를 그린다. 토니는 뉴욕에서 이런저런 일을 전전하며 살아가는 이탈리아 이민자 집안의 출신으로 인종 혐오를 별 생각 없이 드러내며 살아온 사람이다. 자신의 집을 방문한 흑인 수리공에게 토니의 아내는 음료를 유리잔에 담아 대접하는데, 토니는 그 유리잔을 쓰레기통에 버릴 정도로 인종차별적 태도가 몸에 밴 사람이다. 그런 사람이 흑인의 연주 일정에 맞춰 운전을 하게 된 이유는 순전히 돈 때문이었지만, 시간이 지나면서 둘은 서로를 이해하게 된다. 하지만 서로를 어느 정도 이해하는 단계는 서로를 진정으로 모른다는 것을 뼈저리게 깨닫는 단계이기도 하다.

공연을 위해서 그들은 점차 미국 남부로 내려간다. 그곳에서 그들

---

[*] 패럴리Peter Farrelly가 감독한 이 영화는 2018년에 개봉되어 다음 해 아카데미 최우수작품상을 받았다.

을 기다리는 것은 더 심한 인종 차별의 현실이다. 노스캐롤라이나에서 관객의 박수를 받으며 연주를 마친 셜리는 잠깐의 휴식 시간 동안 화장실을 가려다가 제지를 받는다. 그가 사용하려던 화장실은 백인만을 위한 것이니 마당 밖에 있는 허름한 곳을 이용하라는 것이다. 셜리는 이를 단호하게 거부하면서 '만약 이 화장실을 쓸 수 없다면 묵고 있는 모텔 화장실을 사용해야 하고, 거기까지 갔다 오려면 30분 이상 걸릴 것'이라고 말한다. 연주를 기다리는 사람들을 생각한다면 화장실 사용을 허용하라는 압박이었지만, 연주회를 개최한 집 주인의 태도는 완강했다. 기꺼이 30분을 기다리겠다는 것이다. 결국 셜리와 토니는 차를 몰고 비 오는 밤길을 달려서 숙소에 다녀오게 된다. 화장실 사용을 위해서 말이다. 분노에 찬 셜리에게 토니는 이 말도 안 되는 규칙을 자신이 만든 것은 아니라고 말한다. 자신에게 화낼 일이 아니라는 의미이다. 그러자 셜리는 말한다.

"아니라고? 그럼 누가 만들었다는 거지?"

이 말에 운전을 하면서 토니는 이렇게 대답한다.

"그러니까 내가 백인이고 그자들도 백인이기 때문에 그렇다는 거야?"

토니가 백인이라는 사실이 '흑인은 백인 전용 화장실을 쓰지 못한다'는 인종 차별적 규칙에 대해서 그가 책임을 져야 한다는 점을 의미하지는 않는다. 셜리도 이 점을 잘 알고 있을 것이다. 하지만 동시에 토니가 그 당시 일어난 인종 차별을 단순히 목격한 사람이라고도 할 수 없다. 인종 차별 문제에서 토니는 단순히 방관자가 아니다. 우선 그 자신이 인종 차별적 발언과 행동을 서슴지 않던 사람이다. 토니는 셜리를 대하는 일부 남부 백인들의 태도에 분노하지만 그 역시 다른 흑인에게 인종 차별적 언사를 퍼부었던 사람이다. 이 때문에 토니는 셜리와 한편에 서서 부당한 처사에 똑같이 항의할 수 있는 처지에 있지 않다.

영화의 제목이기도 한 '그린 북'은 당시 미국 남부 지역을 여행하는 흑인들이 묵을 수 있는 숙박업소와 식당에 관한 정보를 모아놓은 책자를 가리킨다. 백인 토니는 흑인 셜리를 '모시고' 다니는 운전기사 겸 로드 매니저이지만, 토니가 시설 좋은 호텔에서 묵는 동안 셜리는 싸구려 모텔에서 잠을 청해야 한다. 그린 북에 의하면 그렇게 하는 것이 안전하게 하루를 묵는 방법이기 때문이다. 토니는 안락한 침대에 누워서 셜리를 생각하며 점차 안락한 침대가 오히려 불편해지는 것을 느낀다.

토니가 셜리와 달리 안락한 침대에서 하룻밤을 보낼 수 있는 이유는 아주 오래전에 일어난 일들에서 비롯된다. 유럽의 백인들이 아프리카로 가서 흑인들을 잡아 노예로 삼는 과정에서 인종 착취가 있었고, 이는 인종 차별과 인종 혐오를 낳았다. 물론 토니는 그 일을 직접 하지 않았지만 자신과 피부색이 비슷한 사람들이 피부색에 근거해서 사람을 차별하면서 얻은 혜택으로부터 완전히 자유롭다고 할 수 없다. 바로 그 혜택이 그가 지금 하룻밤을 지내려고 누워 있는 푹신한 침대로 드러나고 있는 셈이다.

토니는 셜리에게 미안함을 느낀다. 여기서 그가 느낀 감정이 중요하다. 그는 백인이 흑인에게 해온 일이 부당하다는 것을 느끼게 되는

데, 이런 깨달음은 그가 백인이기 때문에 미안함의 감정으로 이어진다. 그는 자신이 한 행동이 아님에도 불구하고 그런 감정을 느낀다. 집단 후회를 느끼게 된 것이다. 하지만 그렇다고 해서 토니가 셜리에게 사죄를 해야 할까? 이 질문에 대해서 사람들은 다양한 답변을 내놓을 것이다. 사죄의 의무가 있다는 답변부터 사죄할 필요는 없지만 사죄를 하는 것이 토니의 훌륭함을 드러내는 것이라는 답변, 그리고 사죄할 필요도 없고 사죄하는 것이 부적절하다는 답변까지, 다양한 답변을 예상할 수 있다. 어떤 대답이 옳을까?

집단 사죄의 역설

토니가 셜리에게 사죄하는 것은 역설적이기 때문에 그럴 필요가 없다고 주장하는 사람이 있을 수 있다. 철학자 톰프슨Janna Thompson을 따라서 이 주장을 분석해 보기로 하자.* 백인인 토니가 흑인 셜리에게 사죄를 해야 한다면, 사죄의 대상은 백인 사회가 흑인 셜리에게 가하는 말도 안 되는 처사가 되어야 한다. 하지만 토니는 그런 일에 직접 가담하지 않았다. 오히려 셜리에게 가해지는 부당한 처사를 몸으로 막아주기도 했다. 그가 셜리에게 사죄를 한다면, 그것은 백인 사회를 대신해서 셜리에게 가해진 부당한 처사에 대해 사죄를 구하는 것이 되어야 할 것이다.

그런데 그런 부당한 처사가 애초에 왜 일어났는지 생각해 보자. 악

---

* Thompson(2000) 참조.

행의 씨앗은 여러 곳에서 뿌려져 자라났지만 가장 중대한 책임은 흑인을 잡아서 노예로 끌고 온 백인에게 있을 것이다. 돈이 된다고 해서 아프리카 대륙에 살던 사람을 납치해 아메리카 대륙으로 강제로 끌고 오는 일은 해서는 안 되는 일이었다. 백인이 셜리에게 가하는 부당한 처사에 대해서 토니가 사죄하기 위해서는 애초에 백인 조상들이 저지른 원초적 악행에 대해서 윤리적으로 적절한 태도를 취해야 한다.

그런 태도란 무엇일까? 단지 사람을 노예로 사고파는 행위를 윤리적으로 잘못되었다고 판단하는 것만으로는 부족하다. 노예 매매 행위와 무관한 사람들도 그런 판단을 내릴 것이다. 문제는 그런 윤리적 판단이 어떤 감정으로 이어지는지에 있다. 그런 행위에 분노를 느끼는 사람이 있을 테지만, 분노가 모든 사람에게 적절한 감정은 아니다. 분노를 느끼기 위해서는 자신이 그 행위와 무관하다고 생각해야 한다. 자신의 잘못이 아니라고 생각해야 분노를 느낄 수 있다. 토니와 같은 백인들은 자신들의 조상이 저지른 행위에 대해서 분노를 하는 것보다는 후회를 하는 것이 적절하다. 그 악행은 어떤 식으로든 자신과 무관하지 않기 때문이다. 다시 말해서, 토니가 셜리에게 사죄하기 위해서는 백인 조상들이 벌인 행위에 대해서 후회의 감정을 가져야 한다.

그런데 톰프슨에 따르면, 조상이 저지른 행위에 대해서 진심으로 후회의 감정을 느끼는 사람은 그 행위가 일어나지 않았기를 선호해야 한다. 이는 충분히 그럴듯한 분석이다. 어떤 일을 후회한다는 것은 그 일이 일어나지 않았다면 좋았을 것이라는 판단을 포함하기 때문이다. 늦잠을 자는 바람에 지각을 한 것을 후회하는 학생이 '그래도 늦잠을 자서 좋았어.'라고 생각한다면 이를 어떻게 받아들여야 할까? 가장 좋은 해석은 그 학생이 진정으로 후회하지 않는다고 여기는 것이다.

백인은 자신의 조상들이 벌인 악행이 애초에 일어나지 않았으면 좋았을 것이라고 판단해야만 비로소 흑인에게 사죄를 할 수 있는 자격을 갖추게 된다. 하지만 톰프슨에 따르면 이런 판단은 앞뒤가 맞지 않는다. 문제는 조상들이 애초에 그런 악행을 하지 않았다면 자신들은 그런 판단을 내릴 수조차 없을 가능성이 높다는 데 있다. 왜냐하면 조상들이 그런 행위를 하지 않았다면 역사는 다르게 진행되어 그들은 아마도 태어나지 못했을 것이기 때문이다. 백인 조상의 악행은 흑인들에겐 오랜 기간 불이익을 경험하게 했지만 백인 후손들에겐 큰 혜택을 가져다주었다. 그리고 그 혜택의 정점은 후손들이 하늘의 별처럼 많아지는 것이다. 조상들의 악행 덕분에 자신이 태어날 수 있었던 사람들이 바로 그 악행이 애초에 일어나지 않았기를 진심으로 바랄 수 있을까? 그런 바람은 진정을 담은 것이 아니라 가식에 불과한 것이 아닌가? 이것이 톰프슨의 지적이다.

비동일성 문제

◌

군산에 있는 근대건축관 전시물을 관람하다 보면 다음과 같은 글귀를 발견할 수 있다.

> 망망한 전주평야의 하유일망下遊一望 5만 석이 내다보이는 것이 1정보에 4.5원이니 더 말하여 무엇하랴. 한국에 이주하라. 한국에 이주하라.

이 글귀는 일제 강점기 시절 일본인들에게 군산으로 이주할 것을 권유하는 기사의 한 대목이다. 이 기사의 권고가 아니더라도 당시 일본인들에게 지금의 군산 지역을 포함하여 조선은 기회의 땅이었다. 기회를 찾아서 바다를 건너 우리나라에 정착한 일본인들은 우리 조상의 노동력을 이용하여 돈을 모으고 가정을 꾸리며 살았다.

그들의 번영은 긴 역사를 걸치면서 어떻게 축적되고 누구에게로 전해졌을까? 그 시절 연루된 사람들의 구체적인 사정과 손익 관계를 모두 밝히긴 힘들겠지만, 우리 땅에서 누린 번영을 통해서 많은 일본인들이 새로 태어나고 그 번영을 기반 삼아 또 자라났을 것은 분명하다. 동시에 그 과정에서 일본의 강제 지배가 아니었다면 입지 않았을 피해가 한국인들에게 가해졌던 것 역시 분명하다. 정확한 숫자를 알긴 어렵지만 3·1 운동 과정에서 한국인 수천 명이 목숨을 잃었다. 일본의 강제 지배가 없었다면 그렇게 사라지지 않았을 목숨들이다.

'역사에서 가정은 없다'라는 흔한 말로 이런 추정을 거부하려는 사람들이 있을 수 있다. 여기에 더해 일제 강점기 동안 한국의 부가 증가했다고 말하면서 당시의 강제 지배가 우리 조상에게도 성장의 열매를 제공했다는 주장을 펼치기도 한다. 우선, '역사에 가정은 없다'는 문장으로 말하려는 바가 '가정적 상황을 놓고 역사를 평가해서는 안 된다'는 의미라면, 이는 받아들이기 힘든 주장이다. 많은 추론이 반사실적 상황을 고려하여 내려지는데, 역사의 영역만 예외가 되어야 할 이유는 없다.

더 받아들이기 힘든 주장은 일제 강점기 동안 우리 나라도 성장의 열매를 거두었다는 주장이다. 만약 일본의 국권 침탈이 없었더라면 역사는 어떻게 진행되었을까? 조선이 어떤 역사를 거쳤을지는 제쳐놓고, 일본이 어떤 길을 걸었을지를 생각해 보면 문제는 단순하다. 일본의 조선 침탈은 조선이 반대하던 것이고 일본이 욕망하던 것이다. 섬나라를 벗어나 새로운 시장과 자원을 찾으려는 욕망이 바다를 건너 조선에서 실현되었다. 한 나라의 욕망을 실현하는 과정에서 다른 나라의 계획이 부서지고 흩어졌는데, 어떻게 이를 두고 침탈당한 나라에게 좋은 일이라고 할 수 있는가? '무엇이든 현실에서 이루어진다면 최상의 것'이라는 궤변을 받아들이지 않고서는 그런 주장을 받아들일 수 없다. 이는 역사적 문헌이나 통계 자료를 통해서 입증해야 하는 문제가 아니다.

또한 역시 상식에 따라 판단한다면, 일본인이라는 집단 또는 일본이라는 국가는 일본의 강제 지배 때문에 피해를 당한 사람들에게 사죄를 하는 것이 당연하다. 그런 희생 위에서 그들이 번영했기 때문이다. 그런데 앞에서 살펴본 톰프슨의 논증은, 오히려 바로 이 때문에 일본이 사과를 한들 그 사과는 진정한 사과일 수 없다고 말한다. 이 논증에 따르면, 한국 지배를 통해서 번영을 누린 일본인이 진정한 사죄를 하려면 자신의 존재를 내걸어야 한다. 자신의 존재를 내건다는 말은 자신이 태어난 것을 후회하는 것을 의미한다. 그것이 가능할까? 철학자 파핏은 이를 '비동일성 문제non-identity problem'라고 부른다.

비동일성 문제가 무엇인지 이해하기 위해서 이런 상황을 상상해 보자.

가을 운동회에서 달리기 시합이 벌어졌다. 아이들 모두 열심히 달리지만 꼴찌는 있기 마련이다. 그런데 맨 마지막으로 결승선을 통

과한 아이를 지켜본 엄마는 속이 상한다. 그녀는 지금의 남편을 만나기 전에 육상 국가 대표 출신의 남자와 사귄 적이 있다. 속이 상한 그녀는 이런 생각을 한다. '그때 그 남자와 결혼을 했다면 저 아이는 달리기 시합에서 일등을 했을 거야.'

자식이 달리기 시합에서 꼴찌를 했다고 이런 생각을 품을 부모가 실제로 있지는 않겠지만, 만약 그녀가 이런 생각을 했다고 하더라도 이는 불경스런 생각을 넘어서서 앞뒤가 맞지 않다. 왜 그럴까? 그녀가 현실의 남편이 아니라 육상 국가 대표 출신의 남자와 결혼을 했다면, 달리기 시합에서 꼴등을 한 그녀의 아이는 존재하지 않았을 것이기 때문이다. 육상 국가 대표 출신의 남자와 결혼해서도 아이를 낳았을 수 있지만 그 아이는 현실의 자기 자식과 '동일한 존재'가 아니다. 이런 이유에서 '비동일성'이라는 표현이 사용되었다고 볼 수 있다. 동일성을 유지하면서 더 나은 상황을 바라는 것이 불가능한 상황, 달리 말하자면, 더 나은 상황을 바라는 순간 바람의 대상이 다른 존재가 되어 버리는 상황이다. 이를 두고 '비동일성 문제'라고 한다.

진정한 집단 사죄는 불가능한가?

앞서 살펴본 톰프슨의 논증은 진정한 집단 사죄는 불가능하다는 것이었다. 다시 말하자면, 집단이 하는 사죄는 기껏해야 위선에 불과하다는 것이다. 그 이유는 바로 파핏이 제기한 비동일성 문제에 있다. 과연 그럴까?

사실 이런 철학적인 논증을 내세우면서 집단 사죄를 거부한 사례는 역사에서 찾기 어렵다. 집단을 국가에 국한할 때 집단 사죄 자체가 역사에서 흔히 접할 수 있는 사건이 아니기도 하다. 인류사에서 발생했던 대규모 학살의 횟수를 생각해 볼 때, 학살의 당사자들이나 그 후손이 집단 사죄를 했던 경우는 극히 찾기 어렵다.

여기에는 대학살을 저지른 동기도 한몫을 했다고 볼 수 있다. 중국 역사에서 명나라가 청나라로 대체되는 17세기에는 대규모 학살이 여러 건 있었는데, 그 결과 수백만 명에 이르는 사람이 학살되었다. 이런 대학살이 일어난 이유는 복잡하겠지만 그를 통해서 이루고자 했던 목표는 상대방의 완전한 소멸이라고밖에는 볼 수 없다. 이른바 '인종 청소'라고 불리는 비극이다. 불행히도 인종 청소는 지난 20세기에도 여전히 일어났다. 불과 30여 년 전 발칸반도에서 일어난 학살도 한 사례인데, 1988년 코소보에서 일어난 전쟁에서 세르비아인은 알바니아인 수십만 명을 무차별적으로 죽임으로써 인종 청소를 시도했다.

'인종 청소'라는 끔찍한 표현은 비극을 경험한 피해자를 아예 남기지 않겠다는 의도를 내포한다. 피해자가 없다면, 피해에 대한 사죄도 불가능하다. 사죄받을 사람이 없기 때문이다. 흔히 '삼대를 멸한다'는 표현도 마찬가지이다. 삼대를 모조리 죽인다면, 그 죽음이 억울해도 항의할 사람이 없고, 따라서 그에 대해서 사죄할 필요도 없다. 이것이 인종 청소를 시도하게 되는 동기 중 하나이다.

그런 점에서 인류사에서 빈번했던 대학살에 비해 집단 사죄가 드문 점은 놀라운 사실이 아니다. 대학살을 저지른 집단은 사죄를 해야 할 빌미를 남기고 싶지 않다. 사정이 이런데, 집단이 저지른 악행을 사죄하지 않는 이유로 '비동일성 문제'와 같은 철학적 이유를 들어 고상하게 집단 사죄를 거절하는 사례를 실제 역사에서 발견하기 어려운 것은 너무나 당연하다.

이렇듯 악행을 저지른 집단은, 가능하기만 하다면 사죄를 해야 할 대상이 아예 존재하지 않게 함으로써 사죄의 필요성이 사라지길 바란다. 이것이 여의치 않을 경우, 사죄를 해야 할 집단에게 가장 손쉬운 해결책은 자신들이 그런 악행을 저질렀다는 것을 부인하는 것이다. 1980년 광주에서 시민들을 대상으로 한 집단 학살은 가해자들이 어떻게 자신들의 악행을 부인하는지를 잘 보여준다. 가해자들은 학살의 사실을 부인하기 어려운 상황이 되면 항상 자신은 그 악행에 가담하지 않았다고 항변한다.

하지만 집단이 저지른 악행이 완전 범죄로 끝나는 것은 오늘날 거의 불가능하다. 가장 큰 이유는 감시의 눈이 점차 더 많아졌기 때문이다. 언론, 방송, 인터넷, 인공위성 등을 고려할 때, 소문이 새어 나가지 않도록 하면서 집단 학살을 저지르겠다고 결심하는 것은 너무나 어리석은 결정이다. 물론 그런 어리석은 결정이 없을 것이라고는 단언하기 어렵다. 20세기 말에 치러진 코스보 전쟁에서 시도된 인종 청소 시도는 어리석었지만 실행으로 옮겨졌다. 다만 인류 역사를 돌아볼 때 우리는 이런 어리석은 시도가 줄어들어 왔으며 앞으로도 그렇게 되리라는 희망을 갖게 된다.

그렇기 때문에, 집단 사죄가 위선적이라는 이유에서 사죄를 거부하는 시도의 사례는 찾기 어려워 보인다. 집단이 저지른 악행을 부인함으로써 집단 사죄를 거부하려는 시도가 정당화될 수 없다는 점은 분명하다. 이런 시도는 집단이 갖는 책임감에서 벗어나려는 것이므로,

오히려 집단 사죄가 정당하게 요구되는 경우가 있다는 것을 인정하고 있는 셈이다. 집단 사죄에 매인 도덕적 무게를 잘 알기 때문에 자신들이 그런 무게를 짊어져야 할 당사자임을 부인하는 것이다.

인종 청소를 하려는 시도는 더 말할 필요가 없다. 자신에게 맞서는 자뿐만 아니라 그들의 혈족까지 모두 학살하려는 시도는 아예 집단 사죄의 씨앗을 없애려는 것이다. 이 역시 집단 사죄의 정당성을 역설적으로 보여준다. 완전 범죄를 위해서 목격자까지 살해하는 범죄자가 자신의 악행이 큰 범죄라는 것을 잘 알고 있는 것과 마찬가지다.

'집단 사죄가 위선적이다'라는 논증을 통해서 집단 사죄를 거부하는 사례를 찾아보기 어렵다고 해서, 이 논증이 단지 철학적 상상력의 산물이라고는 할 수 없다. 오히려 이 논증이 갖는 힘은 역사에서 찾아볼 수 있는 집단 사죄의 진정성을 훼손할 수 있다는 데에 있다. 독일 브란트 총리가 유대인 학살에 대해서 했던 사죄, 호주 러드 총리가 호주 원주민 학살에 대해서 했던 사죄 등은 인류 역사에서 몇 안 되는 집단 사죄의 사례라고 할 수 있다. 이들의 사죄가 위선이라고 주장한다면, 그 주장은 과거에 끔찍한 악행을 저지른 집단들이 사죄의 책임에서 벗어나게 해준다. 일본 정부가 과거 자신들의 악행에 대해서 사죄할 필요가 없다고 주장하면서, 브란트 총리의 사죄는 비동일성 문제라는 철학적 문제 때문에 위선적일 수밖에 없다는 것을 변명거리로 삼는다고 해보자. 이에 대해서 우리는 어떻게 대답할 수 있을까?

톰프슨의 논증에 깔린 전제를 살펴보자. 이 중 하나는 우리의 존재 자체를 부정하는 것은 위선적이라는 것이다. 즉, 과거 조상이 저지른 잘못이 없었더라면 지금 존재하는 후손이 애초에 존재하지 않기 때문에, 조상이 저지른 악행에 대해서 후손이 사죄하는 것은 위선적이라는 것이 이 전제가 말하는 바이다.

하지만 이 전제는 우리가 가진 상상력을 과소평가한다. 우리는 우리가 아예 존재하지 않았을 상황을 상상할 수 있고 그 상황에 대해 평가할 수도 있다. 좀 더 큰 규모로 시간을 확대해서 생각해 보면 현재 인류가 지금과 같은 구성원을 이루게 된 것은 인류가 벌였던 여러 일들의 결과이고, 이런 일들 가운데 인류가 저지른 악행도 포함된다. 인류가 지구상에 존재했던 다양한 생물 종을 멸종시켰다는 것은 잘 알려진 사실이고, 그런 행위의 결과 위에서 인류의 번성이 가능했다고 말할 수 있다. 매머드를 멸종시키지 않았다면 인류는 오늘날처럼 번영하지 못했을 수도 있다는 말이다. 하지만 그렇다고 하더라도 인류가 다양한 생물 종을 멸종시키지 않았다면 더 좋았을 것이라고 판단하는 것을 위선이라고 할 수는 없다. 그런 판단을 한다고 해서 우리가 모두 사라져야 한다고 생각할 필요는 없다. 이는 별개의 문제이다. 일본 정부가 과거의 악행을 진정으로 사죄하기 위한 조건으로 혜택을 입은 사람 모두가 집단 자살해야 한다고 요구하는 것은 정당화될 수 없다. 그런 요구 자체는 또 다른 악을 만들 뿐이다.

조상의 악행이 없었다면 자신들이 존재하지 않을 수도 있었다는 깨달음을 받아들이고 자신들의 존재로 고통을 받은 피해자들에게 사죄하는 것이 옳다. 이는 결코 위선적인 태도가 아니다. 그렇게 보려는 것은 궤변에 기대어 도덕적 책임을 벗어나 보려는 시도에 불과하다. 늪에서 빠져나오려고 몸을 허우적거릴수록 더 늪으로 빠져드는 것처럼, 그런 시도를 하면 할수록 도덕적 책임은 더 강하게 가해자를 옭아맨다. 사죄란 늪에서 빠져나올 수 있도록 늪 밖에 있는 사람이 건네준 막대기와 같다. 해야 할 일은 막대기를 잡는 것이다.

6장

용서와 관용

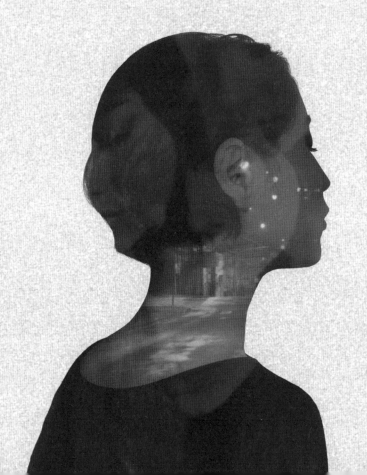

어떤 사람이 아내를 태우고 음주 운전을 하다가 교통사고를 냈다. 이 사고로 아내는 큰 부상을 입었고 깊은 흉터가 생겼다. 아내는 오랫동안 고통의 시간을 보냈지만 진심으로 사과하는 남편을 용서했다. 하지만 남편은 스스로를 용서하지 못한다. 남편의 잘못은 어떻게 용서받을 수 있을까?

용서와 관용의 딜레마

앞의 두 장에 걸쳐서 우리는 사죄가 제기하는 문제들에 대해서 살펴보았다. 사죄는 과거의 잘못을 지나쳐 버렸던 사람들에게 남겨진 선택지이다. 이 장에서는 지나침의 대상이었던 사람, 흔히 '피해자'라고 불리는 사람의 관점에서 생겨나는 물음에 대해서 생각해 보자. 가해자의 사죄 이후에 오는 다음 단계는 피해자의 용서라고 사람들은 생각한다. 사죄가 이루어지고 난 다음에는 윤리적 공이 피해자로 넘어가는 것이다. 하지만 앞서 내가 주장한 대로, 사죄가 지난날 허물의 의미를 변화시키는 힘을 지녔다면, 피해자는 자신에게 넘어온 윤리적 공에 대해서 무엇을 할 수 있을까? 과거의 의미는 이미 사죄를 통해서 회복되었다면 용서를 통해서 할 수 있는 것 가운데 윤리적 의미를 갖는 것이 남아 있을까?

어떤 사람들은 사죄는 사죄대로, 용서는 용서대로 윤리의 장에서 각각 고유한 역할이 있다고 생각할 것이다. 가해자가 사죄를 통해서 자신의 과거를 구원했다면, 피해자 역시 용서를 통해서 자신의 과거를 구원한다는 것이다. 이렇게 용서를 이해하는 것은 상식적으로 전혀 이상하지 않지만, 좀 더 생각해 보면 이런 이해는 용서를 무력하게 만든다. 왜냐하면, 이런 식이라면 용서는 결국 피해자 자신의 정서적 안정을 위한 것에 불과한 것으로 축소되기 때문이다. 가해자의 과거 잘못을 회복하는 데 아무런 역할을 하지 못하면서 피해자의 심리적 안정을 위해서 용서를 하는 것이라면, 이는 '과거를 잊어버리자'는 태도와 별로 다르지 않아 보인다.

《용서에 대하여》를 쓴 강남순은 "단순히 '치료' 차원에서만 용서를 다룬다면, 최면이나 망각 또는 약 복용으로 고통이나 분노를 약화시키는 것과 용서의 차이를 구분하기 어렵다."고 지적한다.[*] 용서란 결국 피해자가 마음의 무게를 덜기 위한 것이라는 생각은 낯선 생각이 아니다. '가해자를 용서하지 못한다면 결국 피해자만 손해를 볼 뿐이다.' 우리는 이런 조언을 여러 번 들은 적 있다. 하지만 강남순의 지적대로 용서가 피해자에게 정서적 안정을 가져다주는 수단에 불과하다면, 우리는 용서에서 중요한 무엇이 빠져 있다는 생각을 하게 된다.

그렇다면 용서가 피해자에게 정서적 안정을 가져다주는 소극적인 역할을 넘어서서 과거의 잘못을 회복하는 과정에서 적극적인 역할을 한다고 보아야 할까? 그렇다고 보기 힘들다. 용서가 적극적인 윤리

---

[*]   강남순(2017), 23쪽.

적 역할을 한다고 받아들이는 것도 마땅치 않은 이유는, 앞에서 살펴보았듯이, 윤리의 장에서 사죄가 갖는 힘이 너무 커 보이기 때문이다. 가해자가 진정으로 사죄를 한다면, 그것으로 지난날의 잘못은 충분히 회복될 수 있는 듯 보인다.

한 가지 지적해야 할 것은, 용서를 하기 위해서 가해자의 사죄가 선행될 필요는 없어 보인다는 점이다. 강남순은 용서가 '잘못을 저지른 사람의 사과나 뉘우침이 있고 나서야 가능하다'고 말하는 것은 용서를 오해하는 것이라고 본다. 사죄나 뉘우침을 전제 조건으로 삼는 용서는 진정한 용서가 아니라는 것이다.[*] 사죄가 용서의 필요조건이 아니라면, '사죄 다음에는 용서'로 받아들여지는 회복 모델이 설득력을 잃게 된다. 그렇다면 용서는 도대체 무슨 힘을 갖는다는 말인가? 결국 용서를 이해하는 데에는 딜레마가 놓여 있다. 용서가 적극적이고 윤리적인 역할을 한다고 보기도 힘들고, 그렇다고 용서에 그런 윤리적 역할이 없다고 부인하기도 어렵다.

'관용'이라는 개념은 '용서'라는 개념과 밀접한 관련이 있다. 용서가 특정한 행위와 관련이 있다면, 관용은 다른 사람의 생각이나 취미와 관련이 있다. 우리는 남에게 용서를 잘 베푸는 사람을 흔히 '관용적'이라고 평가한다. 너그럽다는 뜻이다. 그런 점에서 관용을 용서의 조건처럼 생각하기도 한다. 하지만 용서에 딜레마가 있는 것처럼 관용이라는 개념에도 딜레마가 있다. '관용적 태도를 취한다'는 것은 매우 폭이 좁은 담장 위를 걸어가는 것과 비슷하다. 자신과 다른 사람의 취향과 생각을 관용한다는 것은 그것에 동화되는 것과 다르다. 그러

---

[*]   강남순(2017), 44쪽.

172

니까 관용이라는 매우 좁다란 담에서 한쪽으로 떨어지면, 그곳에서는 다른 사람의 생각을 적극적으로 수용하여 마침내 그것에 동화되는 상황이 벌어진다. 이때는 '관용을 베푸는 상황'이라고 말할 수 없다. 다른 사람의 생각에 관용적 태도를 취하는 것이 그것을 수용하는 것을 넘어서서 동화되는 것을 뜻하지 않기 때문이다. 예를 들어, 가벼운 범죄를 저지른 사람에게 관용을 베푸는 행위가 그 범죄 자체를 정당하다고 인정하는 것은 아니다.

그렇다면 관용이란 좁은 담장을 걷다가 다른 쪽으로 떨어지면 어떻게 되는가? 동화의 반대쪽은 '형식적인 경청'이다. 관용적 태도를 취한다고 하면서 저지르기 쉬운 잘못 중 하나는, 다른 사람의 의견을 들은 것만으로 관용적 태도를 취했다고 생각하는 것이다. 물론, 상대방이 나와 다른 생각을 가졌다는 것을 확인하는 것은 상대방을 이해하고 서로 문제를 풀어나간다는 점에서 중요한 출발점이다. 하지만 그것만으로는 관용에 이르지 않는다. 이는 단지 상대방이 다른 의견을 갖고 있음을 확인한 것에 불과하다. 관용의 딜레마는 관용이라는 좁은 담장을 걸어가다 보면 양쪽 중 하나로 빠지기 쉽다는 데에서 생겨난다.

용서의 딜레마와 관용의 딜레마는 결국 진정한 용서와 관용이 무엇인지를 묻게 만든다. 너그러운 사람이 관용을 베풀 때 할 수 있는 것을 용서라고 한다면, 관용과 용서 모두 개인이 갖고 있는 심리적 특성으로 환원되기 쉽다. 거기에서는 윤리적 의미를 찾기 어렵다. 그렇다고 해서 관용과 용서가 내키지 않는데도 선택해야 할 의무라고 생각하는 것도 올바른 태도가 아니다. 용서를 명령하는 것은 옳지 않기 때문이다. 그렇다면 용서를 무엇으로 보아야 할까?

용서의 두 얼굴

지금까지 사람들이 용서를 이해하는 방식들은 서로 양립하기 어렵다. 이 대립하는 이해 방식 중 하나는, 용서를 선택 대상으로 볼지 아니면 의무 대상으로 볼지 하는 문제에서 생겨난다. 강남순은 용서를 단념 모델과 덕목 모델로 구분한다.* 단념 모델에 따르면, 용서란 잘못을 저지른 사람에게 느끼는 분노를 단념하는 것이다. 자신의 마음속에서 일어나는 분노의 정도는 사람마다 다를 수 있고 상황에 따라서 다를 수 있다. 또한 그런 분노를 단념할 수 있는지도 사람과 상황에 따라서 다를 것이다. 그럼에도 불구하고 분노를 단념하기로 결심하고 실행에 옮긴다면, 당신은 용서에 성공한 것이다.

그렇다면 왜 분노를 단념해야 하는가? 분노가 정당한 근거에서 생겨나는 경우가 있다. 힘센 사람이 재미로 약한 사람을 괴롭히는 것을 보면 분노가 일어난다. 그런 경우 분노는 정당하다. 이러한 공분公憤은 나와 직접적인 관련이 없지만 부당하다고 생각되는 것에 대해서 생겨나는 분노이다. 정당한 분노를 단념하는 것은 정당한 것을 그만두는 셈이므로 공분을 단념하는 것은 옳지 않다. 공분을 단념하는 것을 용서라고 할 수 없다. 그렇다면 단념 모델에서 단념해야 할 분노는 공분이 아니다.

강남순은 용서를 통해서 단념해야 할 분노는 '파괴적 분노'라고 말한다. 파괴적 분노는 정당한 분노를 넘어서 분노하는 사람 자체를 파

---

* 강남순(2017), 2장.

괴하는 분노이다. 파괴적 분노에 사로잡힌 사람은 잘못된 행위에 대해서 분노하는 것을 넘어서 잘못을 저지른 사람에게로 분노의 화살을 돌린다. 그리스 신화 속 인물인 메데이아는 파괴적 분노의 전형을 보여 준다. 자신이 한때 사랑하던 남자 이아손이 배신하자 그녀는 자신과 이아손 사이에서 낳은 자식들을 모두 죽여버린다. 메데이아가 사랑하던 남편의 배신에 분노를 느낀 것은 당연하지만, 그 분노의 결과는 자신이 입은 고통에 비례하지 않는다. 메데이아의 아이들은 분노의 제공자가 아니기 때문이다. 그럼에도 불구하고 그녀가 아이들을 죽이고 만 이유는, 그것이 이아손을 가장 큰 고통에 빠뜨릴 것이라고 생각했기 때문이다. 아마도 그녀는 사랑하는 아이들을 죽이고 나면 자신 역시 고통 속에 살게 될 것을 알았을 것이다. 하지만 자신이 겪을 고통보다 이아손에 대한 분노가 더 컸다. 또는 이아손을 고통 속에 빠뜨리고 싶은 자신의 욕망이 더 컸다. 결국 메데이아의 분노는 이아손과 아이들, 그리고 자신까지 파멸시켰다. 분노는 이아손의 배신이라는 **행위**를 넘어서서 그의 **존재**로 향했다. 파괴적 분노가 그 목표를 초과 달성하여 모든 것을 파괴한 것이다.

용서가 파괴적 분노를 단념하는 것이라고 보는 견해에 따르면, 용서는 용서를 할지 말지 고민하는 사람이 내리는 선택의 문제다. 파괴적 분노에 물꼬를 터뜨릴 것인지 아니면 분노 표출을 절제할 것인지는 개인의 역량과 선택의 문제이기 때문이다. 자신의 감정을 극단적일 정도로 마음대로 조절할 수 있는 사람이 있다고 해보자. 마음만 먹는다면, 그는 모든 일에 분노하지 않을 수 있다. 단념 모델에 따르면, 이 사람은 모든 것을 용서하는 셈이다. 그런 사람은 '마땅히 용서해야 하는 것'과 '마음속에서 도저히 용서가 안 되는 것' 사이에서 갈등하지 않을 것이다. 하지만 우리는 많은 경우 그런 갈등을 겪고, 더 나아가 그런 갈등이 용서라는 개념에 내포되어 있다고 생각한다.

4장에서 살펴보았던 영화 〈밀양〉의 여주인공 신애를 다시 생각해 보자. 그녀는 아들을 유괴한 후 살해한 범인을 놓고 마음속에서 엄청 난 갈등을 겪었을 것이다. 한편으로는 아들을 살해한 범인을 용서해 야 한다고 자신의 마음을 가다듬었을 것이고, 다른 한편으로는 도저 히 그를 용서할 수 없다는 마음이 들었을 것이다. 두 마음 사이에서 신 애가 겪었을 갈등이 그녀의 용서를 어렵게 만들고, 나아가 바로 그 이 유에서 그런 갈등의 결과 선택한 용서가 비로소 진정성을 획득하게 되는 것이다. 하지만 어떤 분노도 느끼지 않는 사람이라면 그런 갈등 자체도 없다. 그렇다면 그가 누군가의 잘못을 용서할 수 있다고 말하 기 어렵지 않을까?

단념 모델을 받아들이는 사람은, 아무런 분노를 느끼지 않는 사람 은 단념할 분노도 없으므로 '그는 아예 용서라는 것을 할 수 없다'고 주장할지 모른다. 하지만 이 역시 이상하다. 분노를 단념하는 자세의 궁극적인 목표가 분노 자체를 갖지 않는 것이라고 해야 할 것처럼 보 이기 때문이다. 그렇다면 분노를 느끼지 않을 경우에는 용서를 할 수 없다고 말하는 것은 이상해 보인다.

이런 점들을 고려해볼 때, 용서에 관한 단념 모델이 갖고 있는 문 제점은, 용서를 용서하는 사람의 개인적인 문제로 축소한다는 것이다. 동일한 잘못을 두고 어떤 사람은 용서하고 다른 사람은 용서하지 않 는다고 해도, 이 두 사람 중 누구를 탓할 수 없다. 용서는 용서하는 사 람의 선택의 문제이고, 그가 자신이 느끼는 분노를 어떻게 잠재우는 지의 문제이기 때문이다. 그렇지 못하다고 해서 용서하는 사람에게 도덕적 비난을 제기할 수 없다. 이것이 단념 모델에서 바라보는 용서이다.

반면에, 덕목 모델에 따르면 용서의 개념에는 규범성이 있다. 용서하는 사람이 어떤 분노를 어느 정도로 느끼는 것과는 독립적으로, 그가 용서를 해야 하는지의 여부를 따져보아야 한다는 것이다. 분노를 느끼는 것은 개인의 심리적 경향성에 달렸고, 용서는 도덕적 의무의 영역에 속하기 때문이다. 나에게 잘못을 저지른 사람을 향한 파괴적 분노를 도저히 마음속에서 잠재울 수 없다고 하더라도, 나는 그를 용서해야만 한다.

왜 그래야만 하는가? 이에 대해서 칸트의 의무론을 지지하는 사람과 아리스토텔레스의 덕 윤리virtue ethics를 지지하는 사람이 서로 다른 대답을 내놓는다. 칸트주의자라면, 용서의 당위성을 정언명령categorical imperative에서 찾으려 할 것이다.* 쉽게 말해서 정언명령이란 모든 사람이 그 명령을 따른다고 가정해도 아무런 개념적 모순이 생겨나지 않는 명령이라고 설명할 수 있다. 예를 들어, '영어 공부를 매일 열심히 하라'는 명령을 생각해 보자. 이 명령을 모든 사람이 따라야 하는 명령으로 이해한다면, 영어가 모국어인 사람들에게 이 명령은 매우 불합리하다. 이미 영어를 모국어로 말하고 있는데 매일 영어 공부를 하라는 명령을 따르는 것은 인생 낭비일 뿐이기 때문이다. 다시 말해서, 영어 공부를 열심히 하라는 명령은 '지금은 부족한 영어 능력

---

* 그렇다고 해서 칸트가 '과거에 일어난 잘못을 용서하라'는 것을 정언명령의 예시로 제시한 것은 아니다. 칸트 자신은 용서에 대해서 많은 논의를 하지 않았다. 이 점은 좀 더 연구해 볼 가치가 있다.

을 앞으로 향상시키고 싶다'는 욕구를 가진 사람에게만 따를 만한 것이다. 그런 점에서 '영어 공부에 매진하라'는 명령은 정언명령이 될 수 없다. 하지만 '남의 잘못을 용서하라'는 명령에서는 적어도 그런 개념적 모순이 생겨나지 않는다. 모든 사람이 자신에게 잘못을 저지른 사람을 용서한다고 해서 개념적 모순이 생겨난다고는 볼 수 없기 때문이다.

아리스토텔레스주의자의 대답은 이와 다르다. 그에 의하면, 남을 용서해야 하는 이유는, 그렇게 하는 것이 용서를 하는 사람의 품성을 탁월하게 만들기 때문이다. 자신에게 잘못을 저지른 사람을 용서하는 것은 미덕virtue이고, 용서하지 않는 것은 악덕vice이다. 용서를 실천하는 것은 결국 용서하는 사람의 영혼의 탁월성 문제이다.

덕목 모델에 따르면, 용서는 당위성과 규범성의 영역에 속한다. 가해자가 진정한 사죄를 한다면, 윤리적 공은 피해자로 넘어오고, 피해자는 용서를 통해서 윤리적 공에 대응해야 하는 것이다.

하지만 용서에 관한 덕목 모델 역시 우리의 직관에 부합한다고는 할 수 없다. 가해자의 잘못을 용서하는 것이 당위이고 의무라면, 가해자를 용서하지 못하는 피해자는 또 다른 잘못을 저지르고 있다는 말인가? 피해자에게 용서를 명령하는 것은 정당한가? 사소한 잘못을 저지른 사람을 용서하지 않는 사람에게는 '이제 그만 그를 용서해 줘라'는 식의 요구를 할 수 있지만, 끔찍한 고통을 겪고 있는 피해자에게 용서를 요구하는 것은 받아들이기 힘들 뿐 아니라, 그 요구 자체가 오히려 도덕적 잘못이라고 할 수 있다.

결국 용서를 단념 모델로 이해하든 덕목 모델로 이해하든 한 가지는 분명해진다. 어느 쪽도 마땅치 않다는 것이다. 그 이유는 용서 자체가 이해하기 어렵기 때문일 것이다.

용서할 수 없는 것

○

용서를 둘러싼 논쟁은 '용서할 수 없는 것'이라는 개념을 두고 또 한번 생겨난다. 프랑스 철학자 데리다Jacques Derrida는 '용서는 용서할 수 없는 것을 용서하는 것'이라고 주장한다.* 이 말은 무척 멋있게 들리지만, 한편으로는 정확히 무슨 뜻인지 이해하기가 쉽지 않다. 어떤 것을 용서할 수 없는 것을 용서한다는 말일까? 이 말은 '죽음이란 죽을 수 없는 것이 죽음을 맞이하는 것'과 같이 논리적으로 모순인 것처럼 들린다. 죽음을 맞이했다면, 그것은 죽을 수 없는 것이 아니다. 마찬가지로, 어떤 것을 용서했다면, 그것을 두고 용서할 수 없는 것이라고 판단해서는 안 된다. 데리다는 논리적 모순을 말하고 있는가? 그것은 아닐 것이다. 그렇다면 그가 하려는 주장은 무엇일까?

데리다는 용서가 역설적임을 받아들인다. 하지만 그가 말하는 '용서할 수 없는 것'은 '용서가 논리적으로 불가능한 것'을 의미하지 않는다. 예를 들어, '짜장면이 도덕적 책임을 지는 것'은 논리적으로 불가능하다고 할 수 있는데, 짜장면은 도덕적 책임을 물을 수 있는 범주에 들어가지 않기 때문이다. '용서할 수 없는 것을 용서한다'는 말은 이런 '범주 오류category mistake'에 해당하지 않는다. 데리다가 '용서할 수

---

* "Forgiveness forgives only the unforgivable." Derrida(2001), p. 32.

없는 것'이라고 표현하는 것은, 간단히 말해서, '도저히 인간적으로 용서할 수 없는 것'이라고 이해할 수 있다. '인류에 대한 범죄crime against humanity'라는 표현으로 지칭하는 사건들이 바로 그러한 것이다. 나치의 유대인 학살, 일본군의 생체 실험 등과 같은 범죄는, 우발적인 충동으로 일어난 것도 아니고 특정 인간을 목표로 저질러진 것도 아니다. 그것은 특정한 인물이 아니라 특정한 조건을 지녔다고 여겨지는 불특정한 사람들을 대상으로 고의적이고 체계적으로 벌어지는 범죄이다.

어떤 사람은 인간이 저지른 잘못은 대부분 용서될 수 있지만 인류에 대한 범죄는 용서될 수 없다고 주장한다. 인간성을 부정하려는 범죄는 어떤 경우에서도 용서될 수 없다. 이를 뒤집어 말하자면, 그 외의 잘못은 특정 조건하에서 용서될 수 있다는 말이다. 그 특정 조건이란 가해자의 진정한 사과이다. 가해자가 진정한 사과를 할 경우, 과거의 잘못은 용서될 수 있다는 것이다.

그렇다면, 왜 인류에 대한 범죄는 용서될 수 없을까? 이에 대해서는 다양한 답변이 있다. 한 가지 떠올릴 수 있는 답변은, 인류에 대한 범죄로 고통받은 피해자들이 모두 희생되어 살아 있지 않다는 것이다. 희생자들의 유족 역시 그로 인해서 심각한 고통을 겪었겠지만, 더 이상 이 세상 사람이 아닌 희생자들을 대신해 그들이 겪은 고통과 상실에 대해 가해자를 용서할 수는 없다.

또 다른 가능한 답변은, 인류에 대한 범죄는 가해자 집단이 너무나 광범위해서 용서할 대상을 특정할 수 없다고 말하는 것이다. 대부분의 민간인 학살에서 모든 가해자를 한 명 한 명 특정하는 것은 어렵다. 대체로 그런 범죄는 우두머리에 해당하는 몇몇 사람이 가진 악마적 의도만으로 저질러지지 않기 때문이다. 조직적이고 은밀한 동조 세력이 그런 범죄를 부추기는 경우가 많은데, 대부분의 인류에 대한 범죄에서 그런 세력들은 자신들이 악행에 가담했다는 것을 부인하는 경향을 보인다.

이렇듯 '용서할 수 없는 것은 용서할 수 없다'는 견해가 있는 반면, 데리다처럼 '용서할 수 없는 것을 용서하는 것이 용서의 핵심'이라는 견해도 있다. 데리다는 '용서'를 의미하는 'forgive'와 'pardon'에는 '주다'라는 의미를 가진 'give'와 'don'이 담겨 있다는 점을 지적하면서, 용서라는 행위는 주고받는 상거래와는 달리 일방향의 선물과 환대라고 주장한다. 한마디로 용서는 조건을 걸지 않고 주는 선물이라는 뜻이다. 모든 사람이 다 주어야 한다고 생각하는 것을 주는 것은 선물일 수 없다. 주어야 마땅한 것을 주는 것은 선물이 아니기 때문이다. 마찬가지로 모두가 용서할 것이라고 기대하는 것을 용서하는 것은 용서라고 할 수 없다. 용서해야 마땅한 것을 용서하는 것은 진정한 용서가 아니기 때문이다. 그렇기 때문에 '용서할 수 없는 것'을 용서할 수 있어야 진정한 용서다. 데리다에 따르면 정치의 영역에서 이루어지는 용서는 사죄를 대가로 주어지는 거래일 뿐 진정한 용서라고 보기 어렵다. 이는 초월적 권력을 갖고 죄인에게서 죄를 면해주는 사면amnesty이지 용서가 아닌 것이다.

자기 용서를 통해서 본 용서의 힘

지금까지 살펴보았듯이 용서라는 개념에는 역설적인 측면이 존재한다. 나는 용서가 갖는 역설적 측면을 폭이 좁은 담장에 비유했다. 이 담장은 폭이 너무 좁아서 그 위를 걸어가다 보면 양쪽 중 한쪽으로 떨어지기 마련이다. 결국 좁디좁은 담장을 끝까지 걸어서 건너가기가 힘들 듯이, 용서를 통해서 성취할 수 있는 것은 아무것도 없는 것 같다. 용서를 하기 위해서 사죄를 요구하는 것도 마땅치 않고, 그렇다고 가해자로부터 아무런 사죄를 듣지 못했는데 그를 용서하는 것도 마땅치 않다. 도대체 용서가 윤리의 마당에서 갖게 되는 힘은 무엇일까?

그럼에도 불구하고 나는 용서가 갖는 힘을 믿는다. 용서는 윤리의 마당에서 당당한 역할을 한다. 이 점을 살펴보기 위해서, 자신을 용서의 대상으로 삼는 경우를 생각해 보자. 이른바 '자기 용서self-forgiveness'라는 개념이다. 어찌 보면, 자신의 잘못을 스스로 용서한다는 것에는 이상한 점이 있다. 자신의 잘못을 인정하고 또 이를 용서한다는 개념에는 두 개의 자아가 서로 다른 역할을 한다는 것이 전제되어 있다. 다시 말해서, 자기 용서에서는 가해자와 피해자가 동일한 사람이지만 서로 다른 역할을 담당하는 두 자아로 나타난다.

하지만, 어떻게 가해자가 동시에 피해자일 수 있는가? '인간이란 자기 이익을 극대화하려는 존재'라고 생각하는 사람의 관점에서 보면, 두 자아가 전혀 다른 사람처럼 서로 다른 역할을 하는 것은 단지 인간 내부의 복잡한 심리를 묘사하는 것일 뿐 실제로 그런 일이 일어난다고 할 수 없다. 용서의 전제 조건으로 사죄가 필요하다고 보는 사람의 관점에서도 자기 용서는 단지 수사적 표현에 불과하다. 왜냐하면, 사죄를 위해서는 사죄에 걸맞은 적절한 행위와 표현이 필요한데 자기 용서에서는 그런 절차가 있을 수 없기 때문이다. 다시 말해서 비유적 의미가 아닌 글자 그대로의 의미에서 '자기 용서'라는 개념은 성립할 수 없다는 것이다.

하지만 이런 생각은 자신을 용서하는 것이 너무 어렵기 때문에 생겨난다. 인간은 스스로에게 잘못을 저지르고 그것 때문에 고통을 받는 존재다. 하지만 그 잘못을 저지른 사람이 본인인 경우, 그 고통에 대처하는 것은 타인으로부터 받는 고통을 견디는 일보다 더 힘들다. '자기 용서'라는 개념이 성립불가능하다는 견해는, 자기 용서가 너무나 힘든 일이라서 이를 외면하려는 시도일 뿐이다.

사죄를 통해서 가해자는 과거의 잘못이 갖는 의미를 변화시킨다. 반면에 용서는 피해자의 과거가 갖는 의미를 변화시킴으로써 피해자를 치유하는 힘을 지니고 있다. 용서가 갖는 힘은 자기 용서에서 잘 드러난다. 자기 용서는 내가 남에게 피해를 준 경우에도 필요하고 내가 스스로에게 피해를 준 경우에도 필요하다. 앞의 경우, 우리는 피해자로부터 용서를 받으면 그것으로 상황이 종료되었다고 생각할 수 있다. 하지만 그렇지 않은 경우도 있다. 어떤 사람이 아내를 태우고 음주운전을 하고 가다가 교통사고를 내고 말았다. 이 사고로 아내는 큰 부상을 입었고 깊은 흉터가 생겼다. 아내는 오랫동안 고통의 시간을 보냈지만 진심으로 사과하는 남편을 용서했다. 하지만 아내의 용서에도 불구하고 남편은 스스로를 용서하지 못한다.

이런 상황은 충분히 가능하며 우리 주변에서도 일어난다. 이 경우 자신의 잘못 때문에 고통을 받은 아내로부터 용서를 받았다고 해서 남편이 윤리적 짐에서 자동으로 벗어나는 것은 아니다. 남편이 자신을 용서하는 것은 아내에게 미안함을 느끼는 것과는 다른 차원의 일이다. 피해자에게 사죄하고 그로부터 용서를 받는 과정에는 피해자라는 상대방이 존재한다. 상대방의 처분에 따라서 이 과정이 완결될 수도 있고 그렇지 않을 수도 있다. 하지만 자기 용서의 경우에는 그런 상대방이 없다. 바로 그 이유 때문에 사죄와 용서라는 과정이 완결되기 어렵다. 본의는 아니지만 아내에게 고통을 준 남편은 그 과정에서 자기에게도 고통을 준 셈이다. 자신에게 준 고통에 대해서는 아내의 용서를 요구하지 않으며 오직 남편 자신만이 용서할 수 있다.

그런 점에서 보면, 모든 형태의 자기 용서는 스스로에게 준 피해를 돌보는 데에서 싹튼다. 남에게 상처를 주는 경우에도 자신에게 상처를 남기게 된다. 가해자가 가해를 하면서 자신에게 주는 상처는 교묘하게 그 모습을 숨기기 때문에, 가해자는 자신이 입은 상처를 깨닫지 못하는 경우가 많다. 가해자는 여러 방식으로 자신의 잘못을 정당화하려 한다. '친구가 술을 권하는 바람에 마지못해 술을 마시게 되었다.' 또는 '전날 일을 하느라 충분히 잠을 잘 수 없었다.' 등등 자신의 행위에 대한 비난을 최소화하기 위해서 이렇게 변명을 하곤 한다.

이런 변명은, 가해자가 되는 과정에서 자기 자신에게 남긴 상처를 감추고자 만들어지는 것이다. 그러나 그렇게 상처가 덮였다고 믿지만, 상처를 직시하지 못하고 외면하는 것 자체가 오히려 가해자의 상처를 드러내고 만다. 그 결과 가해자는 자신에 대한 신뢰를 조금씩 잃어가고 자신을 존중하지 못하며 점점 세상에 불만을 갖게 된다. 강남순은 이 점을 인정하고 자신에 대한 책임감을 갖는 것이 자기 용서의 첫 단계라고 말한다.

> 자신에 대한 불만과 혐오로 가득한 사람의 마음은 자신이 무언가의 '희생자'라는 '희생자 의식'으로 가득 차 있다. 따라서 사실상 자신에게 책임이 있는데도 그 책임을 회피하면서 자신은 물론이려니와 타자와 세상에 대한 불평과 비난을 퍼붓는다. 그런데 자신의 책

임성을 느낀다는 것은 사실상 자신과의 관계를 회복하고 자신을 받아들인다는 것을 의미한다. 이 과정에서 비로소 스스로를 용서하는 자신을 발견할 수 있다.[*]

가끔 듣는 농담 가운데 "이번 생은 망했어"라는 말이 있다. 어떤 맥락에서 이 말은 유쾌한 농담으로 받아들여질 수 있다. 사회에서 '올바르다'고 여겨지는 삶의 방식에서 어긋난 삶을 살게 되었지만 크게 개의치 않는다는 뜻으로, 이런 말을 할 수 있기 때문이다. 하지만 이 농담의 의미를 조금 정색하고 뒤틀어 보자면, 지난날에 있었던 잘못이 현재의 삶을 전적으로 규정한다는 생각이 깔려 있다. 지난날의 허물이 남긴 상처가 깊고 크기 때문에 지금부터 어떻게 살더라도 삶 전체의 모습은 자신이 바라는 대로 될 수 없다는 것이다.

왜 지난날의 잘못이 현재의 삶을 규정하게 두는가? 그것은 자신을 용서하지 못하기 때문이다. 자기 용서를 통해서 지난날의 자신을 돌보고 회복하지 못하기 때문이다. 자신에게 남긴 상처를 스스로 외면하고 있으면서도 자신이 외면하고 있다는 바로 그 사실을 의식하지 못하기 때문에, 자기 용서는 어렵고 긴 과정이 된다. 어렵지만 자신을 용서함으로써 우리는 자신이 자신에게 남겼던 상처를 치유할 수 있다.

이를 용서 일반에 적용하면, 용서의 힘은 용서받는 사람이 아니라 용서하는 사람에 우선적으로 작용한다고 말할 수 있다. 자신의 잘못을 인정하고 사죄하는 것이 가해자를 도덕적으로 변화하게 만드는 반

---

[*]   강남순(2017), 117-8쪽.

면, 용서는 피해자가 자신의 과거를 도덕적으로 변화하게 만든다. 그런 점에서 모든 용서에는 자기 용서의 계기가 담겨 있다. 대부분의 피해자는 자신에게 일어난 나쁜 일에 사로잡혀 자신의 무력함에 괴로워한다. 그런 피해를 피할 수 없었던 자신에게 불만을 갖는 것이다. 피해자가 가해자를 진심으로 용서하는 것에는 피해자가 자신에게 느꼈던 무력감과 불만을 털어내는 과정이 동반된다.

이런 점은 '가해자 없는 피해'를 겪는 사람에게서 잘 드러난다. 자연재해로 피해를 입은 사람은 특정할 수 있는 가해자가 없는 피해를 입은 것이다. 가해자가 없다는 사실은 피해자를 더 힘들게 할 수 있다. 비난하고 사죄를 요구할 대상이 없기 때문이다. 가해자 없는 피해를 입은 피해자는 이를 피할 수 없었던 자신의 무력함 때문에 자신을 혐오하기 쉽다. 하지만 진실은, 그에게 일어났던 불행이 자신의 무력함에서 생긴 것이 아니라는 점이다. 이 점을 받아들이는 것이 자기 용서로 가는 길이다.

용서가 피해자를 도덕적으로 변하게 하는 힘을 갖는다고 해서, 용서가 '과거의 불행한 기억으로부터 자유로워지는 것'과 동일하다고 생각해서는 안 된다. 스토아주의자들Stoics은 과거에 있었던 사건은 변화할 수 없으므로 그 때문에 걱정하고 스스로 마음을 얽매이는 것은 어리석은 일이라고 생각한다. 그래서 이런 불필요한 걱정에서 자유로워지는 것을 삶의 태도로 추천한다. 하지만 용서는 이런 식으로 과거의 사건을 잊는 것이 아니다. 더 나아가 용서는 어떤 특정한 마음의 상태가 아니다. 오히려 용서는 일련의 행동 과정이라고 할 수 있다. 가해자를 용서하고 그럼으로써 피해자 자신을 용서하는 것은, '당신을 용서합니다' 또는 '나를 용서한다'와 같은 선언을 통해서 한순간에 이루어지지 않는다. 용서는 오직 용서에 부합하는 행동을 지속적으로 함으로써 이루어지기 때문이다.

어떤 행동이 용서에 부합하는 행동인지는 구체적인 상황에 따라서 다를 것이다. 하지만 나는 부합 여부를 판단하는 기준이 있다고 생각한다. 그것은 그 행동이 지난날 잘못을 내 인생 이야기에 중요한 기여를 하는 계기가 될 수 있는지의 여부이다. 물론 이는 대략적인 서술에 불과하다. 지금 내가 하는 행동이 어떻게 과거의 잘못에 새로운 생명을 불어넣어서 내 인생 이야기에 기여하도록 만들 수 있는가? 이를 설명하기 위해서는 과거의 의미에 대해서 더 생각해 볼 필요가 있고 인생을 하나의 이야기로 본다는 것이 어떤 의미인지에 대해서도 보다 깊게 들여다볼 필요가 있다. 이에 대해서 차례로 살펴보려고 한다.

7장

과거의 윤리적 의미

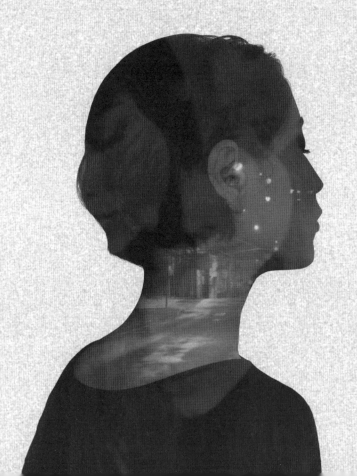

시간이 지날수록 맛이 더 좋아지는 포도주가 있다. 오늘 이 포도주를 마신다면 어제 마시는 것보다 더 좋을 것이다. 하지만 오늘 마시는 포도주 맛은 내일 마시는 경우보다 못할 것이다. 이 포도주는 언제 마시는 것이 가장 좋을까?

매몰 비용: 과거에 들인 비용을 어떻게 할 것인가?

○

앞서 우리는 지난날의 잘못을 후회하거나 사죄하거나 용서하는 것이 갖는 윤리적 힘에 대해서 논의해 보았다. 이에 대해서 어떤 사람은 이렇게 생각할지도 모르겠다.

과거에 있었던 모든 일이 윤리적으로 의미 있는 것은 아니다. 예를 들어, 공무원이 되겠다는 결심을 하고 노력 끝에 공무원이 된 사람이 있다고 하자. 하지만 막상 공무원 일을 시작하니 생각했던 것과 너무 다르다. 그래서 과거의 결정을 후회한다. 하지만 그 결정이 윤리적으로 잘못된 것은 아니다. 그냥 예상했던 것과 다를 뿐이다. 그렇다고 지난날의 결정을 후회하는 게 잘하는 일인가? 지난날 결정은 그저 엎질러진 물이 아닐까?

어떤 선택을 결정하는 데 과거에 들인 노력과 비용을 고려하는 것은 합리적일 수 있는가? 경제학에서는 회수할 수 없는 과거의 비용 때문에 자신이 취할 행동을 결정하는 것을 이른바 '매몰 비용 오류sunk cost fallacy'라고 보고 비합리적인 것으로 간주한다. 과거에 들인 노력이 모두 허사가 될 상황에서, 그 노력의 대가를 조금이나마 건지고자 또 다른 어리석은 결정을 하는 경우가 있다. 경제학은 그런 결정을 경고한다. 하지만 과연 그런가? 과거에 들인 노력과 비용을 잊는 것이 실패에 대처하는 최선의 방법일까? 과거에 들였던 노력은 어떤 의미를 가질까? 이 장에서는 이런 물음들에 대해서 생각해 보고자 한다.

이 장에서 다룰 내용을 간략히 설명하면, 먼저 우리는 매몰 비용에 대한 세 사람의 의견을 차례로 살펴볼 것이다. 우선, 미국의 철학자 노직Robert Nozick은 매몰 비용을 고려하는 것이 항상 비합리적이지는 않다고 주장한다. 이에 대해 경제학자 스틸David Steele은 바람직한 결과를 낳는다고 해서 비합리적인 추론이 합리적이라고 할 수 없다고 주장함으로써 노직을 비판한다. 끝으로, 철학자 켈리Thomas Kelly는 매몰 비용에 대해 아는 것이 무엇을 해야 하는지를 결정하는 데 본질적이라고 주장함으로써 노직의 결론을 지지한다.

다음으로, 우리는 이들의 견해를 비판적으로 평가해 볼 것이다. 나는 매몰 비용을 고려하는 것이 오류라는 주장에 반대하지만, 켈리의 논증이 스틸의 비판을 피하지는 못한다고 생각한다. 과거 비용에 대한 고려가 정당한 이유를 미래의 이익에서 찾는 켈리와 달리, 나는 과거 자아를 구제하는 데 그 정당한 이유가 있다고 생각한다.

미래를 위해서 견디는 오늘

◯

다음 사례들을 생각해 보자.

[노후 연금 늦추기]

가입자가 연금을 받을 수 있는 시점에 연금 받는 것을 미루면 이후에 더 많은 금액을 받도록 설계된 연금이 있는데, 연금 수령자가 사망하면 연금 지급은 중지된다. 예를 들어, 60세부터 연금을 받을 수 있는 사람이 60세가 된 시점에 수령 시점을 65세로 미룬다면, 60세부터 연금을 받았을 경우 65세까지 받을 수 있는 연금액의 두 배가 적립되어 65세부터 지급되는 식이다. 연금 수령 시점을 더 늦출수록 지급액은 누적되어 급격히 늘어난다. 올해 100세가 된 김장수 씨는 연금 수령 시점을 가장 오랫동안 미루어 온 가입자이다. 올해부터 연금 수령을 신청하여 막대한 연금을 받기로 되어 있었으나 갑자기 사망하여 연금은 지급되지 않았다.

[구입 버티기]

이지연 과장은 회사 장기 출장으로 외국에서 1년 동안 머무르게 되었다. 1년이 지나면 구입한 물건을 모두 그곳에 두고 오는 것이 회사의 규칙이다. 그에 따라 이 과장은 어차피 살 물건이라면 빨리 사는 것이 낫다고 생각해 도착하자마자 필요한 물건을 모두 구입했다. 그런데 애초에는 불필요하다고 생각했지만, 막상 없으니 불편한 물건들이 하나둘 생기게 되었다. 예를 들어 생활이 안정되

먼서 이미 구입한 딱딱한 의자 말고 편안하게 앉을 수 있는 소파가 간절히 필요했다. 딱딱한 의자에만 앉아야 했던 이 과장은 시간이 갈수록 편안한 소파를 더 강하게 원하게 되었지만, 동시에 딱딱한 의자에 앉아 불편함을 겪는 시간이 길어질수록 소파를 구입하는 것이 어리석은 소비라고 생각했다. 결국 이 과장은 떠나는 날까지 소파를 구입하지 않았다.

김장수 씨가 노후 연금을 늦춘 결정이나 이지연 과장이 소파 구입을 고민하다가 결국 사지 않기로 한 결정이 합리적이라고 할 수 있을까? 이 물음에 답하기 전에 두 사례의 공통점에 주목해 볼 필요가 있다. 이 두 사례에서 찾을 수 있는 공통점은 무엇일까? 김장수 씨와 이지연 과장은 모두 자발적인 선택으로 현재의 불편을 감수했다는 공통점을 갖는다. 김장수 씨는 연금을 받았을 때의 혜택을 누리지 못하는 불편을 감수했다. 누군가의 강요에 의해서가 아니라 스스로 그런 불편을 선택한 것이다. 이지연 과장 역시 편안한 소파를 구입했을 때의 혜택을 누리지 못하고 딱딱한 의자에서 시간을 보내는 불편을 스스로 선택하여 감수했다.

그렇다면 왜 이 두 사람은 스스로 불편을 감수했을까? 김장수 씨의 경우에는 현재 겪는 불편을 참는 선택이 미래에 더 큰 이익으로 자신에게 돌아올 것이라고 여겼기 때문이다. 더 풍성한 과실이 있는 미래를 위해서 현재는 허리띠를 졸라매는 것이다. 김장수 씨는 미국 철학자 폴록John Pollock이 제시하는 다음 사례에서 포도주를 열지 말지를 망설이는 사람과 유사한 상황에 처해 있다.[*]

시간이 지날수록 맛이 더 좋아지는 포도주가 있다. 오늘 이 포도주를 마신다면 어제 마시는 것보다 더 좋을 것이다. 하지만 오늘 마시는 포도주 맛은 내일 마시는 경우보다 못할 것이다.

앞으로 펼쳐질 시간이 무한하고 포도주를 마시려는 사람의 수명이 무한하다면, '시간이 지날수록 더 좋아지는' 포도주를 개봉하는 최선의 시점은 존재하지 않는다. 오늘 포도주를 열지 않고 참기 때문에 미래에 더 훌륭한 포도주를 마실 수 있다. 문제는 오늘이 지나면 내일도 오늘이 되기에 최선의 미래는 오지 않는다는 것이다. 김장수 씨의 경우도 비슷하다. 그가 죽지 않고 영원히 산다면, 연금 수령 시점을 계속하여 연기할 때 받을 연금의 크기가 점점 더 커진다. 하지만 더 많은 연금을 원한다면, 연금을 받을 날은 오지 않는다. 포도주 개봉일을 늦추는 선택과 연금 수령을 미루는 선택 모두 합리적인 측면이 있지만, 결국 포도주를 따지 않는 것과 연금을 받지 않는 것은 가장 어리석은 선택이 되고 만다.

한편, 이지연 과장이 스스로 불편을 감수한 이유는 좀 더 복잡하다. 이 과장이 현재의 불편을 감수하는 행위는 그에게 더 나은 미래를 가져다주지 않는다. 그가 불편을 감수하는 이유는 편안한 소파를 지금 사게 되면 자신이 '어리석은' 사람이 된다고 생각하기 때문이다. 좀

---

* Pollock(1983), p. 417. 이 포도주 사례는 Sorensen(2006)에서도 논의된 바 있다.

더 이전 시점에 소파를 샀다면 그는 지금의 자신보다 더 '똑똑한' 소비를 한 셈이기 때문이다. 바로 지금 편안한 소파를 구입한다면, 그는 그 이전 시점에 소파를 산 가상의 과거 자아보다는 어리석은 사람일 수밖에 없고 동시에 지금 시점 이후에 소파를 사게 될 가상의 미래 자아보다는 똑똑한 사람일 수밖에 없다. 그가 출장 기간 중 어느 한 시점에 편안한 소파를 산다고 가정할 때, 소파를 구입하는 시점이 늦어질수록 그는 더 어리석은 사람으로 여겨질 것이다. 따라서 이 과장은 소파를 사지 않고 현재의 불편을 감수함으로써 앞으로 점점 더 어리석은 사람이 되는 길을 막은 셈이다.

어쨌든 두 사람 모두 미래를 위해서 현재의 불편을 감수하고 있다는 점에서 공통점을 찾을 수 있다. 그렇다면 차이점은 무엇일까? 김장수 씨는 현재의 불편을 참기 때문에 미래가 더 나아진다고 믿는 반면에, 이지연 과장은 현재의 불편을 참기 때문에 미래가 더 나빠지지 않는다고 믿는다. 하지만 이 차이점이 하나의 사례를 비합리적으로 만들고, 다른 하나는 합리적인 것으로 만들까? 우리는 다시 이 물음으로 돌아오게 될 텐데, 이를 위해서는 먼저 또 다른 논의가 필요하다.

과거 때문에 견디는 오늘

더 나은 미래를 위해서 오늘을 견디는 예시가 있다면, 과거 때문에 오늘을 견디는 사례도 있다. 과거에 이미 투자한 비용이 오늘 내려야 할 결정에 영향을 주는 사례를 생각해 보자.

베트남 전쟁이 진행되던 당시 미국의 정치인들은 이 전쟁에 미국이 쓴 비용 때문에 전쟁에서 철수하는 데 찬성하지 못했다. 만약 미국이 지불한 비용이 없었다면 그들은 미국이 이 전쟁을 계속한다는 안에 찬성하지 않았을 것이다.

앞에서도 언급했듯이, 경제학에서는 자신의 행동을 결정하는 데 회수할 수 없는 과거의 비용을 고려하는 것을 매몰 비용 오류라고 하며, 비합리적 선택으로 간주한다. 예를 들어, 빵 만드는 기계를 할부로 사서 빵집을 열었는데, 이 기계는 되팔 수 없고 빵집을 닫더라도 할부금은 끝까지 내야 한다고 하자. 몇 달이 지나서 정산을 해보니, 할부금을 포함하여 계산하면 매달 적자이고 할부금을 빼고 계산하면 흑자이다. 이에 근거해서 빵집 주인이 '매달 적자를 보느니 빵집을 닫는 게 낫다'고 판단한다면, 이는 비합리적인 결정이다. 빵 만드는 기계를 사는 데 들어간 비용은 회수할 수 없는 비용이므로, 빵집을 계속 운영하는 것이 이익인지 아닌지를 결정하는 데 이 비용을 고려해서는 안 되기 때문이다. 이것이 경제학에서 말하는 매몰 비용 오류의 전형적인 예시이다.

미국의 정치 활동가 스틸은 이런 전형적 예시와 앞의 베트남 전쟁 사례를 서로 다른 유형으로 구분한다.[*] 미국 정치인들이 베트남 전쟁에 계속해서 물자와 군인을 투입하기로 한 결정은 지금까지 치른 회수할 수 없는 비용을 만회하려는 생각 때문이다. 이는 '콩코드 오류'라고도 불린다. 콩코드라는 초음속 여객기를 만들어 운항하는 것이 계속 적자였음에도 이미 발생한 비용을 만회하기 위해 운항을 지속했던 사례에서 비롯된 용어로, 매몰 비용 오류의 한 유형이다. 이에 비해 앞서 등장한 빵집 사례에서는 비용을 만회하려는 노력이 없다. 빵 기계를 사면서 발생한 비용을 손실 계산에 포함했을 뿐이다. 스틸에 따르면, 이런 점에서 매몰 비용 오류가 두 가지 유형으로 구분되지만, 중요한 것은 이 두 가지 유형 모두 비합리적인 오류라는 것이다. 즉, 과거에 지출하여 되돌릴 수 없는 비용을 현재와 미래에 영향을 미칠 결정을 하는 데 고려하고 있다는 점에서는 두 가지 모두 오류라고 그는 주장한다.

하지만 과연 그럴까? 현재와 미래의 일을 결정하는 데 이미 매몰된 비용을 고려하는 것은 모두 오류일까? 나는 그렇지 않다고 생각한다. 이를 위해서는 '매몰 비용 오류'가 어떤 잘못을 지칭하는지를 우선 분명히 할 필요가 있다. '매몰 비용'이라는 표현은 일상에서 자주 등장할 정도로 보편화된 경제학 용어이지만, 정작 그 뜻을 정확히 가리는 것은 간단치 않다.

---

[*] Steele(1996), pp. 608-10.

매몰 비용 오류, 정확히 정의하기

○

스틸은 빵집 사례와 콩코드 사례를 형식적으로 구분하여 매몰 비용 오류를 두 유형으로 분류하면서도 두 유형 모두 오류라는 점에서는 마찬가지라고 생각한다. 그런데 어떻게 이 둘이 구분되는지, 그리고 서로 다른 유형으로 구분되면서도 어떻게 본질적으로 같은 오류라고 할 수 있는지는 분명치 않다. 매몰 비용 오류란 정확히 어떤 종류의 오류인가?

우선 '과거에 지불된 비용을 고려'하는 것만으로는 오류가 될 수 없다. 오류란 '그럴듯하지만 잘못된 추론reasoning'이므로, 매몰 비용 오류가 오류인 이상, 추론의 형태를 갖추어야 한다. 단순히 과거의 비용을 고려하는 것은 추론이 아니다. 빵집 사례에서 오류가 있다면 거기에는 어떤 추론이 숨어 있어야 할 것이다. 그 숨어 있는 추론이 무엇일까? 아마도 다음과 같은 추론일 것이다.

빵집 운영이 계속 적자이다. 따라서 빵집을 닫는 것이 합리적이다.

그런데 여기에는 논리적 비약이 있다고 할 수는 있어도, 오류는 특별히 없다. 문제는 '빵집 운영이 계속 적자이다'라는 전제에 있다. 이 전제를 받아들이려면 빵을 팔아서 생긴 수익과 빵을 만드는 데 든 비용을 계산해야 하는데, 이 계산 과정에 오류가 있는 것이다. 빵을 만들어 생긴 수익은 노력 여하에 따라서 더 커질 수도 있었다. 빵을 더 맛있게 만들거나 더 싸게 만들거나 홍보를 더 잘했다면, 수익은 더 커질 수 있었기 때문이다. 비슷한 이유에서 빵을 만드는 데 들어간 비용 역시 노

198

력 여하에 따라서 더 줄어들 수 있었다. 예를 들어, 밀가루를 더 싸게 구입했다면 비용을 줄일 수 있었다.

하지만, 사례에서 가정된 바에 따르면, 빵 기계를 빌렸기 때문에 지출해야 하는 할부금은 노력으로 줄일 수 있는 비용이 아니다. 빵집을 계속 운영할지를 결정하기 위해서 빵집의 적자 여부를 판단할 때는 노력 여하에 따라서 변할 수 있는 수익과 비용만을 계산하는 것이 옳다. 할부금은 노력해도 줄일 수 있는 비용이 아닌데도 이를 노력 여하에 따라서 변할 수 있는 비용처럼 취급하여 모두 동일한 성격의 비용으로 간주해서는 안 된다. 바로 여기에 오류가 있다. 한마디로, 노력을 해도 변할 수 없는 비용을 노력을 통해서 변할 수 있는 비용으로 간주하는 잘못이 빵집 주인이 저지른 오류인 것이다.

이를 도식화하여 나타낸다면, 빵집 사례에서 작동하는 추론은 다음과 같다.

[매몰 비용 오류: 유형 1]
전제 1: A를 하는 데 있어서, 노력 여하에 따라 변할 수 없는 비용과 변할 수 있는 비용을 모두 더한 비용(총비용)이 노력 여하에 따라서 변할 수 있는 수익을 초과한다면, A를 중단하는 것이 합리적이다.
전제 2: A를 하는 데 있어서 총비용이 수익을 초과한다.
결 론: A를 중단하는 것이 합리적이다.

그렇다면 스틸이 매몰 비용 오류의 또 다른 유형으로 간주하는 베트남 전쟁 사례나 콩코드 사례에서 오류는 무엇일까? 이 두 사례에서 작동하는 추론을 도식화한다면 다음과 같을 것이다.

[매몰 비용 오류: 유형 2]
전제 1: A를 하면서 B라는 비용을 이미 지불했다.
전제 2: A를 중단하면 B는 헛되이 사용된 셈이 되지만, A를 계속하면 B는 헛되이 사용된 것이 아니다.
결 론: A를 계속하는 것이 합리적이다.

이 추론은 앞의 추론과 주요한 점에서 다르다. 우선, [유형 1]이 오류를 범한다고 여겨지는 이유는 첫 번째 전제가 거짓이기 때문이다. 비용과 수익을 따져서 행동의 지침으로 삼으려면 동일한 잣대로 비용과 수익을 비교해야 하는데 그러지 못했기 때문에 첫 번째 전제는 거짓이라는 것이다. 다시 말해서 동일한 잣대로 비용과 수익을 비교한다면 노력 여하에 따라 변할 수 있는 것만을 대상으로 비교해야 하는데, 비용에 노력 여하와 상관없이 변할 수 없는 것까지 포함하는 것은 잘못이라는 말이다.

반면, [유형 2]가 오류라고 생각하는 사람들은 다른 이유에서 그렇게 생각한다. 즉, [유형 2]가 오류인 이유는 그 전제 중 어느 것이 거짓이기 때문이라서가 아니라 결론이 전제들로부터 따라 나오지 않기 때문이라는 것이다. [유형 2]가 오류라고 보는 사람들은 A를 하면서 지불한 비용을 건지기 위한 목적이 A를 계속해야 하는 정당한 이유가 될 수 없다고 생각한다. 또한 두 유형은 사용되는 주요 용어에서도 구별된다. [유형 1]에서 중요한 일은 '비용'을 정의하고 분류하는 것이다. 반면, [유형 2]에서는 '헛되이 사용됨'이라는 표현이 중요한 역할을 한다.

스틸은 이렇게 적어도 겉으로는 서로 구별되는 두 가지 유형의 오류가 모두 매몰 비용 오류라고 생각한다. 그 이유는 무엇일까? 그는 이 점을 명료하게 설명하지 않지만, 지금까지의 분석을 토대로 추정해 볼 수 있다. [유형 2]의 '비용'은 결국 [유형 1]의 '노력 여하에 따라서 변할 수 없는 비용'에 해당하기 때문에 A를 계속할지 중단할지를 결정하는 데 이를 고려하는 것은 잘못이라고 말할 수 있을 것이다. 다시 말해서, 그에 따르면, 베트남 전쟁에 계속 물자와 군인을 투입할지를 결정하는 시점에서 볼 때, 이미 과거에 그곳에 투입된 물자와 군인의 희생은 앞으로 노력한다고 해서 변할 수 없는데도 이를 마치 만회할 수 있는 비용인 것으로 간주하는 것은 잘못이다. 이 점에서 [유형 1]과 [유형 2]는 모두 매몰 비용 오류로 분류될 수 있다는 것이다.

하지만 나는 그와 달리 생각한다. 과거에 사용된 비용이라고 해서 모두 앞으로의 노력 여하에 따라 변할 수 없다고 여겨서는 안 되기 때문이다. 여기서 우리는 '노력 여하에 따라서 변할 수 없다'고 할 때 그 변화의 대상이 무엇인지를 물어보아야 한다. 과거에 이런저런 행위를 했다는 사실을 없는 것으로 바꿀 수는 없다. 그런 의미라면 당연히 이는 우리의 노력 여하에 따라서 변할 수 있는 대상이 아니다. 하지만 우리가 묻는 것은 그런 의미에서 '변할 수 없는 것'이 아니다.

매몰 비용을 만회하는 법

매몰 비용에 대한 고려가 오류라는 견해는 앞서 살펴본 스틸의 논증이 잘 대표하고 있다. 이에 비해 몇몇 철학자들은 매몰 비용을 고려하는 것이 모두 다 오류는 아니라는 논증을 제시했다. 2002년 작고한 미국 철학자 노직의 논증은 매몰 비용 고려의 합리성을 명시적으로 옹호하려는 첫 번째 시도라고 할 수 있다.[*] 스틸의 논증은 경제학자의 시각에서 노직의 시도를 반박하기 위해서 제시된 것이었다. 이에 대해서 철학자 켈리는 매몰 비용을 고려하는 것이 합리적일 수 있다는 주장을 펼침으로써 다시금 노직의 결론에 동의한다.

켈리는 과거에 비용을 지불했다는 이유에서 어떤 일을 계속하겠다는 선택이 행위자에게 이익을 줄 수 있다는 점에 주목한다. 예를 들어, 한 국가가 특정 테러 집단을 상대로 이미 많은 비용을 치루며 싸워왔는데, 이제 이 테러 집단이 국가를 상대로 대규모 공격을 취할지 말지 고민하고 있다고 하자. 그런데 이 국가는 과거에 지불한 비용에 집착하는 방식으로 의사 결정을 한다고 하자. 이를 테러 집단이 알고 있다면, 지금 계획하고 있는 공격을 실행에 옮기지 않는 것이 이 테러 집단에게는 현명할 선택일 것이다. 왜냐하면 상대 국가는 테러 집단의 공격에 대해서 철저히 보복할 가능성이 높기 때문이다. 이런 판단에서 테러 집단이 대규모 공격 계획을 포기한다면, 이는 결국 국가에게는 이익이 될 것이다.[**]

이렇듯 매몰 비용을 고려하는 성향이 이익을 낳을 수 있다면, 매몰

---

[*]   Nozick(1993), pp. 21-6.

[**] Kelly(2004), pp. 65-70. 이 점은 경제학자 셸링Thomas Schelling에 의해서 선구적으로 논의된 바 있다. Thomas Schelling(1960), *The Strategy of Conflict*, MA : Harvard University Press 참조.

비용을 고려하는 것은 오류라는 주장이 철회되어야 할까? 그렇게 쉽게 결론을 내릴 수는 없다. 매몰 비용을 고려하는 것이 오류라고 주장하는 사람들도 매몰 비용을 고려하는 것이 이익을 주는 경우를 인정할 수 있다. 스틸이 적절하게 지적했듯이, 비합리적인 결정이 우연히 행운을 가져다주는 경우도 있기 때문이다.***

스틸은 오히려 노직이 이 점을 확대 해석하여 매몰 비용에 대해서 잘못된 결론을 이끌어 내고 있다고 주장한다. 노직은 환불이 되지 않는 음악회 입장권을 미리 사두는 사람의 예를 들어 매몰 비용을 고려하는 것이 합리적일 수 있다고 주장한다.* 환불도 되지 않는 음악회 입장권을 미리 사두는 사람의 의도는 무엇일까? 이 사람의 의도는, 입장권을 미리 사둠으로써 미래에 음악회에 가는 것이 귀찮아져도 입장권을 낭비하지 않으려는 심리가 발동해 자신이 음악회에 가도록 하는 것이다. 스틸은 이 역시 매몰 비용을 고려하는 비합리적 추론이 **우연히 좋은 결과**를 낳는 것에 불과하다고 주장한다. 잘못된 선택이 요행히 바람직한 결과를 가지고 왔다고 해서 그 선택이 올바른 선택이 되는 것은 아니라고 그는 주장한다.

이 점을 받아들이면서 매몰 비용의 합리성을 인정하기 위해서는, 매몰 비용을 고려하면 이익이 생길 수 있다는 점에서 더 나아가야 한다. 이와 관련하여 켈리는 다음과 같이 주장한다.

매몰 비용을 아는 것이 무엇을 할지를 판단하는 데 본질적인 경우

*** Steele(1996), pp. 607-8.

◆ Nozick(1993), p. 22.

들이 있다. 행위자가 자신의 행위가 낳을 미래의 결과를 완벽히 안다고 하더라도, 매몰 비용에 대해서 알지 못한다면 그는 불이익을 겪을 것이다.[*]

이해하기 간단치 않은 문장이다. 문제는 여기서 '본질적'이라는 표현이 의미하는 바가 무엇이냐는 것이다. 매몰 비용에 대해서 아는 것이 어떤 행동을 취해야 하는지를 아는 데 '본질적'인 경우는 언제이고 그 이유는 무엇인가?

아마도 켈리가 의미하는 바는 다음과 같은 것처럼 보인다. 과거에 있었던 사건들에 관해서는 아무것도 모른다고 가정하고 A라는 일을 할지 말지를 고민한다면 그 일을 하지 않는 것이 더 이익이지만, 과거에 있었던 사건들을 염두에 둔다면 A를 하지 않는 것은 A를 이루기 위한 앞서의 노력을 헛되게 만든다고 하자. 예를 들어, 마을에 다리를 놓는 공사를 하고 있는데, 이 과정에서 이미 많은 사람들이 목숨을 잃었다. 그런데 그들의 희생이 의미 있는 희생이었는지의 여부는 현재 그 마을에 사는 사람들의 손에 달려 있다. 켈리의 용어를 빌리면, 마을 사람들이 다리를 완성시키는 행위는 앞선 사람들의 희생을 '회복 redeem'하게 한다.[**] 켈리가 주장하는 바는, 만약 마을 사람들이 이전 사람들의 희생에 대해서 전혀 알지 못한다면, 설령 자신들의 행동이 앞으로 어떤 귀결을 가지고 오는지에 관해서 완벽하게 안다고 하더라

---

[*] Kelly(2004), p. 72.

[**] Kelly(2004), p. 73. 'redeem'이라는 단어를 어떻게 해석하는 것이 적절한지에 관해서는 이 책 8장을 참조.

도, 이전 사람들의 희생을 아는 경우에 비해 불리할 수 있다는 것이다. 예를 들어, 이전 희생에 대해서 무지한 상태라면 앞으로 다리를 완성하는 데 드는 비용이 너무 크다는 이유로 공사를 포기할 수도 있다. 하지만 이전에 있었던 희생을 알고 있다면, 앞으로 들어갈 비용에도 불구하고 다리를 완성하는 것이 마을 공동체의 위상을 높이게 된다는 점을 예측할 수 있다. 여기서 중요한 것은 현재의 행위가 이 행위와 인과적으로 관련이 있는 과거 사건의 의미에 영향을 줄 수 있다는 점이다. 앞에서 사죄에 관한 논의를 하면서 살펴보았던 켈리의 사례를 여기에도 적용해 볼 수 있다. 우리가 다루었던 켈리의 사례는 총격을 받은 사람의 목숨을 의사가 구하는 상황에 관한 것이다. 즉, 한 사람이 다른 사람에게 총을 쏘아 중태에 빠뜨렸는데, 이 사건에서 총을 쏜 사람이 살인자인지 아닌지의 여부는 이후에 도착한 의사의 응급조치에 달려있다.[***] 의사의 치료로 총상을 입은 사람이 목숨을 건진다면, 총을 쏜 사람을 살인자라 할 수 없기 때문이다.

이와 같은 의미에서 현재 마을 사람들이 내리는 결정은 과거 마을 사람들의 노력을 헛되게 할 수도 있고 헛되지 않게 할 수도 있다. 그런데 현재 마을 사람들이 자신들이 앞으로 무엇을 할지를 결정하면서 과거에 있었던 희생에 관해서 전혀 알지 못한다면, 그들은 자신들을 불리하게 만드는 결정을 내릴 수도 있다. 이런 의미에서 켈리는 과거의 희생에 관한 지식은 '본질적'이라고 주장한다.

간단히 정리하자면, 켈리가 제시하는 논증을 다음과 같이 도식화할 수 있다.

[***]   Kelly(2004), p. 72.

[켈리의 논증]

전제 1: 과거 비용에 관한 지식이 본질적인 경우가 있다. 즉, 과거
　　　　비용에 관해서 모르고 행동을 한다면, 행위자는 이로부터
　　　　불이익을 받는 경우가 있다.

전제 2: 불이익을 피하는 것이 합리적이다.

결　론: 과거 비용에 관한 지식을 갖고 행동하는 것이 합리적인 경
　　　　우가 있다.

그런데 켈리의 논증에서 여전히 불분명한 것은, 어떤 조건에서 지식이 '본질적'인가 하는 점이다. 과거 비용에 관한 지식을 갖는 경우와 갖지 않는 경우를 비교하여 후자가 전자에 비해서 불이익을 받는다고 해서, 그 이유가 과거 비용에 대한 지식이 없기 때문이라고 결론을 내릴 수 있을까? 켈리는 이에 대해 '그렇다'고 대답하는 셈이지만, 문제는 그 근거가 불확실하다는 점이다.

　예를 들어, 오랜 시간 특정 시험을 준비해 온 사람이 있다고 하자. 그는 앞으로 이 공부를 계속하는 것이 나은지 고민 중이다. 그가 정치철학자 롤스John Rawls가 제시한 '무지의 베일'*과 같은 장치에 의해서 자신이 이 시험을 위해서 과거에 얼마나 많은 시간과 노력을 들였는지에 무지한 상태로 앞으로 계속 공부를 할지 말지를 결정하게 되었다고 하자. 이런 식으로 자신의 과거 비용에 무지한 채로 결정하는 것

---

* 무지의 베일veil of ignorance은 롤스가 공정성을 확보하는 절차가 무엇인지를 논의하기 위해서 제시한 사고 실험의 장치이다. 계약 당사자들이 무지의 베일을 쓴다는 것은 자신이 처한 특수한 사정에 대해서 모른다고 가정하는 것을 말한다.

이 그에게 불이익인가? 그리고 불이익이라면 그 이유는 무엇일까?

지금까지의 논의를 고려했을 때, 켈리는 이 경우 과거 비용에 무지한 상태는 불이익이라고 대답할 것이다. 하지만 이에 대한 반론을 쉽게 생각해 볼 수 있다. 왜냐하면 과거에 들인 시간과 노력을 고려하지 않는 편이 오히려 이익이 되는 경우도 있기 때문이다. 예를 들어, 올림픽에 출전한 다이빙 선수가 시합을 앞두고 지금까지 자신이 훈련에 쏟아부은 오랜 시간과 노력을 염두에 둔다면 오히려 긴장해서 시합을 망칠 수 있다. 이런 사례를 인정한다면, 과거 비용에 대한 무지가 불이익이 되는 경우와 그렇지 않은 경우를 구별해야 하는데, 문제는 그 구별의 기준이 무엇인지를 밝히는 일이다.

만약 과거 비용에 무지한 것이 불이익을 낳는 경우만 과거 비용에 대한 지식이 '본질적'이라고 말한다면, 이는 만족스런 대답이 될 수 없다. 이를 받아들인다면, 과거 비용을 고려하는 것이 합리적인지에 대해서 그 결과가 알려지기 전에는 답할 수 없게 된다. 하지만 켈리의 논증으로부터 우리가 답변을 얻기 원하는 것은 과거 비용에 대해서 무지한 것이 '왜' 불이익을 낳는가 하는 물음이다. 그는 과거 비용을 아는 것이 '본질적으로' 이익을 가져다주기 때문이라고 말한다. 하지만 과거 비용에 무지한 것이 불이익을 낳는 경우만을 고려한다면, 이는 지식과 이익 간의 관계가 우연적이라는 것을 함축한다.

예상해 볼 수 있는 켈리의 답변은, 이 경우 과거 비용에 무지한 것이 불이익을 낳는 이유가 자신의 현재 역량에 대한 무지를 가지고 오기 때문이라고 말하는 것이다. 다시 말해서, 시험을 위해서 과거에 쏟아부은 시간과 노력이 좋은 성적을 거둘 수 있는 역량을 향상시켰을 가능성이 높은데, 과거 비용에 무지하면 자신에게 시험에 필요한 역량이 있는지에 대해서도 무지하게 되기 때문에, 조금 더 노력하면 합격할 수도 있는 시험을 포기함으로써 비합리적인 결정을 하게 된다는 것이다.

자신의 역량에 무지하다면 이는 물론 자신에게 불이익을 가져다 줄 수 있다. 하지만 이를 받아들이는 것은 매몰 비용을 고려하는 것이 합리적임을 받아들이는 것과는 다른 문제다. 과거에 들인 시간과 노력에 대해서 알아야만 자신의 현재 상태에 대해서 알 수 있는 것은 아니다. 과거에 들인 시간과 노력으로 현재 갖추고 있는 자신의 능력을 제대로 알지 못한다면 당연히 이런 무지는 자신에게 불이익을 가져다 줄 수 있지만, 이는 과거 비용에 무지한 것이 아니라 자신의 현재 상태에 무지한 것일 뿐이다.

결국 켈리의 논증은 스틸의 비판에서 완전히 벗어나기 힘들어 보인다. 켈리는 과거 비용에 대한 지식이 미래의 이익을 우연히 낳는 것은 아니라고 주장하고자 한다. 반면, 스틸은 과거 비용에 대한 고려가 우연히 이익을 가지고 온다고 해서 과거 비용을 고려하는 데에 미래 이익을 보장하는 구조적 특성이 있다는 것을 보이지 못했다. 지식과 미래 이익 사이에 구조적 관계가 있다고 여겨지는 사례들을 생각해 보자. 예를 들어, 주사위 게임에서 확률을 아는 것은 그 게임에서 이길 가능성을 높여준다. 물론 그런 지식이 항상 주사위 게임에서 승리를 가져다주지는 않는다. 그럼에도 불구하고 확률에 대한 지식은 주사위 게임에서의 승패와 구조적인 관계를 갖는다. 하지만 과거에 지불된 비용을 아는 것이 미래 이익과 이런 식으로 구조적 관계를 갖고 있다 는 점을 받아들여야 할 마땅한 이유는 없다.

미래 때문에 견디는 오늘은 내일의 어제다

○

나는 과거 비용을 고려하는 것이 합리적인 경우가 있다고 받아들이는 측면에서는 켈리의 견해에 동의한다. 또한, 켈리와 마찬가지로 미래의 행동 여하에 따라서 과거의 사건이 회복될 수 있고 바로 그 점에서 과거 비용에 대한 고려가 정당화될 수 있다고 생각한다. 하지만 그의 논증에서 잘못된 점은, 과거 사건의 회복 여부를 미래의 이익 여부에서 찾으려고 한 것이다. 미래에 이익이 있을지 없을지는 우연의 영역에 속한다. 켈리는 과거 비용에 대한 고려가 합리적인 경우가 있음을 미래의 우연적인 결과에 의존하여 주장했고, 이는 결국 스틸의 비판을 다시 불러들였다.

이와 다르게 나는 과거 비용에 대한 고려가 정당화되는 이유를, 미래의 이익이 아니라 과거 자아의 회복에서 찾고자 한다. 그리고 이런 과정에서 과거 비용에 대한 고려가 합리적인 경우와 그렇지 못한 경우를 구분하는 기준도 드러난다고 생각한다. 이를 위해서 앞서 등장한 김장수 씨 사례와 이지연 과장 사례를 다시 한번 생각해 보자.

김장수 씨는 100세에 사망하는데, 그가 죽기 40년 전인 60세에 연금 수령을 언제 신청할지를 고민한다고 하자. 연금 수령을 1년 늦추기로 하고 무사히 1년이 지나서 61세가 되었을 때, 그는 1년 전 연금 수령을 미루기로 한 결정이 현명한 선택이었다고 여길 것이다. 이 경우, 김장수 씨가 60세에 했던 1년 후에 관한 예측과 61세에 과거를 돌아보며 내리는 평가가 일치한다. 하지만 이렇게 예측과 평가가 계속해서 일치할 것이라고 기대할 수는 없다. 예측 시점에서는 합리적인 선택이라고 여긴 것이 지나고 보면 현명하지 못한 것으로 드러날 수도 있고, 그 반대일 수도 있기 때문이다. 이를 위해서 다음과 같은 가상의 건강 보험을 생각해 보자.

1년을 기준으로 하는 건강 보험이 있다. 다른 건강 보험과 다른 점은 가입자가 1년 중 보험이 적용되는 날을 제 마음대로 정할 수 있다는 것이다. 보험사에 내야 할 금액은 정한 기간에 따라서 달라진다. 예를 들어, 1년 중 짝수 달에만 보험이 적용되게끔 기간을 정할 수도 있고, 1주일 중 월요일에서 금요일까지만 적용되게끔 정할 수 있다. 물론 보험이 적용되지 않는 기간에 치료를 받는다면, 보험사는 치료비를 지불하지 않는다.

이 보험에 가입하면서, 예컨대 2월은 보험 적용에서 제외하겠다는 결정이 합리적이라고 할 수 있을까? 보험이란 예측할 수 없는 사건에 대비하기 위한 것이므로, 보험을 드는 시점에 '2월은 보험 적용에서 제외하겠다'는 선택을 내리는 것이 합리적이라고 할 수 없다. 다행히도 건강상 아무 문제없이 2월이 지나갔다고 하자. 이 시점에서 보자면 보험 적용에서 2월을 제외한 결정이 '나쁜' 결정은 아니었다고 판단할 것이다. 결과적으로 2월을 건강히 지냈기 때문에 2월에 보험을 들었다면 내야 했던 보험금을 아낄 수 있기 때문이다.

하지만 이런 식으로 보험금을 '절약'하는 것이 합리적이라고 볼 수 없다. 만약 그렇다면 가장 합리적인 선택은 아예 보험에 들지 않고 건강하게 지내는 것이 될 것이다. 또는 단 하루만 보험을 들었는데 그 날

마침 보험 가입자가 병원에 가야 할 정도로 아파서 보험 적용을 받게 되는 경우, 그의 결정은 아주 '합리적'이라고 해야 할 것이다. 하지만 이는 이상하다. 1년 중 어느 하루를 정해서 그 날만 보험 적용을 받겠다고 하는 것은 합리적인 결정이 아니다. 왜 그럴까? 그 이유는, 불특정한 미래 시점에 건강할지의 여부는 우리가 선택할 수 있는 영역에 있지 않기 때문이다.

노후 연금 늦추기 사례에서 김장수 씨가 연금 수령을 늦추는 결정은 '제 맘대로 보험' 사례를 거꾸로 한 것과 같다. 그가 한 해 한 해 계속해서 연금 수령 시작 시기를 미루는 결정은 합리적이라고 볼 여지가 분명히 있다. 연금 수령 시작을 미루게 되면 전체 연금액이 훨씬 늘어나도록 연금이 설계되어 있기 때문이다. 하지만 40년이나 연금 수령을 미룬 김장수 씨의 결정은 그의 죽음으로 인해서 그에게 아무 이익을 주지 못한 어리석은 선택이 되고 말았다. 김장수 씨의 선택이 합리적이지 못한 이유는, 자신의 수명이 영원하지 않고 죽음의 시점을 알지 못한다는 점을 깨닫지 못했기 때문이다. 아주 멀지 않은 시간에 자신이 죽음을 맞는 순간이 닥칠 것이고, 그 순간까지 연금 수령을 미룬다면 그런 결정을 내린 과거의 자아는 모두 어리석은 결정을 내린 셈이 된다는 점을 깨닫지 못한 것이다.

이에 비해, 구입 버티기 사례에 등장하는 이지연 과장의 상황은 다르다. 불편한 의자에 앉아 지내온 과거의 시간을 고려하여 소파를 사지 않는 선택은 김장수 씨처럼 불행한 결과를 무릅쓰는 도박 같은 선택이 아니다. 이 선택은 '어리석다'는 비판은 받을 수 있어도 과거의 노력이 모두 물거품이 되는 경우로 이어질 수는 없기 때문이다. 이 과장의 선택이 합리적인가를 생각하기 위해서는 미래의 우연적 결과를 고려할 필요 없이 오롯이 현재 그의 선택과 과거에 보낸 시간 사이의 관계만을 고려하면 된다. 이 점 때문에 이 과장의 선택은 김장수 씨와 달리 옹호될 수 있다.

이에 대해서 어떤 사람은 이렇게 반박할 수 있다. '구입 버티기 사례에서 시간이 지날수록 이 과장이 소파를 새로 사는 선택을 더 꺼리게 되는 이유는 소파를 이용할 미래 시간이 줄어들기 때문이다.' 다시 말해서, 이 반박에 따르면, 이 과장이 소파를 사지 않는 이유는 소파 없이 버틴 과거의 시간이 길어서가 아니라 소파를 즐길 수 있는 시간이 줄어들기 때문이다. 소파를 사는 데 지출해야 할 비용은 고정적이기 때문에, 구입 시점을 늦추면 늦출수록, 투자한 비용에 대비하여 얻을 수 있는 효용은 줄어들기 마련이다. 이처럼 투자 대비 만족을 고려하여 소파를 구입하지 않는 결정을 한다면 이는 합리적이지만, 만일 이 과장이 소파 없이 버틴 과거의 시간을 고려해서 필요한 물품을 사지 않는다고 결정한다면 그는 매몰 비용의 오류에 빠지고 만다는 것이 반박의 요지이다.

이 과장과 같은 처지에 있다면 소파에 앉아서 쉴 수 있는 시간이 얼마나 많이 남았는지를 고려하는 것은 합당하다. 예를 들어, 오늘 소파를 샀는데 내일 소파를 두고 귀국을 해야 한다면, 오늘 소파를 사는 것은 어리석은 소비 행위가 될 것이다. 하지만 이 과장의 소파 구입이 합리적인지를 결정하는 데에 영향을 주는 요소로 미래에 얻게 될 효용만 있는 것은 아니다. 이 점을 이해하기 위해서 구입 버티기 사례를 이렇게 변형해 보자.

소파를 살 경우 이 과장은 매달 1만큼의 효용을 얻게 되어 1년 간 총 12의 효용을 얻는다. 반대로 구입을 미룰 경우 그에 비례해서 소파 가격 역시 낮아진다. 즉 애초 소파 가격은 12인데, 1달에 1만큼 할인이 되어 시간이 갈수록 가격이 줄어든다.

이렇게 변형된 사례에서는 1년 중 어느 시점에 소파를 구입하든지 소파를 구입하는 데 투자한 비용과 남은 기간에 얻을 수 있는 효용은 동일하다. 예를 들어, 이 과장이 출장지에 도착한 후 6개월 뒤에 소파를 구입한다고 가정해 보자. 이때 그는 도착하자마자 소파를 샀을 경우와 비교하여, 소파를 반값에 살 수 있고 효용도 절반만 누리게 된다.

　나의 주장은 이런 변형된 상황에서도 이 과장이 소파를 구입하지 않는 결정을 내리는 것은 비합리적이지 않다는 것이다. 다시 말해서 이 상황에서도 이 과장은, 소파를 구입할 거라면 도착하자마자 구입하는 선택을 선호하는 것이 옳다. 그리고 그 이유는, 나의 주장에 따르면, 그런 선택이 헛된 노력을 한 과거 자아를 최소화하기 때문이다. 무슨 말인가? 소파를 사지 않고 버티면서 이 과장은 다음과 같은 생각을 했을 것이다. '편안한 소파를 사지 않고 지금 있는 가구로 남은 시간을 버틸 수 있어.' 이렇게 생각하면서 출장 시간을 보낸 이 과장이 출장을 마치고 떠나는 달에 가격이 싸다는 이유로 소파를 산다면, 그는 과거 자아의 노력을 헛된 것으로 만드는 셈이다.

매몰 비용을 고려하는 것은 정당화될 수 있는가?

어떤 사람은 이런 주장이 단지 나의 직관을 드러낼 뿐이라고 주장할지 모르겠다. 이런 비판은 두 가지로 구별할 수 있다. 하나는, 이미 지나간 과거의 비용을 고려하는 사람도 있지만 이를 전혀 고려하지 않는 '진취적'인 사람도 있기 때문에, 모든 사람이 나의 주장대로 헛된 노력을 한 과거 자아를 최소화하는 선택을 선호하지는 않는다는 것이다. 진취적인 사람에게는 앞으로 무엇을 해야 할지를 고민할 때 지나간 일은 고려 대상이 아니라는 이유에서이다. 다른 하나는, 설령 모든 사람이 이 과장처럼 행동한다고 하더라도, 이는 성향의 문제일 뿐이지 정당성의 문제는 아니라는 것이다. 다시 말해서 모든 사람들이 과거 비용을 고려하는 성향을 갖는다고 하더라도 그런 성향이 정당화되는 것은 아니라는 것이 비판의 핵심이다.

내가 대답해야 할 대상은 두 번째 비판이다. 과거의 매몰 비용을 고려하는 성향을 얼마나 많은 사람이 갖고 있는가는 논의의 핵심이 아니다. 문제는 그런 성향을 드러내는 선택이 정당화될 수 있는지를 밝히는 것이다. 우리는 이런 두 가지 비판을 혼동하기 쉽다.* 예를 들어, 과거 매몰 비용을 고려하는 성향을 가진 사람이 그렇지 않은 사람

---

* 성향과 정당화를 명확하게 구분하는 것은 간단한 일이 아니다. 카너먼Daniel Kahneman 등에 의해서 드러나듯이 사람들은 경제학에서 '합리적 인간'으로 규정되는 가상의 인간처럼 행동하지 않는다. 이런 연구 결과를 어떻게 받아들여야 할지는 분명치 않다. 이로부터 우리는 인간은 흔히 비합리적으로 행동한다는 결론을 받아들일 수도 있고 또는 합리성에 대한 새로운 기준이 제시되어야 한다는 결론을 받아들일 수도 있다. 내가 보기에 이 두 결론 중 어느 쪽을 받아들여야 하는지에 대해서 합의된 결론은 없다.

보다 더 성공할 확률이 더 높다는 것을 밝히는 것이 매몰 비용을 고려하는 것에 정당성을 부여한다고 생각하기도 한다. 하지만 교묘한 거짓말이 더 많은 이익을 가지고 온다고 해서 거짓말을 하는 행위가 정당화될 수 없듯이, 매몰 비용에 집착하는 성향의 소유자가 성공할 확률이 높다고 해서 매몰 비용을 고려하는 것이 정당화되지는 않는다.

그렇다면 매몰 비용에 대한 고려는 어떻게 정당화될 수 있는가? 결국 이는 과거 자아를 회복하는 것을 어떻게 정당화할 수 있는가의 문제이다. 왜 우리는 과거 자아가 좀 더 '나아지는' 방식으로 행동해야 하는가? 행동을 정당화하는 시도는 세 가지 방향을 취할 수 있다. 첫 번째는 직관적 정당화이고, 두 번째는 결심이론적 정당화이며, 마지막은 윤리적 정당화이다. 이들에 대해서 차례로 논의해 보도록 하겠다.

직관적 정당화는 지금까지 우리가 보아온 논의를 발전시켜서 매몰 비용에 대한 고려를 정당화하려는 시도이다. 나는 노후 연금 늦추기 예시와 구입 버티기 예시를 통해서 미래를 위해서 현재의 어려움을 인내하려는 시도들이 합리적이라면 매몰 비용을 고려하는 것 역시 합리적일 수 있다고 주장했다. 그리고 이 두 사례의 차이점에 주목하여 매몰 비용에 대한 고려가 모두 비합리적이지 않음을 보이고자 했다. 내가 주목한 차이점은, 연금 늦추기 사례에서 연금 수령을 미루면서 인내한 과거의 시간이 많을수록 이를 고려하는 것은 비합리적으로 보이는 반면, 구입 버티기 사례에서 소파 구입을 미루면서 인내한 시간이 길수록 이런 인내를 경험한 과거 자아를 고려하는 것은 합리적으로 보인다는 점이다. 이와 같이 우리의 직관적 판단을 드러내는 사고 실험을 통해서 매몰 비용에 대한 고려를 정당화하는 작업을 계속할 수 있을 것이다.

하지만, 앞서 살펴본 비판이 지적하듯이, 이런 정당화 시도에는 난점이 있다. 직관적 정당화를 어렵게 하는 한 가지 요소는 합리성에 대한 판단에 결과주의가 개입하는 것을 피하기 어렵다는 점이다. 예를 들어, 나는 구입 버티기 예시와 심지어 그 변형된 형태에서도 이 과장이 만약 소파를 구입한다면 가능한 한 이른 시점에 구입하는 것을 선호해야 한다고 주장했다. 그리고 그 선호의 근거는 과거 자아의 노력을 조금이라도 덜 헛되게 만든다는 것이었다. 하지만 이에 대해서, 이 근거는 나의 주장처럼 과거 자아에 대한 관심 때문이 아니라, 그런 선택이 고통의 총량을 최소화하기 때문이라고 비판할 수 있다.

이런 사례를 생각해 보자. 10년 만에 가족을 만나기 위해서 비행기를 타고 무사히 공항에 도착한 사람이 공항에서 집으로 가는 길에 교통사고로 사망했다고 가정해 보자. 이는 분명 비극적인 상황이다. 그런데 한 소식에 따르면 사망 시점이 공항을 떠난 직후이고, 다른 소식에 따르면 사망 시점이 5시간이 걸린 운전 끝에 집에 도착하기 직전이라고 한다면, 어느 쪽이 더 불행한 소식인가?* 이 물음에 대부분의 사람들은 후자를 선택할 것이다. 그리고 여기에는 타당한 근거가 작용한다. 나의 분석에 의하면, 후자의 교통사고에서 더 많은 과거 자아의 노력이 헛된 것이 되기 때문이다.

이를 비판하는 사람은, 후자의 경우가 더 불행하다면, 이는 후자에서 고통의 총량이 더 크기 때문이라고 할 수 있다. 5시간 동안의 운전이 주는 고통이 크다면 말이다. (물론 운전하는 동안 곧 가족을 만난다는 기대에서 비롯된 기쁨이 운전의 고통보다 컸다면, 그들은 후자가 더 불행하

---

* 이와 관련한 다양한 심리학 실험 결과에 관해서는 로즈(2008) 참조.

다는 견해에 반대할 것이다.) 하지만 나는 5시간 동안 운전에 들어간 수고 때문에 후자가 더 불행하다는 설명은 비극의 핵심을 짚지 못한다고 생각한다. 가족을 만나기 바로 직전에 사고를 당했다는 점은 10년 동안 애타게 기다렸던 가족을 만나려 했던 사람의 이야기를 더 비극적으로 만든다. 비극은 고통의 총량에서 오는 것이 아니라 이야기의 구조에서 오는 것이다. 하지만 이런 견해 차이를 직관의 수준에서 다투기에는 한계가 있어 보인다.

직관적 정당화의 한계를 드러내는 또 하나의 요인은 선택지를 평가하는 기준으로서 '좋음'이 갖는 애매성이다. '좋은 선택'이라는 표현은 합리적인 선택을 의미할 수도 있고 윤리적으로 올바른 선택을 의미할 수 있다. 매몰 비용을 고려한 선택이 잘못된 선택, 또는 좋지 못한 선택이라고 평가할 때는 일반적으로 전자의 의미에서 '좋음'의 기준이 적용된 것으로 받아들여진다. 하지만 내가 보기에, 매몰 비용을 고려하는 선택이 '좋지' 못하다고 주장하는 사람들에게 '좋음'은 합리적인 선택으로서의 '좋음'일뿐 아니라 '윤리적으로 올바른 선택으로서의 '좋음'이기도 하다. 나는 매몰 비용을 고려하는 선택은 모두 잘못이라는 생각에는 반대하지만, 매몰 비용을 고려하는 선택이 좋은 선택인지를 평가하는 데 '좋음'의 두 가지 기준이 모두 적용된다는 점에는 동의한다. 이는 자연스럽게 매몰 비용에 대한 고려를 정당화하는 나머지 두 방식에 대한 논의로 이어진다.

매몰 비용에 대한 고려를 결정이론decision theory 내에서 정당화하려는 시도는 매몰 비용에 대한 논의의 핵심을 이룬다. 하지만 이런 시도는 개념적 어려움을 내포한다. 결정이론에서는 결정의 대상이 되는 불확실한 선택지들 각각의 확률과 그에 따른 비용을 고려하여 최선의 효용을 주는 결정이 무엇인지를 따지는데, 매몰 비용의 경우에는 확률을 고려하는 데 난점이 있기 때문이다. 매몰 비용이 된 지출은 모두 이미 일어난 사건이므로 불확실한 사건이 아니다. 또한 결정 이론에서 중요한 개념인 효용도 이미 일어난 사건에 적용하기 어렵다. 효용은 현재 또는 미래 시점에서만 유의미하기 때문이다. 따라서 결심이론의 틀 안에서 매몰 비용을 고려할 때는 매몰 비용을 고려하는 선택이 미래에 어떤 효용을, 얼마나 높은 확률로 가지고 오는가 하는 점에 국한된다. 하지만 앞서 보았듯이 매몰 비용을 고려하는 선택이 더 나은 이익을 가지고 오는가는 매몰 비용을 정당화하는 문제와는 구별되어야 한다. 이런 상황을 고려할 때 매몰 비용을 결심이론 내에서 다루기 위해서는 지금까지와는 다른 이론적 근거가 마련되어야 한다.

마지막으로, 매몰 비용에 대한 고려를 윤리적으로 정당화하는 시도에 대해서 생각해 보도록 하자. 경제학에서 매몰 비용을 논의할 때 윤리적 의미는 고려의 대상이 아닐 것이다. 따라서 매몰 비용에 대한 고려를 윤리적으로 정당화하려는 시도란 그저 '매몰 비용의 오류'에 대한 오해에서 비롯된 것이라고 치부될 수 있다. 지금까지 우리가 논의한 사례들의 대부분은 이익 최대화라는 목적을 염두에 둔 것이라 윤리적 함축과는 거리가 있다. 하지만 이는 매몰 비용의 전형적 예시를 경제학에서 빌려온 데서 비롯된 인상일 뿐이다. 매몰 비용을 고려하는 것이 윤리적으로 정당화되는 사례를 찾는 것은 어렵지 않다. 앞에서 등장한 베트남 전쟁 사례에도 윤리적 의미가 개입되어 있다. 이미 희생된 목숨 때문에 전쟁을 그만둬서는 안 된다는 정치인의 선동을 미국 국민이 받아들였다고 해서 이를 이익 손실을 계산하는 과정에서 저지른 잘못으로 보는 것은 베트남 전쟁을 둘러싼 논쟁이 갖는 윤리적 의미를 간과하는 것이다.

과거에 발생한 매몰 비용 때문에 어떤 행동을 취하는 것이 윤리적으로 요청되는 경우를 생각해 보자. 앞에서 다루었던 후회와 사죄에 관한 논의는 이런 경우에 잘 들어맞는다. 과거의 행동을 후회할 때 후회를 통해서 얻고자 하는 바는 무엇인가? 음주 운전으로 교통사고를 낸 사람의 경우, 교통사고로 인한 피해는 이미 발생한 비용으로 볼 수 있는데도 자신의 음주 운전을 후회하는 것이 마땅하다. 그가 얻고자 하는 목적은 '앞으로 절대 음주 운전을 하지 않겠다'는 다짐이 아니다. 후회의 목적은 자신의 잘못된 행동으로 인해서 생겨난 돌이킬 수 없는 피해의 의미를 현 시점에서 최대한 긍정적으로 바꾸는 데 있다. 물론 여기에는 앞으로 음주 운전을 하지 않겠다는 다짐도 한 부분을 이룰 수 있지만, 미래에 있을 행동 수정 전략은 후회를 통해서 이루고자 하는 바의 핵심적 부분이 아니다.

잘못된 행위 이후에 후회가 뒤따르는 경우가 후회가 없는 경우보다 윤리적으로 더 좋은 이유는, 후회를 통해서 앞으로 그런 잘못을 저지르지 않을 확률이 높아지기 때문이 아니라, 후회가 이 잘못에 새로운 의미, 즉 행위자가 그 잘못을 인정함으로써 윤리적으로 '더 나은' 사람이 되었다는 의미를 부여하기 때문이다. 후회가 개인적인 차원에서 이루어진다면, 사죄는 후회가 공적으로 표현된 것이라고 할 수 있다. 사죄 역시 과거의 잘못에 새로운 의미를 부여함으로써 과거의 잘못이 그저 '매몰'되어버리는 것을 막아준다.

매몰 비용을 고려해서는 안 되는 경우들

○

지금까지의 논의를 받아들인다면, 어떤 행동을 할지를 선택하는 데 매몰 비용을 고려하는 것이 항상 오류라고 할 수 없다. 그렇다면 다음 질문은, 매몰 비용을 고려하는 것이 오류가 되는 조건은 무엇이고 허용되는 조건은 무엇인지 하는 것이다. 매몰 비용을 고려하는 것이 허용되는 조건을 설득력 있게 제시하는 것은 숙제로 남기고, 매몰 비용 때문에 특정한 선택을 내리는 것이 허용될 수 없는 몇 가지 조건을 생각해 보도록 하자.[*]

우선, 기대하는 결과를 얻을 수 없다는 것이 행위자에게 알려졌음에도 매몰 비용 때문에 계속 그 일을 추구하는 것은 허용될 수 없다. 예를 들어, 수학에서 어떤 증명을 해내고자 오랜 기간 시간과 노력을 들인 수학자가 그 증명은 불가능하다는 것을 알게 되었음에도 불구하고 매몰 비용 때문에 계속 그 작업에 매달린다면, 이는 잘못된 선택이라고 해야 할 것이다. 자신이 하려는 수학적 증명이 이미 누군가에 의해서 제시되었다는 것을 알게 되는 경우도 마찬가지이다. 이 경우 아무리 노력을 하더라도 자신이 이루고자 기대했던 일, 즉 증명되지 못한 문제를 증명하는 일은 이루어질 수 없기 때문에, 매몰 비용을 고려하여 자신이 하던 일을 계속하는 것은 허용되지 않는다.

또한, 과거에 비용을 지출하면서 해온 일이 도덕적으로 나쁜 일이

---

[*] Walton(2002)은 '매몰 비용의 오류'라고 여겨지는 여러 논증을 실생활에서 찾아서 분류하고 평가한다는 점에서 주목할 만하지만, 매몰 비용을 고려하는 것이 합리적일 수 있는 조건을 찾는 데에는 도달하지 못했다.

라면 매몰 비용 때문에 그 일을 계속하는 것은 허용될 수 없다. 예를 들어, 피의자를 고문해 온 사람이 계속해서 고문할지를 고민하고 있다고 하자. 그는 이렇게 생각한다.

> 만약 고문을 중단한다면, 지금까지 한 일은 도덕적으로 나쁜 일이면서 성과도 없는 일이 되고 말 것이다. 따라서 그가 자백을 할 때까지 계속해서 고문을 하는 것이 낫다.**

당연히 우리는 이런 추론에 설득되지 않는다. 그 이유는 매몰 비용을 지불한 일이 애초에 도덕적으로 정당화될 수 없기 때문이다. 도덕적으로 정당화할 수 없는 일을 지금까지 해왔을 때, 그리고 그것을 행위자가 알았을 때, 그 매몰 비용을 고려하는 것이 허용되는 경우는, 앞서 보았듯이, 과거의 사건에 대해서 후회하고 사죄를 하는 것이다. 도덕적으로 옳지 못한 일이라는 것을 알면서도 그 매몰 비용 때문에 그 일을 계속하는 것이야말로 매몰 비용 오류의 한 형태로 분류되어야 한다.

베트남 전쟁 사례가 논란이 되는 것도 바로 이 지점이다. 정치인의 선동이 설득력을 얻으려면, 이 전쟁을 하는 것이 적어도 윤리적으로 명백히 나쁘다는 비판에 반박할 수 있어야 한다. 만약 이 전쟁이 애초에 윤리적으로 나쁘다는 것이 명백하다면, 매몰 비용 때문에 이 전쟁을 계속해야 한다는 것은 허용될 수 없기 때문이다. 정치인들이 암묵적으로 주장하는 것은, 이 전쟁은 적어도 윤리적으로 나쁘지 않으

** Walton(2002), p. 498.

며 오히려 이 전쟁을 계속 수행하는 것이 지금까지 희생된 목숨을 헛되게 하지 않는다는 것이다. 다시 말해서, '윤리적으로 정당하지만 패배한' 전쟁보다 '윤리적으로 정당하고 승리한' 전쟁에서 희생되는 것이 낫다는 것을 당시 정치인들은 암묵적으로 받아들였다. 하지만 베트남 전쟁이 애초에 윤리적으로 정당하지 않다면, 잘못된 행위를 멈추는 것이 과거에 흘린 피를 그나마 헛되지 않게 만든다. 잘못된 전쟁이지만 승리만 한다면, 모든 희생이 회복될 것이라고 생각하는 것이야말로 헛된 꿈이다.

8장

회복 또는 구원

어떤 사람이 전화로 음식을 주문한 이후에 다시 전화를 걸어 혹시 자신의 주문이 취소된 것은 아닌지 물어본다고 하자. 음식점 주인이 이렇게 대답한다. '우리 음식점은 주문을 받자마자 동시에 음식 배달을 떠납니다.' 음식을 주문한 사람은 이 음식점에서 주문을 취소할 수 있을까?

'회복'의 애매성

이 책의 핵심어를 두 개만 꼽자면 '시간'과 '회복'이라고 할 수 있다. 이 책은 시간과 회복에 관한 윤리학을 다룬다. 윤리학에서 시간에 관한 논의가 부족했으며 이를 반영해야 한다는 문제의식에서 지금까지 주로 시간이라는 주제에 주목해 왔다.이번에는 '회복'에 집중해 보자.

'회복'이라는 표현은 애매하다. 다시 말해서, 이 표현이 사용되는 맥락을 고려하지 않고서는 무슨 의미로 쓰이는지 정확히 알기 어렵다. 사람에게 '회복'이라는 말을 쓸 때는 잃었던 건강을 되찾았다는 뜻이다. 좀 더 정확히 말하자면, 원래 상태에서 건강이 나빠졌다가 다시 원래 상태로 돌아왔다는 의미를 담고 있다. 중요한 점은, 원래 상태가 바람직하다고 여겨진다는 것이다. 그래서 '회복'은 바람직한 상태로 돌아왔다는 의미로 사용되기도 한다.

그런데 원래 상태가 바람직한지 아닌지는 보는 사람에 따라서 다를 수 있다. 예를 들어, 한 나라가 다른 나라와 전쟁을 벌여서 땅을 차지했다. 그러고는 원래 이 땅은 조상이 살던 우리 땅이었으므로 원래의 땅을 '회복'한 것 뿐이라고 선언했다고 하자. 전쟁에서 이긴 나라에게는 전쟁이 조상이 살던 옛 땅을 회복하게 만든 사건일지 모르지만, 전쟁에서 진 나라에게 이 사건은 국토를 강탈당한 사건이다. 이런 맥락에서는 '회복'이라는 표현이 '복수'와 관련되기도 한다.

한 사람이 다른 사람의 눈 하나를 잃게 만들었는데, 이번에는 눈을 잃은 사람이 상대방의 눈을 잃게 만들었다. 이로써 그는 '복수'했다고 생각할 것이다. 당한 만큼 똑같이 갚아주는 것을 우리는 '복수'라고 한다. 눈 하나를 잃은 사람은 상대방에게 고통을 줌으로써 자신이 겪은 괴로움이 어느 정도 회복되었다고 생각할 수 있다. 눈 하나를 잃고 깊은 수렁에 빠졌던 마음이 상대방에게 복수를 하고 나서 나아졌기 때문이다. 그런 점에서 사람들은 '복수'라는 개념과 '회복'이라는 개념을 같은 것이라고 생각하기도 한다. 하지만 당한 만큼 갚아준다고 해서 원래의 상태로 되돌아가는 것은 아니다. 다른 사람의 눈을 잃게 만든다고 해서 이미 잃어버린 내 눈을 되찾게 되는 것은 아니기 때문이다. 그런 점에서 '복수'라는 의미의 '회복'은 원래 상태로 돌아가는 것과는 거리가 있다. 오히려 그런 회복은 우리를 원래 상태로부터 더 멀어지게 만든다.

'회복'의 의미가 애매한 이유 중 하나는, 자신이 정확히 어디에 있는지 모르기 때문이다. 무슨 뜻인지 예를 들어 생각해 보자.

한 나라의 왕자가 혼자서 험한 산행에 나섰다가 실족하여 큰 부상을 입게 되었다. 지나가던 사람들의 도움으로 겨우 목숨을 건졌는데, 왕자는 자신의 과거를 기억하지 못한다. 그가 왕자라는 것을 모르는 마을 사람들은 그가 마을에서 살도록 해주었다. 그렇게 지내던 그가 우연히 전쟁에 나가서 큰 공을 세웠고, 마침내 왕의 부름까지 받게 되었다. 왕은 죽었다고 생각했던 왕자를 보고 기뻐하며 그를 다시 왕자로 받아들였다.

이 짧은 이야기에서 끝까지 왕자는 자신이 왕자라고 믿지 않는다고 하자. 왕의 입장에서는 잃어버렸던 왕자가 돌아왔으므로 예전의 상태를 '회복'했다고 생각할 것이다. 하지만 왕자는 자신이 과거 왕자였던 시절에 대한 기억이 없다. 자신이 정말로 그런지도 의심스러울 수 있다. 왕자의 관점에서 보면 왕이 자신을 왕자로 받아들인 지금의 상태는 과거 상태에 비해서 '개선' 또는 '승격'이라고 할 수는 있어도 '회복'이라고 하기는 힘들 것이다. 하지만 왕자의 기억과는 상관없이 그가 원래 상태로 돌아왔다는 점에서 이 상황은 '회복'이라고 해야 한다. 다시 말해서, 왕자는 자신에게 행운이 찾아와서 '높은 곳으로 승격'되었다고 생각하지만, 그는 승격된 것이 아니라 회복된 것이다. 그가 그렇게 잘못 생각한 것은 자신의 과거에 대해서 온전히 알지 못하기 때문이다.

그렇게 본다면, '나락'이라고 생각하는 사건도 사실은 '회복'일 수 있고, 반대로 '큰 도약과 개선'이라고 생각하는 사건도 사실은 '회복'

일 수 있다. 사람들이 지금 자신이 처한 상태가 원래의 상태라고 생각하는 경향이 있다. 하지만 지금의 상태는 원래의 위치에서 한참 벗어난 것일 수 있다. 그래서 우리는 회복이 되어도 회복이 되었다는 것을 모를 수 있다.

'구원'과 '회복'

나는 '회복'이라는 단어를 '구원'의 의미를 가진 것으로 읽고 싶다. 이 책의 주제가 '시간과 회복의 윤리학'이라고 말했을 때 의도한 것은 '시간과 구원의 윤리학'이기도 했다. 회복이 어떻게 구원이 될 수 있을까? 우리는 '구원'이라는 표현에서 종교, 특히 기독교를 떠올린다. '구원'과 '회복'이라는 단어가 성경에서 어떻게 쓰이고 있는지를 살펴봄으로써 이 물음에 대해서 생각해 보기로 하자.

  '구원'이라는 단어는 그 등장 횟수로만 판단해도 성경에서 대단히 중요한 개념을 가리킨다는 것을 알 수 있다. 성경 한국어 번역 중 그어떤 것을 보더라도 400회 이상 등장하기 때문이다. 개역한글판 성경에서 '구원'은 530회 등장한다. 대부분의 경우에 '구원'은 동사의 형태로 쓰인다. '구원'이 들어간 성경 구절 중 가장 유명한 것은 아마도 "주 예수를 믿으라 그리하면 너와 네 집이 구원을 받으리라"는 구절일 것이다.* 이 때 '구원'은 영어의 'save'라는 동사에 대응한다. 영어 성

---

* 사도행전 16:31.

경 신국제판NIV에서 'save'는 100여 회 등장한다. '구원'이 동사가 아니라 명사로 쓰일 때에는 'salvation'이라는 표현과 짝을 이룬다. 이 단어는 킹 제임스 성경에서 158회, 신국제판 성경에서 118회 등장한다. 그 외에도 'rescue', 'cure', 'heal' 등이 '구원'이라는 표현에 대응한다.

그렇다면 '회복'이라는 단어는 어떨까? 개역한글판 성경에 '회복'이 등장하는 횟수는 29회인데, 주로 구약 성경에 집중되어 있다. "그 살이 어린아이보다 연하여져 소년 때를 회복할 것이요." 이는 욥기의 문장인데, 여기 등장하는 '회복'은 'restore'라는 영어 단어에 대응한다.* 또한 열왕기하에서 "이스라엘 성읍을 회복하였더라."는 구절을 찾을 수 있는데, 이때 '회복'은 'recover'라는 단어에 해당한다.** 신약 성경에 속하는 누가복음에서도 '회복'이란 단어를 찾아볼 수 있는데, 예수가 손이 마르는 병에 걸린 사람을 치유하는 대목이다. "무리를 둘러보시고 그 사람에게 이르시되 손을 내밀라 하시니 저가 그리하매 그 손이 회복된지라."*** 이를 통해서 판단할 때, 성경에 등장하는 '회복'이라는 단어는 앞서 우리가 생각해 본 이 단어의 뜻, 즉 '애초의 상태로 돌아간다'는 뜻을 담고 있다.

'잃어버린 것을 되찾다', '원래의 상태로 돌아가다'는 뜻은 이해하기 어려운 개념을 담고 있지 않다. 아픈 사람이 건강을 되찾거나 잃었던 물건을 다시 찾거나 낡은 집을 고쳐서 예전 모습으로 돌아가는 것, 이런 것이 모두 '회복'의 사례들이다. 이와 짝을 이루는 영어 단어들,

'restore', 'recover', 'return' 모두 '되돌아감'이라는 점에서 일맥상통한다.

그런데 이 단어들과 거의 같은 뜻을 갖고 있는 단어 중에서 성경에 자주 등장하는 것으로 'redeem'이라는 표현이 있다. 신국제판 성경에서 'redemption'은 23회, 그 동사형인 'redeem'은 114회 등장한다. '되찾음'이라는 뜻에서 앞의 단어들과 크게 다르지 않기 때문에, 이 단어 역시 '회복'이라고 해도 아무런 문제가 없어 보인다. 그런데 우리말 성경에서 'redeem'이라는 단어는 '속량'이라는 표현과 짝을 이룬다. 왜 그럴까? 왜 '회복'이라는 이해하기 쉬운 단어가 있으면서도 일상에서는 잘 쓰지 않는 '속량'이라는 표현을 굳이 쓴 것일까?

'속량'이라는 단어를 일상에서 쓰는 경우는 거의 없다. 기독교 교인들 중에서도 '속량'이라는 단어가 어떤 한자로 구성되어 있는지 아는 사람은 별로 많지 않을 것이다. '속량'을 한자로 나타내면 '贖良'인데, 여기서 '속'은 '갚는다'는 뜻이다. '속'이라는 한자에 돈을 의미하는 조개 '패貝'가 두 개나 들어간 점에서 드러나듯이 '속'이라는 개념은 돈을 주고 빚을 갚는다는 의미가 들어 있다. 도대체 무엇을 갚는다는 말일까? 죄를 갚는다는 의미의 '속죄贖罪'라는 표현에서 보듯이, 죄를 갚는다는 뜻일까? 하지만, 4장에서도 이미 보았듯이, 죄는 글자 그대로의 의미에서 돈으로 갚을 수 있는 빚 같은 것이 아니다. 죄와 관련해서 돈을 내고 할 수 있는 것은, 죄를 값으로 매겨서 벌금을 내든가, 아니면 벌을 면하게 해달라고 돈을 주든가 하는 일이 될 것이다.

'속량'의 '속'에서 갚는 대상은 죄가 아니라 몸값이다. '속' 다음에 오는 글자인 '량'에서 그 실마리를 찾을 수 있다. 이 글자는 '양인良人'이라는 단어에서 보듯이 종이나 노예가 아닌 사람을 뜻한다. 그러니까 '속량'은 몸값을 갚고 종의 신분을 벗어나게 하는 것을 말한다. 신분제가 사라진 오늘날에는 '속량'이란 말을 일상에서 듣기 어렵지만 조선시대에는 사정이 달랐다. 종의 신분으로 태어난 사람이 '천한' 신분을 벗어나게 되는 '면천免賤'과 그를 양인의 신분으로 만드는 '속량'은 조선의 뜨거운 문제였을 것이다. 면천, 속량을 함부로 했다가는 조선의 신분제에 균열이 생기기 때문이다. 그러니까 조선의 신분제를 경험한 사람에게 '속량'이라는 단어는 '회복'이라는 말보다는 훨씬 더 중요한 사건을 의미하는 것으로 느껴졌을 것이다. 문제는 신분제가 사라진 오늘날에도 계속 이 단어를 번역어로 사용한다는 점이다.

'redemption'을 일상적으로 쓰지 않는 '속량'으로 번역함으로써 어떤 효과가 생겨날까? '속량'이라는 단어의 뜻을 잘 모르는 사람도 이 단어가 '속죄'라는 단어와 연결된다는 느낌을 갖게 된다. '속'이라는 글자 때문일 것이다. 성경에서 '속죄'라는 단어 역시 매우 중요하다. '속죄'로 번역되는 영어 단어로 'atonement'가 있는데, 이 단어는 신국제판 성경에서 95회 등장한다.

속량이든 속죄이든 종의 신분에서 벗어나거나 죗값을 갚는 일은 애초의 상태를 되찾는다는 의미의 '회복'과는 거리가 있어 보인다. 속량된 사람은 애초의 상태로 돌아간 사람이라기보다는 억압된 상태에서 해방된 사람이다. '되돌아감'이라는 개념이 '속량'이라는 단어에는 포함되지 않는 것이다. 그것이 바로 'redemption'이라는 단어를 '속량'이라고 옮김으로써 일어나는 효과가 아닐까?

기독교인들에게 '속량'이라는 단어는 '구속'이라는 또 다른 낯선 단어를 떠올리게 한다. 누군가를 잡아 가둔다는 '구속拘束'이 아니라, '죄값을 갚아서 구한다'는 뜻을 가진 '구속救贖'이라는 단어다. 이 말 역시 일상적으로는 잘 쓰지 않는다. 그런데 여기서 주목할 점

이 있다. 우리말 성경에 등장하는 '구속'이라는 말이 영어 성경에서
는 'redemption'에 대응한다는 것이다. 그러니까 '속량'이라는 단어도,
'구속'이라는 단어도 'redemption'이라는 한 단어에 대응한다.*

'속량'이라는 단어와 '구속'이라는 단어 사이에 있는 공통점은 두
가지이다. 하나는 두 단어 모두 오늘날 사람들이 일상에서 잘 사용하
지 않는다는 것이고, 다른 하나는 두 단어 모두 '나은 미래를 선사한
다'는 뜻을 담고 있다는 것이다. 두 단어는 낯설기 때문에 이 단어들의
뜻을 알기 어렵다. 그리고 그 뜻을 어렴풋이 짐작하게 되면, 이 두 단
어들은 우리에게 '나은 미래를 선사한다'는 뜻으로 다가오고, 우리의
과거를 주목하지 않게 만든다. 한 노예에게 누가 와서 '당신의 몸값을
다 치렀으니 이제 당신은 더 이상 노예가 아닙니다'라고 말한다고 상
상해 보라. 노예는 누구든 자신의 몸값을 갚아준 사람에게 감사하며
앞으로 다가올 자유인의 삶에 마음이 설렌다. 그리고 그 감사와 설렘
은 억압되었던 과거의 어두운 삶과 대비되어 더 눈부시게 느껴질 것
이다. 노예에게 과거란 이제는 잊어야 할 치욕의 시간일 뿐이다. 그런
점에서 '속량'과 '구속'은 애초의 상태로 되돌아간다는 의미를 부각시
키지 못한다. 두 단어에 해당하는 'redemption'은 되찾음이라는 분명
한 뜻을 지니고 있는데도 말이다. 우리는 무엇을 놓치고 있을까?

---

* 구약 성경은 주로 히브리어, 신약 성경은 헬라어로 쓰였기 때문에, 번역의 문제를 따
지려면 영어가 아닌 히브리어나 헬라어를 참고해야 한다. 하지만 여기서 생각해 보
고자 하는 것은 원어에 가까운 번역어를 찾는 문제가 아니라, 비슷한 의미의 단어들
로 포착하려는 개념에 관한 문제이다. 성경이 우리말로 번역되는 시기에 '속贖'이라는
글자의 사정에 대해서는 이선희(2019) 참조.

구원이 바로 회복이다

○

'구원', '속량', '속죄', '구속'은 모두 기독교 사상에서 주요한 개념이다. 이 개념들을 어떻게 설명하는지는 기독교 교리의 핵심에 속하는 일이다. 이에 관한 본격적인 논의를 이 책에 담을 능력이 나에게는 없다. 다만 'redemption'이라는 단어를 두고 '속량'이라는 표현 대신에 '회복'이라는 표현을 쓰는 것이 왜 적절하다고 생각하는지를 말해볼까 한다.

기독교 사상에서 '구원'과 '속량'은 동전의 양면과 같다. 예수는 희생양으로서 인간의 죄를 대신 짊어지는 속량을 통해서 인류를 죽음으로부터 구원한다. 이는 기독교의 핵심 교리이다. 속량을 통해서 구원이 가능한 것이다. 그런 점에서 속량 없는 구원은 불가능하고, 또 구원이 일어나지 않는 속량은 무의미하다.

속량과 구원이 동전의 양면이라는 것은 그 둘이 단순히 같다는 의미가 아니다. 그 둘은 서로 다른 점이 있지만 결국은 같다는 말이다. 속량과 구원은 서로 다른 방향의 시간을 향한다. 속량이 과거의 영역에 관한 것이라면 구원은 미래의 영역에 관한 것이다. 내가 잃어버린 것, 내가 잘못한 일, 이런 것들은 모두 과거의 영역에 속하고, 죽음을 피하는 것은 미래의 영역에 속하기 때문이다. 적어도 그렇게 보인다.

과거에 가지고 있었지만 잃어버린 것, 그것을 찾는 것이 속량이다. 기독교 관점에서 보면, 인간이 과거에 가졌지만 잃어버린 것은 신과의 소통이다. 아담으로 대표되는 인간은 스스로 신과의 관계를 끊어버리는 잘못을 저질렀다. 그러므로 신과의 단절을 회복하는 것은 지난날의 잘못을 바로잡는 일이다. 그것은 과거의 영역에 속한다. 잃어버린 신과의 관계를 다시 맺는 일, 즉 속량은 인간이 할 수 없다. 그것은 인간의 능력을 벗어나는 일이다. 빚으로 파산한 사람이 자신의 빚을 갚을 능력이 없는 것과 비슷하다. 열심히 벌어서 조금씩 갚을 수 있을 것이라고 생각하지만, 인간은 열심히 일해도 빚을 갚을 만큼의 돈은 절대로 벌 수 없는 처지에 있다. 이 상태에 있는 사람이 빚으로부터 자유로워질 수 있는 길은 누군가가 빚을 대신 갚는 것이다. 기독교 사상에서 예수는 그런 존재다. 인간이 잃어버려서 스스로 도저히 찾을 수 없는 것을 인간을 대신하여 찾아준 존재인 것이다.

반면에 인간의 관점에서 보자면, 구원은 미래에 속하는 일인 것처럼 보인다. 누구를 구한다는 것은 그가 처한 위험으로부터 구한다는 것이다. 좋은 것, 갖고 싶은 것, 훌륭한 것으로부터 끌어내는 것을 '구원'이라고 할 수 없다. 나쁜 것, 가져서는 안 되는 것, 저열한 것에 빠진 사람을 끌어내야 구원이라 할 수 있다. 그렇다면, 기독교 교리에서 말하는 구원은 무엇으로부터의 구원인가? 기독교 교리를 받아들이는 사람들은 구원을 '죽음으로부터의 구원'이라고 생각한다. 기독교 교리에 따르면, 구원을 통해서 얻는 것은 영생이다. 영원히 사는 것, 그것은 미래의 일처럼 보인다. 영원히 살지 못하는 존재, 죽음을 피할 수 없는 존재, 유한한 존재에서 영원히 사는 존재, 죽음을 이긴 존재, 무한한 존재로 이동하는 것이다. 이런 의미에서 구원은 당연히 인간의 영역 밖의 일이다. 죽음을 피할 수 없는 존재는 영원히 죽지 않는 존재가 될 수 없다. 이는 논리적 모순처럼 보인다. 영원히 죽지 않는 존재가 될 수 있는 존재였다면, 죽음을 피할 수 있는 존재라고도 해야 하기 때문이다. 죽을 수밖에 없는 존재가 죽을 수 없는 존재가 되기 위해서는 존재의 성격 자체가 변화되어야 한다. 그 일은 죽을 수밖에 없는 존재가 할 수 없는 것이다.

그렇다면, 속량과 구원의 과정에서 인간이 할 일은 없어 보인다. 속량은 인간의 능력 밖의 일이고, 인간은 스스로를 구원할 수도 없기 때문이다. 기독교 교리에 따르면, 인간이 해야 할 일은 예수를 닮아가는 것, 자신의 십자가를 짊어지는 것뿐이다. 물론 이는 비유이다. 자신의 십자가를 짊어진다는 것은 무슨 뜻일까? 앞의 논의에 따르면, 그것은 인간이 잃어버린 것을 속량하는 것도 아니고 인간을 구원하는 것도 아니다. 그렇다면 인간에게 남아 있는 일, 십자가를 짊어지는 것이란 도대체 무엇이고 어떤 힘을 갖는가? 더 나아가 십자가를 짊어지는 것이 인간의 속량과 구원에 기여하는 것이 없다면, 왜 십자가를 져야 할까?

기독교에서는 과거 자아와의 단절을 강조하는데, 이는 '새로운 사람으로의 재탄생'으로 표현된다. 이 역시 비유이다. 성경 속 인물 니고데모Nicodemus는 이 비유를 이해하는 데 애를 먹었다.[*] 한 번 태어난 사람이 어떻게 다시 태어난다는 말인가? 하지만 더 큰 문제는 다시 태어나는 것이 자신의 구원에 아무런 역할도 하지 못하는 것 같다는 점이다.

여기서 한 가지 의문이 생겨난다. 예수의 속량이 과거의 일이고 인간이 구원받는 것이 미래의 일이라면, 두 시점 사이의 기간 동안에 구원은 취소될 수 있는가? 기독교 교리에 따르면 그에 대한 대답은 분명하다. 구원은 취소될 수 없다. 그렇다면 왜 취소될 수 없는가?

---

[*] 요한복음 3장.

두 가지 대답이 가능하다. 첫 번째 대답은, 구원이 취소될 수 없는 이유는 구원이 있을 것이라고 신이 약속했고 신은 신실한 존재이기 때문이라고 말하는 것이다. 다시 말해서 구원이 취소될 수 없는 것은 구원의 약속이 취소될 수 없기 때문이다. 다른 대답은, 구원이 이미 이루어졌기 때문이라고 말하는 것이다.

이 두 대답의 차이는 꽤 분명하지만, 강조를 위해서, 음식을 주문하는 상황에 비유해서 설명할 수 있다. 어떤 사람이 집에 들어가는 길에 전화로 음식을 주문했다. 그는 음식이 배달되기 전에 집에 도착할 계획이었다. 그런데 무슨 이유에서인지 집으로 가는 길에 자신의 주문이 제대로 전달되었는지 의심스러워졌다. 그래서 그는 다시 전화를 걸어서 자신이 한 주문이 취소되었는지를 물었다. 이때 전화 상대방이 이렇게 말하는 경우를 생각해 보자. '주문은 취소되지 않았습니다. 음식이 준비되는 대로 바로 배달될 것입니다.' 또 다른 경우는 상대방이 이렇게 말하는 것이다. '주문은 취소되지 않았습니다. 이미 주문과 동시에 음식 배달을 마쳤거든요.'

논리적으로 볼 때, 두 번째 대답에서 취소는 불가능하다. 이를 구원에 적용했을 때도 비슷하다. 첫 번째 대답은 이렇게 말한다. '구원은 취소되지 않습니다. 앞으로 다가올 죽음에서 여러분은 구원될 것입니다.' 한편 두 번째 대답은 이렇게 말하는 셈이다. '구원은 취소되지 않습니다. 이미 구원은 이루어졌기 때문입니다.' 기독교는 두 번째 대답을 받아들인다. 구원이 이미 속량의 순간에 이루어졌다면, 구원은 취소될 수 없다. 이 대답을 받아들인다면, 구원과 속량이 동전의 양면이라는 주장을 다시 이해할 수 있다. 구원과 속량은 서로 다른 시간의 방향을 향하고 있는 것처럼 보이지만 사실은 하나의 사건이다. 속량과

구원은 이미 일어난 같은 사건이다.[*]

기독교 교리를 받아들이는 사람들은 구원을 미래에 분명히 올 일이라고 생각하는 경향이 있다. 그 전에 해야 할 일은 과거의 자신을 버리고 새로운 사람으로 다시 태어나는 것이라고 생각한다. 이런 생각에는 과거의 자신을 더 과감하게 부정할수록 좋다는 믿음이 전제되어 있기 쉽다. 그런데 앞에서 주장했듯이, 과거의 자신과 단절하는 행위가 속량이나 구원을 불러일으키는 것도 아니다. 이에 비해서 구원이 속량과 함께 이미 이루어진 것으로 보는 견해에서는, 구원을 미래에 이루어질 또 다른 사건으로 볼 필요가 없다. 속량과 구원은 동전의 앞면과 뒷면이다. 이에 따르면 예수의 속량을 믿기만 하면 구원은 이미 이루어진 것이다. 잃어버렸던 신과의 관계를 회복한 사람은 이미 구원을 얻은 사람이다. 그렇기 때문에 살아가면서 예수를 따라 십자가를 지겠다는 것은 신과의 관계를 회복한 사람에게서 자연스럽게 나오는 현상일 뿐이다. 신의 본성은 사랑이고 신과의 관계를 회복한 사람이 사랑을 실천하는 삶은 자연스런 귀결이 되는 것이다.

정리하자면, 속량은 과거의 영역에 속하고 구원은 미래의 영역에 속하는 일이라는 생각이 과거에 대한 우리의 태도를 왜곡한다. 속량과 구원이 동전의 양면이라는 점을 받아들인다면, 내가 왜 '속량'이라는 표현 대신에 '회복'이라는 표현을 썼는지 이해를 할 수 있을 것이다. '회복'이라는 표현은 말 그대로 '다시 되찾음'이다. 이 표현은 성경에서도 매우 구체적이고 현실적인 맥락에서 쓰인다. 비용을 지불하고

[**] 김명석은 하나님 나라가 이미 여기에 와 있다는 점을 강조한다. 김명석(2017) 참조.

잃었던 것을 찾는다는 의미이다. 그것은 과거를 바로잡는 목적을 갖고 있다. 회복의 방점은 시간의 화살의 앞쪽인 미래에 있는 것이 아니다. 한마디로, 속량, 구원, 회복은 본질적으로 같으며, 더 중요한 점은, 모두 과거의 잘못을 바로잡으려는 노력이라는 것이다.

〈쇼생크 탈출〉과 희생양 없는 속량

앞에서도 살펴보았던 영화 〈쇼생크 탈출〉를 통해서 회복과 구원에 대해서 생각해 보기로 하자. 흥미롭게도 이 영화의 원제목은 'The Shawshank Redemption'이다. '쇼생크'는 영화의 무대가 되었던 교도소의 이름이지만, 문제는 왜 여기서 '회복' 또는 '속량'에 해당하는 단어인 'redemption'이 쓰였는지 하는 점이다. 성경적 의미에서 이 영화 제목을 읽는다면, 우리는 이런 물음을 갖게 된다.

쇼생크에서 누가 무엇을 **되찾았는가?**

흥미로운 점은, 우리나라에서 이 영화가 개봉될 때 제목을 〈쇼생크 탈출〉로 옮김으로써 이 영화가 탈옥 영화라는 점을 부각하고자 했다는 것이다. 쇼생크를 탈출한 사람은 주인공 앤디인데, 그는 자신의 아내를 죽였다는 누명을 쓰고 감옥에 갇힌 고위 은행원이다. 이를 고려할 때, 쇼생크에서 일어난 속량, 즉 되찾음의 주체는 앤디라고 해야 할 것 같다. 결국 쇼생크 교도소에서 탈출한 사람은 앤디 한 명뿐이기 때문이다.

그렇다면 앤디는 감옥을 탈출함으로써 스스로를 구원한 것일까? 즉, 앤디가 자신의 과거를 되찾은 것이 쇼생크에서 일어난 회복일까? 그는 자신의 잃어버린 시간을 되찾은 것일까? 하지만 이미 보았듯 기독교적 관점에서 속량은 지난날 자신의 죄로 인해서 잃어버린 것을 되찾는 것이다. 앤디는 누명을 썼을 뿐이지 살인이라는 죄를 저지른 적이 없다. 당연히 자신의 죄로 인해서 잃어버린 것도 있을 수 없다. 잃어버린 것이 없다면 되찾을 것도 없다. 그렇다면 이 영화에서 구원을 받은 사람은 앤디라고 할 수 없다.

그렇다면 쇼생크에서 일어나는 구원은 무엇인가? 영화를 보는 사람들은 형을 살고 있는 죄수보다는 이들을 감독하고 있는 간수가 악행을 저지르고 있다고 생각한다. 간수들, 특히 쇼생크 교도소 소장은 자신이 저지르는 악행이 악행이라는 점을 의식하지 못하는 인물이다. 죄수들에게는 악행을 저지르지만 소장을 포함한 간수들은 모두 가정에 충실한 남편으로 그려지기 때문이다. 그들은 가정의 행복을 위해서 그저 일을 하고 있을 뿐이라고 생각하는 듯하다. 이 영화에서 유일하게 자신의 죄를 인정하고 후회하는 인물은 앤디의 절친한 친구 레드뿐이다. 공교롭게도 교도소에서 나와 진정한 자유를 얻게 된 사람도 앤디와 레드뿐이다.

이런 점들을 고려할 때 쇼생크에서 일어난 일을 한마디로 표현하면 '회복'이다. 모든 것이 원래의 자리를 찾아갔다는 의미다. 악행을 저지르면서도 죄를 인정하지 않았던 소장은 스스로 죽는 길을 선택했고, 앤디와 레드는 자유를 찾았다. 결국 죄 없는 앤디의 희생에 의해서 쇼생크에서 여러 사람들의 속량이 이루어진 것이다.

〈쇼생크 탈출〉을 통해서 내가 말하려고 하는 점은, 기독교적 개념인 '속량'과 '구원'이 '회복'이란 개념에 수렴된다는 것이다. 그리고 또 하나, '회복'은 과거와의 단절이 아니라 과거에 대한 쉼 없는 돌봄으로 이루어진다는 점이다. '속량'과 '구원'에 대해서 사람들이 오해하는 것은, 속량을 위해서 속죄의 희생양이 필요하고 구원은 나의 힘이 아니라 외부의 힘에 의해서 나의 의사와 상관없이 이루어진다고 생각하는 것이다. 하지만 지난날의 잘못을 바로잡기 위해서 희생양은 필요하지 않다. 그것은 기독교 교리에도 맞지 않다. 예수가 희생양이 된 것은 더 이상의 희생양이 필요 없는 상태를 만들기 위해서였기 때문이다.

그럼에도 불구하고, 인류는 공동체의 평화를 위한다는 명목으로 내부와 외부를 나누고 외부의 이방인을 희생양으로 삼는 일을 계속해 왔다. 외부인을 혐오하게 함으로써 내부의 결속을 높이는 것이다. 권력을 잡은 사람에게 희생양을 찾는 것은 너무나 큰 유혹이다. 그 이유는 두 가지이다. 우선, 외부에 대한 혐오를 통해 다수의 내부인들은 결속하여 권력자를 지지하게 되고, 권력자는 이 점을 잘 알기 때문이다. 혐오할 대상만 던져주면, 권력자에 대한 충성은 더 견고해질 것이다. 이 얼마나 큰 유혹인가. 둘째, 설령 자신의 악행이 드러나더라도 권력자는 피해를 입은 희생양에게 도덕적 승리를 안겨주기만 하면 된다고 생각하기 때문이다. 1980년 광주에서 있었던 비극에 대해서 책임을 져야 할 사람들은 이 두 가지를 모두 보여 준다. 당시의 권력자는 시민들을 '폭도'로 몰아 죽인 다음, 자신들의 죄가 드러나는 순간에는 시민의 죽음을 대의를 위해 치러진 고귀한 희생이라고 치켜세움으로써 자신들의 손에 묻은 피를 씻으려 했다.

하지만 희생양이 흘린 피로 인해서 평화가 바로 펼쳐지는 일은 없었다. 희생양이 피를 흘리고 사라진 다음에 평화가 찾아오기 위해서는 회복을 위한 노력이 있어야 한다. 희생양의 피에 대한 속량과 구원이 있어야 회복이 일어나고 그때서야 비로소 평화의 가능성이 생긴다. 하지만 이로부터 사람들은 잘못된 추론을 하는 경향이 있다. 평화가 있기 위해서는 희생양의 피가 있어야 한다는 추론이다. 이는 인류의 역사를 불행으로 물들이는, 치명적으로 잘못된 논리적 추론이다. 어리석은 사람들은 죄 없는 사람, 또는 그를 대신하여 죄 없는 동물을 희생양으로 만들어야 평화가 찾아올 것이라고 생각했다. 똑같이 잘못된 추론은 역사에서 계속된다. 이 사회에 민주화를 가져오기 위해서 광주 민주화 운동과 같은 희생이 필요하다는 생각도 마찬가지다. 광주 민주화 운동이 이 땅의 민주화에 기여한 것은 분명하지만, 이로부터 민주화를 위해서 광주 민주화 운동이 필요했다는 추론은 따라 나오지 않는다. 이렇게 추론하는 것은 단순한 논리적 오류를 넘어서 우리의 삶 자체를 위협하는 악의적 오류이다.

이런 오류를 범하는 이유를 살펴보면, 사람들이 '덕분에'와 '때문에'를 오해하기 때문이라는 것을 알 수 있다. 다시 말해서, 다음 두 문장이 의미하는 바는 서로 다르다는 점을 깨달아야 한다.

1987년 6월 항쟁 **덕분에** 우리 사회의 민주화가 앞당겨졌다.
1987년 6월 항쟁 **때문에** 우리 사회의 민주화가 앞당겨졌다.

첫 번째 문장은 맞지만, 두 번째 문장은 과도한 추론이다. 두 번째 문장으로부터 사람들은 역사의 소용돌이에서 억울하게 희생된 사람들의 피가 민주화를 위해서 불가피했다고 잘못 생각한다. 때로는 여기서 더 나아가, 희생양을 만든 사람들의 폭력적 행위가 정당하다는 주장까지 하려고 든다. 잘못된 주장이다. 희생양이 피를 흘리지 않고도 우리는 우리가 원하는 것을 얻을 수 있었다. 예수가 희생양이 되면서 이룩하고자 했던 것도 바로 이것이라고 생각한다. **앞으로는 희생양의 피가 없어도 구원이 가능하다.** 그럼에도 불구하고 그 이후 역사에서 우리는 계속해서 희생양을 만들고 그의 피를 정당화하려는 시도들을 목격하게 된다.

아들러가 주는 교훈

시간과 회복의 윤리학은 희생양 없는 회복이 어떻게 가능한지를 묻는다. 그리고 그 대답은 지난날에 대한 쉼 없는 돌봄에 있다. 희생양을 만드는 것은 거대한 악행에서만 일어나는 것이 아니다. 개인의 사소한 일상에서도 우리는 알게 모르게 희생양을 내세워서 허물을 덮으려 한다. 그런데 그 방식은, 사회에서 한 사람이 다른 사람에게 가하는 방식보다 훨씬 교묘하여 알아차리기 힘들다. 왜냐하면 한 개인의 차원에서 희생양을 만드는 경우에는, 희생양을 요구하는 사람과 희생양이 되는 사람이 동일하기 때문이다.

오스트리아의 심리학자 아들러Alfred Adler는 프로이트나 융과 같은 심리학자에 비해서 그다지 큰 대중의 관심을 받지 못하다가 비교적 최근에 다른 심리학자를 압도할 정도로 각광을 받고 있다. 우리나라에 불어온 아들러 바람은 일본 작가 이치로의 《미움받을 용기》라는 책이 인기를 얻으면서 본격적으로 시작되었는데, 이 책에서 이치로는 아들러의 심리학을 자신의 경험과 함께 소개한다. 그렇다면 아들러 심리학의 어떤 점이 현대 대중의 마음을 사로잡았을까? 나는 그의 심리학에는 희생양 없는 구원의 메시지가 담겨 있고, 바로 이 점이 현대인을 설득한다고 생각한다.

아들러 심리학에서 흥미로운 점은 인과관계와 목적 간의 대비를 통해서 심리 현상을 설명하는 부분이다. 심리 현상이 무의식이라는 원인에 의해서 생겨난 것으로 보는 프로이트와 달리, 아들러는 심리 현상이 다른 목적을 달성하기 위한 수단이라고 본다. 예를 들어, '화가 나서 소리를 질렀다'와 같은 표현에서 나타나듯이 우리는 감정이 원인으로 작동하여 어떤 행동이 일어난 것으로 보는 경향이 있다. 하지만 아들러에 의하면 이는 사태를 거꾸로 보는 것이다. 소리를 지른 사람은 그렇게 함으로써 상대방을 제압하고 자신의 통제 안에 두려는 목적을 갖고 있었고, 그 목적을 달성하기 위해서 화를 낸 것이다. 이렇게 감정이라는 심리 현상을 설명하는 것은 프로이트의 심리학이 제시하는 그림과 정반대이다. 프로이트에 의하면, 과거 사건에 의해서 형성된 무의식이 현재의 심리 현상을 지배하는 실질적 조정자이다. 무의식은 표현 그대로 의식할 수 없는 것이기에 우리의 명시적인 의도에 의해서 제거하거나 변경할 수 없다. 반면에 아들러의 심리학에서 우리는 태도를 변경함으로써 현재의 문제적 심리 현상을 수정할 수 있다. 예를 들어, 상대방을 자신의 통제 아래 두려는 목적이 잘못되었다는 것을 깨닫는다면, 우리의 분노는 사라질 수 있다는 것이다.

그렇다면 아들러의 심리학에 희생양이 없는 구원의 메시지가 담겨 있다는 나의 주장은 무슨 뜻인가? 자신의 심리적 특성을 근거로 삼아 자신의 처지를 변명하는 경우가 있다. 예를 들어, 부모가 동생만 사랑한다는 생각을 늘 품고 살아온 사람을 생각해 보자. 그는 어른이 된

후에 여러 문제 상황에 부딪히는데, 그때마다 자신이 처한 상황에서 곤란함을 겪는 이유가 부모에게 제대로 된 사랑을 받지 못했기 때문이라고 생각한다. 사귀고 있던 연인과 최근에 헤어진 것도 부모님으로부터 충분한 사랑을 받지 못했기 때문이라고 주장한다.

하지만 우리는 이런 생각이 잘못되었다는 것을 안다. 아마도 그는 부모의 의도를 오해했을 것이다. 설령 그가 실제로 부모에게 사랑을 받지 못했더라도, 그 점이 그가 성장하면서 겪었던 실패의 원인이라고 볼 수는 없다. 그는 단지 자신의 실패 원인을 그렇게 보고 싶은 것일 뿐이다. 부모의 편애를 원망하면서 그는 자신의 실패를 정당화한다. 하지만 이 과정에서 개선될 수 있는 것은 전혀 없으며 고통만이 늘어난다. 부모는 그의 원망을 들으면서 자신들의 과거를 뒤돌아보며 자책할 것이고, 그 역시 자신의 실패에서 더 나아갈 기회를 갖지 못한다. 아들러에 따르면 부모의 편애는 자신이 겪는 문제의 원인이 아니다. 그럼에도 불구하고 그는 그것을 희생양으로 삼아서 자신의 상태에 안주하려고 한다. 또한 과거의 애정 결핍 때문에 어쩔 수 없다는 이유로 자신이 다른 선택을 하지 못하도록 스스로를 주저앉힌다. 그렇게 실패에 안주함으로써 과거의 자아는 현재의 자아를 망가뜨리는 원인으로 규정되지만, 이는 과거 자아에 대한 무고이다. 과거 자아는 또 다른 희생양일 뿐이다.

아들러는 과거의 경험이 현재의 자아를 결정하지 않는다고 주장한다. 우리는 새롭게 목적을 설정하고 행동함으로써 과거의 경험에 새로운 의미를 부여할 수 있다. 현재의 자아에게 그런 기회는 항상 열려 있다. 과거의 자아가 자신의 발목을 잡고 있는 것이 아니라 그런 실패의 상태에 머무르고 싶기 때문에 과거의 자아라는 방패막이를 가지고 오는 것이다. 과거의 자아를 희생양 삼아서, 또 부모의 편애를 희생양 삼아서 실패에 머무르고 싶을 뿐이다. 실패에 머무르겠다는 목적이 아니라 새로운 목적을 세움으로써 그는 과거의 자아를 구원할 수 있다. 그것이 바로 희생양 없는 구원이다.

9장

· · ·

인생 그래프

인생을 마무리 짓는 시점에서 자신의 인생을 되돌아볼 때 가장 선호할 인생 그래프는 무엇인가?

스포츠와 인생

○

우리는 지난 일을 돌아봄으로써 자신이 어떤 사람인지를 드러낸다. 과거를 돌아보는 것은 과거의 일을 돌보기 위해서이다. 과거의 일을 돌보는 것은 단순히 과거를 기억하거나 또는 과거의 흔적을 지우려는 일이 아니다. 지나쳤던 날을 잊고 말 그대로 그저 지나쳐 버리는 것은 과거를 돌보는 것이 아니다. 과거를 돌보는 일은 현재의 일을 제대로 함으로써 달성할 수 있다. 그런 점에서 과거는 현재의 일에 달려 있다고 할 수 있다. 그렇다고 해서 과거의 모든 일이 현재의 일에 따라서 회복될 수 있는 것은 아니다. 그렇다면 **어떤 과거의 일이 회복될 수 있고, 또 어떻게 회복될 수 있는가?**

이를 스포츠 종목에 빗대어 생각해 보자. 사람들은 여러 종목의 스포츠를 두고 '인생과 같다'는 말들을 한다. 예를 들어, '마라톤은 인생의 축소판이다'라든가, 또는 '야구는 인생과 같다'라는 말을 하고는 한다. '각본 없는 드라마'라는 표현을 스포츠 경기에 자주 쓰는 이유도 스포츠를 인생에 빗대기 위해서이다. 인생과 비슷한 점을 찾자면, 아마도 모든 스포츠 종목이 '인생과 같다'고 말할 수 있을 것이다.

하지만 이는 조금 과장된 비유라고 생각한다. 오히려 스포츠는 우리가 인생에서 쉽게 경험하기 힘든 것을 안전하고 압축적인 방식으로 맛보게 해준다는 점에서 판타지 소설과 비슷하다고 생각한다. 판타지 소설의 주인공은 불구덩이 속에서도 살아나고, 절벽에서 떨어져서 치명적인 부상을 당하고도 살아난다. 살아날 뿐 아니라 치명적인 부상으로부터 후유증을 겪지도 않는다. 그들은 처음과 다름없는 상태로 되돌아간다. 판타지 소설이니까 허용되는 것이다. 이는 현실의 인생과는 거리가 있다. 우리는 과거에 겪은 상처를 없던 것으로 만들지 못한다. 상처가 주는 고통은 조금씩 덜어지거나 익숙해질 수 있지만, 과거의 고통이 씻은 듯이 사라져서 없던 일이 될 수는 없다. 과거에 저지른 잘못은 더욱 그렇다. 우리는 과거에 잘못을 저지른 손을 없앨 수 없다. 과거의 잘못을 바로잡아야 하는 것도 바로 그 손이기 때문이다.

이에 비해서 스포츠에서는 과거에 우리가 이룩하거나 저지른 것이 항상 원점으로 돌아온다. 축구를 예로 들어서 생각해 보자. 두 팀은 상대방을 이기려고 애를 쓴다. 실수로 공을 엉뚱한 방향으로 차기도 하고, 빠르게 상대방 진영으로 공을 몰고 돌진하여 관중의 박수를 받기도 한다. 잘하고 못하는 순간이 교차하며 일어난다. 잘하면 득점으로 이어지고, 못하면 실점으로 이어진다. 득점하면 보람차고 그렇지 못하면, 아쉽지만 보람차지 않는다. 실점하면 애석하고, 실점할 뻔했으나 그렇지 않으면 운이 좋은 것이다. 이렇게 축구 경기에서는 잘하고 못하는 것에 따라 항상 점수가 매겨진다.

축구가 인생과 다른 점은 점수가 매겨진 다음이다. 축구 경기 하나가 끝나고 다른 경기가 시작되면 그 점수는 다시 원점으로 돌아간다. 또한 나중에 치러진 경기 때문에 앞의 경기의 결과가 바뀌지도 않는다. 나는 이를 축구 경기들 사이에 '칸막이'가 있다고 표현하겠다. 칸막이는 두 가지 방향의 이동을 막는 역할을 한다. 하나는 미래의 경기로 가는 방향이고, 다른 하나는 과거의 경기로 가는 방향이다.

미래로 가는 방향에 있는 칸막이에 대해서 먼저 생각해 보자. 월드컵 결승전에서 독일이 우승을 했다고 해서, 그다음 월드컵에서 독일이 골을 넣어야 할 이유가 사라지는 것은 아니다. 이번 경기가 끝나고 나면 다음 경기가 기다린다. 미래로 가는 방향에 있는 칸막이 때문에 오늘의 경기는 오늘로 끝난다. 하지만 인생에는 그런 칸막이가 없다. 지금 내가 하는 일은 미래의 나에게 영향을 미친다. 오늘 못하면, 내일 일을 잘한다고 해도 그 일은 잘한 일이 되기 힘들 수도 있다.

그렇다면 과거로 가는 길을 막고 있는 칸막이는 어떨까? 당연히 축구에는 과거로 가는 칸막이도 있다. 오늘 벌어지는 경기가 어제 있었던 경기를 바꾸지 못한다. 이는 단지 '이미 일어난 일은 되돌릴 수 없다'는 의미가 아니다. 오늘 하는 경기는 어제의 경기가 끝난 것 위에서 일어나는 것이 아니라 새롭게 시작되는 경기다. 경기 종료를 선언하는 주심의 호루라기 소리는 바로 그 칸막이 지점을 선언하는 것이다. 칸막이를 넘어갈 수 없다면 다시 되돌아올 수도 없다.

하지만 인생에는 그런 호루라기가 없다. 인생에는 아무 구획도 없다는 말이 아니다. 인생을 구획 짓는 방법은 많다. 1년을 단위로 구획을 지어볼 수도 있고 특정 사건, 예컨대 졸업이나 결혼 등을 기점으로 인생을 구획 지어 볼 수도 있다. 하지만 그 어떤 구획도 칸막이가 될 수는 없다.

칸막이가 없으므로 과거의 일은 미래의 상황이 벌어지는 토대가 된다. 의식하든 안 하든 사람들은 이 점을 잘 받아들인다. 그래서 지금 하고 있는 일이 나의 미래를 망가뜨리지 않도록 애를 쓴다. 공을 들인 탑이 무너질까 봐 걱정한다. 공을 들여서 탑을 쌓고 있는 것은 지금의 내가 하는 일이고, 완성된 탑은 나의 미래이다. 반면에, 미래의 일이 과거의 일에 영향을 준다는 점에 대해서는 사람들이 잘 인식하지 못하거나 의식적으로 부인하는 경향이 있다. 과거의 일이 '엎질러진 물'이라는 생각에 사로잡혀 있기 때문이다.

하지만 생각해 보자. 과거에서 미래로 가는 인생길에 칸막이가 없다면, 어떻게 미래에서 과거로 되돌아오는 길에만 칸막이가 있을 수 있겠는가? '공든 탑이 무너지랴'는 속담이 있지만, 이는 '과거에 들인 공은 절대로 허사가 되지 않는다'는 뜻이 아니라 그렇게 되지 않길 바라는 바람을 보여주는 것이다. 슬프게도 공든 탑은 자주 무너진다. 공든 탑이 무너질까 봐 노심초사하는 사람의 마음에는 아직 완성되지 않은, 그러나 미래에 완성될 탑이 차지하고 있겠지만, 이미 탑이 무너진 사람의 마음에는 과거에 있었던 자신의 공에 대한 안타까움이 있을 것이다. 완성된 탑이 과거의 노력에 토대를 둔 것이라면, 바로 같은 이유에서 탑이 허물어지는 사건은 과거의 노력을 헛된 것으로 만든다.

축구 경기 사이에 있는 칸막이는 단지 축구에만 있는 것은 아니다. 모든 스포츠가 그럴 것이다. 사람들이 스포츠를 좋아하는 이유 중 하나가 바로 이 점이라고 생각한다. 다시 말해서, 스포츠 경기에서는 삶에서 맛볼 수 없는 '단절'을 경험할 수 있다. 내가 응원하는 야구팀이 오늘 져서 속상하지만 내일 또 다른 경기가 있다는 점에서 위로를 받는다. 내일의 경기가 새롭게 시작될 수 있는 이유는 오늘의 게임과 내일의 게임 사이에 칸막이가 있기 때문이다.

칸막이는 한 경기 내에서도 존재할 수 있다. 예를 들어, 야구 경기를 생각해 보자. 야구 경기는 9회로 구성되는데 매 회 두 팀은 공격과 수비를 번갈아 하게 된다. 한 회와 다른 회 사이에는 칸막이가 있다. 한 회 동안 얻은 점수는 다른 회에 일어나는 일과 무관하다. 한 회 점수를 얻었다고 해서 그다음 회에 얻는 점수가 두 배가 되는 일은 일어나지 않는 것이다.

많은 스포츠에는 각 경기가 진행되는 과정을 나름의 방식으로 나누는 칸막이가 존재한다. (예외도 있는데, 이에 대해서는 조금 있다가 이야기할 것이다.) 차이가 있다면 칸막이가 작동하는 방식이다. 그중 대표적인 방식은 축구와 농구처럼 경기 시간을 나누는 것이다. 또 하나는 칸막이가 공격과 수비를 나누는 것이다. 야구에도 그런 칸막이가 있고, 테니스도 그렇다. 야구에서 공격을 하는 팀이 얼마 동안 공격을 할 수 있는지는 정해져 있지 않다. 야구의 칸막이는 시간을 나누는 칸막이가 아니기 때문이다. 반대로 축구 경기에서는 경기 내내 한 팀이 다른 팀에게 공격을 퍼붓는 것이 가능하다. 축구에는 공격과 수비를 나누는 칸막이가 없기 때문이다.

왜 축구 경기 설계자는 시간을 나누는 칸막이를 만들고 야구 경기 설계자는 공격과 수비를 나누는 칸막이를 만들었을까? 아마도 그렇게 하는 것이 각각의 경기에서 요구되는 탁월성을 가장 효과적으로 보여주기 때문일 것이다. 그렇다고 해서 각 경기에 적합한 칸막이의 방식이 한 가지만 있다고 볼 필요는 없다. 필요에 따라서는 칸막이를 적절히 변형하는 것도 가능하다. 공격과 수비를 나누는 칸막이만 존재하는 야구에서는 한 경기가 영원히 길어질 수 있다. 한 팀의 공격력이 너무 뛰어나서 24시간이 지났는데도 단 하나의 아웃도 일어나지 않을 수 있다. 물론 이런 경기가 벌어진다면 열렬한 팬이라도 보는 것을 포기하고 집으로 돌아갈 것이다. 이것이 야구에서 콜드게임called game이라는 규칙이 생겨난 이유이다. 일정한 점수 차가 벌어지면 9회까지 경기를 하지 않고 주심이 게임 종료를 선언하는 것이 바로 콜드게임이다.

테니스도 비슷한 이유로 타이브레이크tiebreak라는 방식이 생겼다. 테니스에서 한 세트를 이기기 위해서는 6게임을 승리해야 하는데, 두 사람이 똑같이 6게임씩 이겼을 때 치러지는 것이 바로 타이브레이크이다. 하지만 이론상 타이브레이크도 끝나지 않고 계속될 수 있다. 두 사람이 영원히 공을 주고받을 수 있기 때문이다. 하지만 현실에서는 그런 일이 일어나지 않을 것이 확실하므로 타이브레이크로 충분하다고 볼 수 있다. 타이브레이크 없이 치른 경기 중에서 가장 길었던 테니스 경기는 11시간이 넘게 걸렸다. 이 경기는 3일에 걸쳐서 치러졌다고 하는데, 아마 이때 사람들은 타이브레이크 같은 것이 필요하다는 점을 깨달았을 것이다.*

그런데 칸막이가 있는 여러 스포츠 종목 중에서 내가 보기에 독보적으로 흥미로운 종목은 바로 볼링이다. 볼링을 처음 접하는 사람들

---

* 정확히 말하자면 이 결과는 마지막 세트에 타이브레이크를 적용하지 않아서 생긴 일이다. 2010년 윔블던 대회는 마지막 세트에 타이브레이크를 허용하지 않았다. 이 윔블던 대회에서 미국의 이스너 선수와 프랑스의 마위 선수는 5세트에 총 138게임을 치른 끝에 3일에 걸친 경기를 끝낼 수 있었다. 그 이후 윔블던 대회에서는 5세트에도 타이브레이크를 적용하기로 결정했다.

을 의아하게 만드는 것은 점수 계산법이다. 볼링 경기는 총 10개의 프레임으로 구성되어 있는데, 각 프레임마다 공을 굴려서 서 있는 10개의 핀을 쓰러뜨려야 한다. 볼링 점수 계산법이 독특한 점은 각 프레임의 점수가 다음 프레임의 점수에 따라 달라질 수 있다는 것이다. 예를 들어, 어떤 프레임에서 핀 10개를 모두 쓰러뜨려서 '스트라이크'를 쳤을 때, 그 프레임의 점수는 바로 기록되지 않고 그다음 프레임의 결과를 더해서 결정된다. 만약 다음에 연속으로 2번 더 스트라이크를 쳤다면 1프레임의 점수는 30점이 된다.

내가 아는 한, 이런 방식으로 점수를 정하는 스포츠 게임은 없다. 야구 점수가 볼링과 비슷한 방식으로 매겨진다면 어떨까? 두 회 연속으로 홈런이 나오는 경우 앞의 회에서 타자가 친 홈런 점수는 두 배가 되는 식으로 말이다. 아마 더 흥미로울 수도 있고, 혼란스러워서 재미가 반감될지도 모른다. 여하튼, 현재 이루어지는 볼링은 다른 종목에서 찾을 수 없는 독특한 점수 계산 방식을 갖고 있다.

나는 볼링에서 인생의 칸막이가 작동하는 방식을 엿본다. 과거에 일어난 일에 대한 평가가 그다음에 일어난 일을 토대로 내려진다는 점에서, 볼링은 구기 종목 중에서 가장 인생과 비슷하다. 물론 좀 더 들어가 살펴보면, 볼링이 인생과 아주 비슷하다고는 볼 수 없을지 모른다. 볼링에서 이전 프레임의 점수를 결정하는 것은 바로 이어지는 (많아야) 두 번의 기회에서 얼마나 많은 핀을 쓰러뜨리는지에 달려 있다. 하지만 인생에서는 칸막이를 넘어 과거의 일로 돌아갈 때 그런 제한이 없다. 아주 먼 과거의 일로도 돌아갈 수 있는 것이 인생에서는 가능하다. 그렇지만 현재에서 과거로 가는 칸막이가 없다는 점에서 볼링은 인생과 독보적으로 닮았다.

지금까지는 경기 내에 칸막이가 존재한다고 여겨지는 스포츠 종목들에 대해서 생각해 보았다. 하지만 경기 내 칸막이가 아예 없는 스포츠 종목도 있다. 육상, 수영, 스케이팅 같은 종목이 대표적인데, 대부분 개인 종목들이다. 마라톤을 예로 들어보자. 마라톤이야말로 '인생의 축소판'이라는 비유로 가장 많이 사용되는 스포츠 종목일 것이다. 한 마라톤 선수가 세계 신기록을 깰 수 있을 정도로 빠르게 달리고 있다. 그런데 종착점이 눈앞에 보이는 곳에서 그는 갑자기 달리기를 중단하고 말았다. 이 선수의 갑작스런 경기 포기는 지금까지 달려왔던 그의 노력을 실패로 만드는 것이 분명하다. 이 순간 중간 지점을 통과한 기록도, 그 누구보다 앞섰다는 사실도 그의 노력을 보람되게 해주지 않는다. 그가 경기를 포기하는 선택을 하는 순간까지 기울여왔던 노력을 헛된 것으로 만드는 것에는 칸막이가 없다. 이 점에서 마라톤은 인생과 닮은 점이 있다.

하지만 마라톤과 인생 사이에는 여전히 중요한 차이점이 존재한다. 첫째, 마라톤에 대한 평가는 오로지 그 종착점에 쏠려 있지만, 인생은 그렇지 않다. 마라톤 경기에서는 시작하자마자 선두로 달리는 것이 그리 중요하지 않다. 중간에 선두에 있는 것도 마찬가지로 중요하지 않다. 마라톤에서 중요한 점은 완주하여 좋은 기록으로 결승선을 통과하는 것이기 때문이다. 그런 점에서 결승전을 통과하는 사건이 마라톤을 완성한다고 볼 수 있다. 하지만 인생에서는 그렇지 않다. 한 삶이 끝나는 지점에서야 비로소 그 삶에 대한 평가가 가능한 것은 아니다. 인생에 칸막이는 없지만, '마디'라고 부를 수 있는 것이 있다. 인생의 마디를 이루는 지점에서 우리는 인생의 중요한 부분을 평가할 수 있다. 무엇이 인생의 마디인지는 사람마다 다르겠지만, 예를 들어,

오랜 기간 다녔던 직장을 그만두기로 한 사람은 자신의 직장 생활이라는 인생 마디를 되돌아보며 평가할 수 있다.

둘째, 마라톤 경기에 참여한 모든 선수들은 하나의 경로를 달리지만, 인생에서는 사람들이 달려야 할 길이 각자 다르다. 어떤 인생길은 시작하자마자 높고 험한 산길로 시작되고 어떤 인생길은 평탄하고 깨끗하게 정비된 아스팔트길로 시작한다. 또 어떤 길은 허망하게 짧고, 어떤 길은 끝이 보이지 않을 정도로 길다. 인생에서는 각자 자신의 경로를 뛰어간다. 이렇게 사람마다 경로가 다르기 때문에, 우리 각자의 인생은 더욱 다양하다.

인생 그래프

요약하자면, 사람들은 인생을 스포츠에 자주 비유하지만 좀 더 들여다보면 둘 사이에 중요한 차이가 있다. 그럼에도 불구하고 인생을 스포츠에 비교하는 이유 중 하나는, 기쁨과 절망과 같이 서로 상반되는 감정을 예상치 못한 방식으로 경험하게 된다는 공통점 때문이라고 생각한다. 인생에서도 스포츠에서도 희비 쌍곡선이 있다. 한 팀이 승리의 기쁨을 누리고 있을 때 상대 팀은 낙담에 빠져 있을 것이다. 한 경기 내에서도 기쁨과 낙담은 뒤바뀔 수 있다. 역전패를 당한 축구팀을 생각해 보라. 앞서 있을 때의 희망이 역전을 당하면서 절망으로 변한다.

사람들은 인생에서 맛보는 기쁨과 절망을 표현하기 위해서 '인생 그래프'라는 것을 그리곤 한다. 인생 그래프에서 가로축은 시간의 흐

름을 나타내고, 세로축은 인생에서 맛보는 기쁨과 절망을 각각 양(+)
과 음(-)의 값으로 나타낸다.

　지금까지 인생 그래프를 그려보라는 요청을 받은 사람들을 상상
해 보자. 그들은 자신이 살아왔던 삶을 되돌아보면서 각 지점에서 경
험했던 기쁨과 절망을 평가하게 될 것이다. 어떤 사람은 어린 시절에
높은 양의 값을 갖지만, 시간이 지나면서 점점 그 값이 떨어지는 그래
프를 그릴 수 있다. 지속적인 하강으로 나타나는 인생 그래프이다. 이
와 정반대로 어떤 사람은 지속적인 상승을 보여주는 인생 그래프를
그린다. 또한, 한 시점부터 상승하다가 어느 시점에서 최고점을 이룬
후 하강하는 그래프를 그리는 사람도 있을 것이다. 반대로 하강하다
가 어느 시점에서 최저점을 찍은 후 상승하는 그래프도 있다. 이 외에
도 여러 모양의 인생 그래프를 상상할 수 있다.

　우선 생각해 볼 물음은 이것이다. 이렇게 다양한 여러 형태의 인
생 그래프 중에서 현재 어떤 것을 선호하는가? 우상향 그래프인가, 우
하향 그래프인가, 아니면 포물선 그래프나 유(U)자형 그래프인가? 이
질문에 대해서 어떤 사람이 다음과 같은 이유에서 답을 내리지 못한
다고 하자.

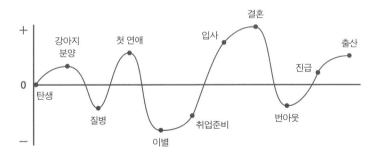

[인생그래프 예시]

어떤 그래프를 선호하는지를 지금 말하기는 어렵습니다. 그 이유는 아직 인생이 끝나지 않았기 때문이죠. 지금까지의 인생이 우상향 그래프를 그렸다고 해서 좋다고 볼 수는 없습니다. 바로 내일 절망의 나락으로 떨어질지도 모르니까요.

이 사람이 답을 내리지 못하는 이유는 그럴듯한가? 인생의 중간 지점에서는 자신의 인생 그래프의 전체 모습을 알 수 없다는 점에서 이 대답은 옳다. 자신의 현재 위치가 인생 그래프에서 바닥인지는 시간이 지나야 알 수 있을 것이다. 하지만 우리가 자신의 인생 그래프를 예측할 수 없다고 해서, 어떤 인생 그래프가 더 좋은지를 판단할 수 없는 것은 아니다. 모든 것을 경험해야만 판단할 수 있는 것은 아니기 때문이다. 우리는 이 사람에게 다음과 같이 질문을 바꿔서 물어볼 필요가 있다. 인생을 마무리 짓는 시점에서 자신의 인생을 되돌아볼 때 가장 선호할 인생 그래프는 무엇인가?

윤리적 마디와 인생의 매듭

공리주의는 인생 그래프에 대해서 분명한 견해를 가지고 있다. 인생에서 윤리적으로 중요한 것은 그래프의 궤적이 아니라 그래프의 면적이라는 생각이다. 공리주의는 인생에 대해서 미적분이라는 수학을 제시하는 셈이다. 달리 말하자면, 공리주의는 우상향 그래프이든 우하향 그래프이든 각 그래프가 만들어 내는 도형의 크기가 같다면 둘 가운데 윤리적으로 나은 것은 없고 따라서 어느 한쪽을 선호해야 할 이유도 없다고 말한다. 공리주의에서 윤리적으로 중요한 것은, 얼마나 기쁜가, 얼마 동안 기쁜가, 얼마나 괴로운가, 얼마 동안 괴로운가 하는 것이지, 그 기쁨과 고통이 언제 찾아오는가는 아니기 때문이다.

하지만 과연 그런가? 극단적으로 우상향인 인생 그래프와 극단적으로 우하향인 인생 그래프를 생각해 보자. 최악의 어린 시절을 보낸 사람이 승승장구하여 결국 누구보다도 행복한 사람이 되어 세상을 떠난다. 다른 한 사람은 누구보다도 행복한 유년 시절을 보냈으나 실패만 계속되는 삶을 살다가 상상하기 어려울 정도로 비참한 최후를 맞는다. 이 두 사람의 삶 중에서 어떤 쪽이 나은지를 묻는다면, 대부분은 전자를 선택할 것이다. '대기만성'이나 '입지전立志傳'이라는 표현이 보여주듯이 전자의 궤적을 그리는 인생은 긍정적으로 평가된다. 반면에 후자의 삶은 부정적으로 묘사되는 경향이 있다. '용두사미'라고 말할 때 강조되는 것은 '용의 머리'가 주는 기대가 아니라 '뱀의 꼬리'에서 느끼는 실망이다. 전자를 부정적으로 평가하고 후자를 긍정적으로 평가하는 표현을 찾기 어렵다. '젊었을 때 신나게 노는 삶이 최고의 삶'이라고 말하는 사람들도 있지만, 그들이 의미하는 것도 '젊었을 때만 신나는 삶'은 아니다.

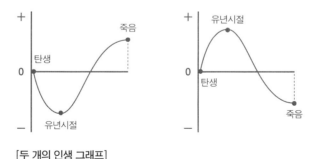

[두 개의 인생 그래프]

두 인생 그래프가 면적에서는 같지만 한 쪽이 다른 쪽에 비해서 확연하게 더 선호된다면, 공리주의가 주는 대답은 거부해야 할 것처럼 보인다. 하지만 상황은 그렇게 간단치 않다. 앞서 2장에서 우리는 '흙수저 씨의 삶'과 '금수저 씨의 삶'으로 대표되는 상반된 두 개의 인생 그래프를 생각해 보았다. 흙수저 씨의 삶은 대기만성의 삶인 반면, 금수저 씨의 삶은 용두사미의 삶이다. 우리는 흙수저 씨의 삶이 금수저 씨의 삶보다 낫다고 생각한다. 공리주의는 행복의 총량을 윤리적 판단의 근거로 삼고 있기에, 수학에 비유하면 면적을 구하는 적분, 즉 행복의 적분학을 중요하게 생각한다고 할 수 있다. 행복의 적분학으로만 따지면 두 인생 그래프의 면적이 같기 때문에 왜 우리가 흙수저 씨의 삶을 금수저 씨의 삶보다 더 선호하는지 설명하기 어렵다.

하지만 행복의 미분학으로 따지면 이야기는 달라진다. 행복의 미분학이란, 비유하면, 행복과 불행의 그래프를 인생의 각 순간에서 평가하는 것이다. 흙수저 씨의 삶을 각 순간에서 평가하면 그의 삶은 점차 나아지는 삶이다. 반면에 금수저 씨의 삶은 어느 순간에서 평가하더라도 기울기는 내리막이다. 행복의 미분학에서 보면 고통이 지나가고 다가올 행복이 점점 커지는 순간들로 이루어진 흙수저 씨의 삶이 낫다. 그런 점에서 공리주의가 행복의 적분학뿐 아니라 행복의 미분학까지 포함한다면, 공리주의도 흙수저 씨의 삶이 금수저 씨의 삶보다 더 선호할 만하다는 점을 받아들일 수 있을 것이다. 그리고 공리주의가 행복의 미분학을 거부할 이유는 없어 보인다. 이 점이 2장에서 생각해 본 것이었다.

그렇다면 문제는 행복의 미분학이 과연 옳은지 하는 점이다. 2장에서 나는 행복의 미분학이 옳지 않다고 주장했는데, 간단히 말해서 그 이유는, 인생의 어느 순간에 어떻게 살 것인지를 고민할 때 앞으로 다가올 즐거움이나 고통에 집중하는 것은 옳지 않기 때문이다. 달리 말하자면, 중요한 것은 지나온 과거를 회복하는 데 있기 때문이다. 인생의 종착점에 서서 자신의 인생을 돌아볼 때 흙수저 씨와 금수저 씨는 각각 자신의 삶을 어떻게 볼까?

점진적으로 상승하는 인생 그래프를 살아온 흙수저 씨는 자신의 현재 상태로 인해서 과거 자신의 불행한 삶이 회복되었다고 믿을 것이다. 반면에 금수저 씨는 자신의 현재 상태로 인해서 과거 자신의 행복은 빛이 바랬다고 여길 것이다. 이 차이점이 흙수저 씨의 삶이 금수저 씨의 삶보다 낫다고 여기게 되는 이유이다. 달리 말하자면, 흙수저 씨의 삶이 나은 이유는 역설적이게도 그의 과거가 불행했기 때문이다. 즉 금수저 씨에 비해서 흙수저 씨에게는 회복되어야 할 지난날이 있었기 때문이다.

그렇다면 흙수저 씨의 과거는 어떻게 회복되는가? '고진감래'란 고사성어가 있다. '고생 끝에 낙이 온다'라는 뜻이다. 하지만 글자 그대로 고생스러운 기간이 지나고 나면 모두 기쁜 일을 맞는다는 것은 사실이 아니다. 그렇다면 이 말을 하면서 우리는 무엇을 의미하는가? 젊은 시절 겪은 불행과 고통이 이후의 성공에 의해서 '보상'을 받는다는 것일까?

'과거가 회복된다'는 것은 현재의 성공 때문에 '과거의 고통을 웃으면서 이야기할 수 있다'는 것 정도를 뜻하지 않는다. 그런 의미라면, 과거의 고통은 없었다면 더 좋았을 것에 불과하고, 현재의 성공에 의해서 '그나마 견딜 만한 것'이 된다. 과거가 회복되는 것은 이와는 다른 방식이다. 현재의 상황에 의해서 과거에서 현재에 이르는 이야기가 새롭게 만들어짐으로써 과거는 회복될 수 있다. 흙수저 씨의 불행한 어린 시절을 포함하지 않고서 그의 이야기는 만들어질 수 없다. 그리고 그의 이야기 속에서 불행한 어린 시절은 이야기를 빛내는 중요한 역할을 담당한다.

현재의 상황이 그저 우연히 주어진 것이라면 그것은 과거를 회복시키는 힘을 갖지 못할 것이다. 예를 들어, 흙수저 씨가 로또에 당첨되어 고단했던 처지에서 벗어나 경제적으로 풍족한 삶을 살게 된다면, 로또 당첨은 그를 부자로 만들어 주었지만 과거의 고통을 회복시켜 준다고 보기는 어렵다. 과거를 회복하는 힘은 행위자의 선택과 행위에서 생겨난다. 하늘에서 뚝 떨어진 우연은 이야기적 완결성narrative closure을 훼손하기 때문이다. 아리스토텔레스의《시학》이래로 허구를 만들어 낼 때 우연이 우연으로 보이지 않도록 하는 것이 이야기꾼의 중요한 덕목으로 간주되어 온 것도 바로 그런 이유에서이다. 우연한 사건이 아니라 자신의 선택과 행위를 통해서만 지난날의 사건은 회복될 수 있는 것이다.

앞에서 우리가 살펴본 사죄와 용서는 지난날의 사건을 회복하려는 대표적인 시도들이다. 나는 사죄와 용서처럼 지난날의 사건을 회복하려는 시도를 '인생의 매듭'이라고 표현하고 싶다. 인생의 매듭을 통해서 우리의 과거는 이야기적 완결성을 갖게 된다. 또한 이렇게 매듭을 지음으로써 완결되는 이야기적 구조를 '윤리적 마디'라고 부를 수 있을 것이다.

그렇다면 윤리적 마디는 과거의 어느 시점까지 거슬러 올라갈 수 있을까? 앞에서 우리는 스포츠와 인생을 비교하면서 스포츠가 인생과 다른 점에 주목했다. 대부분의 스포츠 경기가 인생과 다른 점은 경기의 설계자가 인위적으로 칸막이를 만들어 놓는다는 데 있다. 전반전과 후반전 사이에 칸막이가 있고, 1차전과 2차전 사이에 칸막이가 있다. 그래서 경기는 경기일 뿐이다. 경기에서 일어나는 경쟁은 그 칸막이 안에서 의미를 갖도록 설계되었다. 그래서 축구를 전쟁에 비유하더라도 그것은 안전한 전쟁이다. 축구 경기가 칸막이를 넘어서 영향을 미친다면 제대로 축구를 즐기는 것이 아니다.

하지만 인생은 그렇게 단순하지 않다. 일단, 스포츠 경기에서처럼 완벽하게 구간을 나누어 놓는 칸막이는 인생에서 만날 수 없다. 하지만 그렇다고 해서 인생의 모든 결정이 지난날의 사건을 회복할 수 있는 것도 아니고, 모든 지난날의 사건이 회복될 수 있는 것도 아니다. 한마디로 말해서, 인생에서 생겨나는 윤리적 마디의 사정은 매우 복잡하다.

일제 강점기 시절 일본이 저지른 잘못 중에서 성노예 문제는 아주 오랜 기간 한국과 일본 사이에서 갈등을 일으켜 왔다. 일본이라는 국가가 성노예를 강요했다는 점이 얼마나 잘못된 일인지를 여기서 논의할 필요는 없다. 문제는 일본 정부가 이에 대한 사죄를 통해서 명확한 윤리적 마디를 만들 수 있는 기회가 점차 줄어들고 있다는 것이다. 윤리적 마디를 만드는 것은 언제나 가능한 것도 아니고 아무 조건에서나 가능한 것도 아니기 때문이다. 임진왜란에 있었던 양민학살에 대해서 일본이 21세기 어느 시점에 사죄를 한다고 하자. 이를 통해서도 윤리적 마디가 만들어진다고 할 수는 있겠지만, 그것은 일본이 성노예 문제에 대해서 만들 수 있는 윤리적 마디에 비해서 훨씬 느슨한 것이 될 것이다. 그 이유 중 하나는 성노예 범죄의 피해자 여성들이 생존해 있기 때문이다. 어느 시기가 지나고 나면 일본 정부가 이 지난날의 사건에 대해서 윤리적 마디를 만들기는 더욱 힘들어질 것이다.

인생의 이야기적 완결성

윤리적 마디를 만들어 낼 수 있는 궁극적인 이유는 과거 사건의 성격이 현재의 선택을 통해서 달라질 수 있기 때문이다. 이는 우리에게 잘 알려진 책《역사란 무엇인가》를 떠올리게 한다. 이 책의 저자 카E. H. Carr는 "역사란 현재와 과거 사이의 끊임없는 대화"라는 유명한 명제를 남긴 바 있다. 이 명제는 잘 알려졌지만 그 의미가 무엇인지는 대체로 잘 이해하지 못하는 것 같다. 하나의 수사적 표현으로 보자면, 이 명제는 역사를 멋지게 묘사해 주는 듯하다. 현재가 과거에게 말을 걸고, 과거가 현재에게 대답하는 상황은 역사가의 일을 매우 인간적인 것으로 느끼게 한다. 하지만 어차피 역사란 현재에 사는 사람이 과거의 일에 대해서 무엇인가를 써내는 것이기에, 이 명제는 아름다운 수사일 수는 있어도 그리 알맹이가 있는 것처럼 보이지는 않는다. 멋있지만 공허한 소리처럼 들린다. 하지만 이는 이 명제를 오해한 것이다.

카의 명제에서 방점은 '현재가 말을 거는 과거가 무엇인가'에 있다. 현재는 아무 과거에게나 말을 걸지 않는다. 과거는 현재에 의해서 선택된다. 이것이 카의 명제가 말하고자 하는 바이다. 과거의 사실事實, fact이 모두 역사적 사실이 되지는 않는다. '역사적 사실'을 줄여서 '사실史實'이라고 한다면, 모든 사실事實이 사실史實은 아니라고 카는 말하는 셈이다.

그렇다면 어떤 사실事實이 사실史實이 되는가? 그것을 정하는 것

262

은 현재의 몫이다. 현재를 살아가는 역사가의 해석적 선택에 의해서 특정한 사실이 역사적 사실로 태어난다. 하지만 그렇다고 해서 역사가가 과거의 사실 가운데 아무것이나 역사적 사실로 만들 수 있다는 것도 아니다. 이 지점이 바로 과거가 현재에게 대답해야 하는 곳이다.

카는 역사 이해에 관해서 대립하는 두 견해를 소개한 후 이를 모두 거부한다. 하나는 19세기를 휩쓸었던 실증주의 역사관이다. 이에 따르면 역사적 사실이란 감춰져 있을 수 있으나 궁극적으로는 발견되어야 할 대상이다. 카는 이런 역사관을 '사실 숭배' 역사관이라고 본다. 이와 대비되는 또 다른 견해는 20세기 초 크로체B. Croce와 콜링우드R. Collingwood로 대표되는 역사관이다. 이에 따르면 역사는 현재를 살아가는 역사가의 해석에 의해서 만들어진다. 크로체는 모든 역사를 현대사contemporary history라고 말하기까지 한다.[*]

이 두 역사관은 상반되지만 역사를 대화가 아니라 독백이라고 여긴다는 점에서는 같다. 실증주의는 과거가 하는 독백에 귀를 기울이라고 말하고, 크로체와 콜링우드는 현재가 하는 독백이 역사라고 말하는 것이다. 카는 이 두 견해를 모두 거부하고 역사를 과거와 현재 사이에 진행되는 대화라고 주장함으로써 다른 길을 간다.

카의 역사관은, 현재를 살아가는 내가 하는 선택으로 과거가 의미를 갖게 된다는 점에서, 윤리적 마디에 관한 우리의 논의와 맞닿아 있다. 역사가가 해석이라는 선택을 통해서 사실事實을 사실史實로 만들어 내듯이, 현재의 나는 오늘 인생의 매듭을 지음으로써 윤리적 마디를 만들어 낸다. 윤리적 마디를 통해서 지나쳐 온 과거의 잘못이 바로

[*] 카(2015), 34쪽.

서고 우리는 하나의 온전한 이야기를 만들어 내는 것이다.

왜 동일한 면적의 두 인생 그래프가 서로 다른 윤리적 의미를 가질 수 있는지를 추적하는 과정에서 우리는 인생 그래프가 갖고 있는 이야기적 완결성에 주목했다. 카 역시 역사가 갖는 이야기 구조에 주목한다. 이 점에서도 그의 역사관과 우리의 논의에는 접점이 있다. 다시 말해서, 이야기는 사건의 인과관계를 단순히 설명하는 것이 아니다.

이 점을 설명하기 위해서 카가 제시하여 잘 알려진 예시를 생각해 보자.* 음주 상태로 운전을 하던 존슨은 길을 건너던 로빈슨을 치어 죽게 했다. 가로등이 없는 밤길이라 어두웠다. 나중에 보니 존슨의 차는 브레이크가 파열된 상태였고, 당시 로빈슨은 담배를 사기 위해서 길 건너 상점으로 가던 길이었다. 이 경우 로빈슨 사망 사건의 원인은 무엇인가? 존슨의 음주 운전이 로빈슨을 죽게 만든 원인일까? 아니면, 어두운 밤길일까? 그것도 아니면, 브레이크 파열일까? 이 중 무엇을 로빈슨 사망의 원인으로 꼽을 것인지는 과학철학에서 흥미로운 논쟁거리가 될 수 있다. 하지만 사망 사건의 원인으로 세 가지 중 어느 것을 꼽는 것을 두고 상식에서 벗어난 판단이라고 할 수는 없다.

하지만 누군가가 '로빈슨이 담배를 사러 길을 건너지 않았더라면, 그는 차에 치여 죽지 않았을 것'이라는 근거에서, 로빈슨의 흡연 습관이 그가 사망한 원인이라고 말한다면, 이는 상식에서 벗어난 판단이다. 분명 로빈슨이 그 시각에 담배를 피우고 싶은 마음이 없어서 길 건너 상점으로 향하지 않았더라면, 그는 음주 상태의 존슨이 몰던 차에 치여 죽지 않았을 것이다. 하지만 그렇다고 해서 로빈슨의 흡연 욕구

---

* 카(2015), 5장.

가 그가 죽은 원인이라고 말할 수는 없다. 카는 이 예시를 통해서 다음과 같이 주장한다.

> 역사가는, 끝없는 사실의 바다에서 자신의 목적을 위해서 중요한 것을 선택하는 것과 마찬가지로, 무수한 인과적 전후관계들 중에서 역사적으로 중요한 것을, 오직 그런 것만을 추출해 낸다.[**]

역사가는 단순히 어떤 사건의 인과를 밝히지 않는다. 역사가의 역할은 중요한 인과관계를 드러내는 것이다. 그리고 바로 그런 작업의 본성은 이야기의 완결성을 추구하는 것이다. '자동차 사고가 있던 날 하필 담배가 없던 로빈슨은 담배가 피고 싶었고, 마침 길 건너편 상점은 열려 있었다. 이 때문에 로빈슨은 그날 죽게 되었다.' 누군가 그날의 사고를 이렇게 전한다면, 사람들은 이 설명에서 중요한 것이 빠져 있다고 생각할 것이다. 그렇게 길을 건너는 로빈슨을 왜 자동차는 피하지 못했을까? 이를 밝히지 않는다면, 해당 설명은 이야기로서의 완결성을 갖지 못한다.

좋은 인생 이야기란 무엇일까?

앞서 윤리적 의미에서 자신의 인생 그래프를 고려할 때 이야기적 완

[**] 카(2015), 145쪽.

결성이 중요하다는 점을 살펴보았다. 이에 대한 오해 중 하나는, '이야기'라는 개념을 우리가 살아가면서 따라가야 할 거대한 운명같이 생각하는 것이다. 대중에게 잘 알려진 이스라엘의 역사학자 하라리는 《21세기를 위한 21가지 제언》에서 바로 그런 개념의 '이야기'에 대해서 말한다. 하라리는 '이야기'를 거대한 집단을 움직이는 이데올로기 같은 것으로 이해한다. 그것은 민족주의 이야기일 수 있고, 특정 종교의 교리가 스며 있는 이야기일 수도 있다. 어쨌든 그런 거대한 이야기는 개인의 인생이 시작하기 전에 이미 굳건히 수립되어 사람들의 삶을 마음대로 끌고 가려는 성향이 있다.

하라리는 이런 의미의 거대한 이야기를 경계한다. 이슬람교의 특정한 이야기는 시리아와 이라크의 IS 조직원들이 폭탄을 안고 자폭하도록 만든다. 천국에서 보상이 주어진다는 이야기에 빠져들어 자신의 인생을 마감하는 것이다. 하라리는 이 이야기가 갖는 허구성을 지적한다. 예를 들어, 조직원들이 프랑스 공군의 공습으로 순교할 때, 그들은 프랑스 공군을 보복해야 한다고 주장하지만, 이는 앞뒤가 맞지 않는다. 그들의 이야기에 따르면 프랑스 공군의 공격으로 순교한 조직원들은 이미 천국에 있을 텐데, 천국에 그들을 보내준 프랑스 공군을 보복해야 할 이유가 없지 않은가?[*] 인간의 삶을 송두리째 휘감아 한쪽으로 끌고 가는 거대한 이야기들은 '희생', '영원', '순수', '구원'과 같은 단어들을 앞세워서 현실의 모습을 감춘다.[**] 하라리는 이렇게 말한다.

---

*　하라리(2018), 446쪽.

**　하라리(2018), 466쪽.

좋은 이야기는 나에게 역할을 주면서 나의 지평 너머로 뻗어가야 하지만 반드시 진실일 필요는 없다. 이야기는 순수한 허구이면서도 내게 정체성을 부여하고 내 인생에 의미가 있다고 느끼게 해줄 수 있다. 실제로 우리가 아는 최선의 과학적 이해에 따르면, 인류 역사를 통틀어 수많은 다양한 문화와 종교, 부족 들이 발명해 온 수천 가지 이야기 중 어느 하나도 진실인 것은 없다. 모두가 인간의 발명품일 뿐이다. 만약 당신이 인생의 진정한 의미를 구하고서 이야기를 답으로 얻는다면, 이것이 틀린 답이라는 것을 안다. 정확한 세부 내용은 중요하지 않다. **어떤** 이야기도 단지 그것이 이야기라는 이유만으로도 진실이 아니다.[***]

하지만 우리가 여기서 인생의 그래프를 이야기와 관련 지을 때 염두에 두는 것은 하라리가 말하는 거대 집단이 공유하는 이야기와는 거리가 멀다. 하라리가 비판하는 거대 이야기는 개인 간 삶의 차이점을 무시하게 만들고 폭군처럼 개인의 삶을 이끄는 것이다. 하라리에 의하면, 거대 이야기가 이끄는 삶은 결국 허망함으로 끝나는데, 그 이유는 모든 거대 이야기는 진실이 아니기 때문이다.

　반면에 이 장에서 살펴본 삶의 궤적이 만들어 내는 이야기는 삶이 시작하기 전에 만들어진 것이 아니다. 그것은 삶이 지나고 나서 뒤돌아볼 때 생겨나는 것이다. 또한 개인들 간의 차이점을 그대로 드러내는 것이다. 비유를 들자면, 거대 이야기는 먼 지점에 도착점을 설정해 놓고 쏘아 올린 로켓과 같다. 날아가는 도중에 로켓을 밀어 올리느라

*** 하라리(2018), 423쪽. 저자 강조.

연료를 다 쓴 추진체는 단계별로 떨어져 나가지만, 중요한 것은 로켓이 도착점에 도착하는지이다. 로켓은 우리의 삶을 지고 정해진 궤도를 따라 날아간다. 하지만 하라리의 주장에 따르면, 모든 로켓은 도착점을 벗어나게 되어 있다. 로켓의 비행에서 우리를 밀어 올린 추진체는 어디로 갔는지 중요치 않다. 그것의 용도는 우리의 삶을 밀어 올리는 것뿐이었기 때문이다. 반면에 우리가 이 장에서 논의한 '이야기'라는 개념은 모래밭에 발자국을 남기며 걸어가는 여정과 같다. 이 여정에서 어디로 갈지를 정하는 것은 걸어가는 사람에게 달려 있다.

거대 이야기와 개인의 이야기는 평가 기준에서도 다르다. 하라리는 거대 이야기가 모두 본질적으로 허구라고 주장한다. 여기서 이야기를 평가하는 기준은 진실 여부이다. 하지만 개인의 이야기를 놓고 참인지 거짓인지를 평가하는 것은 부적절하다. 그것은 마치 한 소설의 가치를 사실과의 부합 여부에서 찾는 것과 같다. 정답인 인생을 찾는 것은 대표적인 범주 착오라고 생각할 수 있다. 번지수를 잘못 찾은 것이다. 정답인 인생을 산 사람이 있다면, 그 이후에 태어나 살아가는 사람들의 삶의 의미는 퇴색될 것이다. 하지만 그렇지 않다. 삶이라는 이야기를 평가하는 기준은 '이야기적 완결성'이고, 다른 식으로 표현하자면, 얼마나 아름다운가 하는 점이다. 훌륭한 소설이 있다고 해도, 또 다른 방식으로 훌륭한 소설이 얼마든지 있다. 훌륭한 소설의 등장이 다른 훌륭한 소설의 등장을 방해하지는 않는다. 이야기가 완결성을 갖추는 방식은 다양하다.

거대 이야기와 달리, 개인의 이야기는 그 궤적의 끝에서 뒤돌아보면서 음미하는 대상이다. 그래서 그 끝이 어떤 모습인지가 매우 중요하다. 다음 장에서는 인생의 끝, 죽음에 대해서 살펴보고자 한다.

· · ·

10장

세대에 따른 죽음의 윤리

100세를 넘긴 노인과 20세의 청년이 있는데 어느 날 두 사람 모두 잠자리에 들자마자 잠자듯이 죽음을 맞았다고 하자. 이때 우리는 노인의 죽음보다 청년의 죽음을 더 안타까워한다. 인생의 어느 시점에 죽음을 맞이하는지가 죽음을 더 나쁜 것으로 만드는 걸까?

서로 다른 세대, 서로 다른 죽음

○

시간의 차원이 어떻게 윤리적 주제에 개입하는지를 살펴보는 우리의 여정은 이제 종착점에 다가가고 있다. 여기서는 종착점에 어울리는 윤리적 문제에 대해서 생각해 보고자 한다. 그것은 바로 인간이 맞이하는 종착점, 죽음이다.

죽음이 철학적 논의에 등장하는 맥락은 다양하다. 죽음이란 현상이 무엇인지, 죽음 이후의 삶은 가능한지, 왜 우리는 죽음을 무서워하는지 등 죽음에 관한 물음은 다양하다. 죽음이 갖는 치명적 무게 때문인지 죽음에 관한 모든 물음은 철학적이라고 느껴질 정도이다. 하지만 죽음에 대한 기존의 물음들은 죽음을 맞는 당사자들의 시간적 차원을 크게 고려하지 않았다. 다시 말해서, 죽음에 대한 철학적 물음은 죽음 그 자체에 집중했을 뿐이지, 누가 언제 죽는지에 대해서는 관심을 기울이지 않았다. 여기에는 죽음은 모든 인간에게 찾아온다는 보편성이 죽음에 관한 철학적 관심의 출발점이라는 인식이 깔려 있다.

죽음의 보편성은 당연한 것으로 받아들여져야 하지만, 이 때문에 죽음의 시간적 차원이 무시되어서는 안 된다. 사람들이 죽음을 대하는 태도는 세대에 따라서 다르다. 대부분의 젊은 사람들에게 자신의 죽음은 비현실적인 주제이지만, 노인들에게 죽음은 현실적인 문제이다. 여기에 죽음이 갖는 양면성이 있다. 죽음의 한 성질은 보편성과 필연성이다. 죽음은 모든 사람에게 반드시 찾아온다는 뜻이다. 죽음의 또 다른 성질은 세대별 특수성이다. 젊은 세대에게 죽음은 비현실적인 사건이지만 노인 세대에게 그렇지 않다. 세대별로 죽음의 의미는 달라야 할까? 다르다면 어떻게 달라야 할까? 이것이 이 장에서 우리가 생각해 볼 물음이다.

죽음에 대해서 사람들이 갖고 있는 믿음은 무엇일까? 우선, 사람들은 죽음이 주변에서 자주 일어나는 일상적인 사건이면서 동시에 도덕적인 의미에서 나쁜 사건이라고 생각한다. 또한 대부분의 사람들은 자신의 죽음이 자신에게 일어날 가장 나쁜 사건이라고 생각한다. 이 역시 죽음에 대한 통상적인 믿음 중 하나다. 그런데 죽음에 대한 통상적 믿음 중에는 이보다 좀 더 논쟁적인 것도 있다.

노인의 죽음보다 젊은이의 죽음이 더 나쁘다는 믿음을 생각해 보자. 이것도 대부분의 사람들이 받아들이는 통상적인 믿음일까? 나는 그렇다고 생각한다. 하지만 이 믿음을 받아들이는 것은 죽음에 관한 다른 믿음들보다 거부감을 불러일으킨다. 그 이유는 두 사람의 죽음을 비교하여 더 나쁜 것을 가리려 하기 때문일 것이다. 그리고 이것이 거부감을 불러일으키는 이유는, 하나를 더 나쁘다고 말하는 것이 다른 하나를 조금 더 가볍게 여긴다는 것을 암시하기 때문이다. 하지만 나는 이런 거부감은 근거가 없다고 생각한다. 노인의 죽음보다 젊은 이의 죽음이 더 나쁘다는 것이 노인의 삶이 젊은이의 삶에 비해 가치 없다고 말하는 것은 아니다. 노인의 죽음보다 젊은이의 죽음이 더 나 쁘다는 믿음 역시 많은 사람들이 받아들이는 통상적인 믿음이다.

하지만 여기서 생각해 볼 것은 이보다 좀 더 논쟁적인 믿음에 관한 것인데, 그것은 '젊은이의 죽음이 갓 태어난 아기의 죽음보다 더 나 쁘다'는 믿음이다. 노인의 죽음보다 젊은이의 죽음이 더 나쁘다는 믿음과 비교해 볼 때, 이를 받아들이는 것은 더 어렵다. 거꾸로 말해서, 노인의 죽음과 젊은이의 죽음을 비교하는 것은 젊은이의 죽음과 아기의 죽음을 비교하는 것만큼 심리적 저항을 불러일으키지 않는다.

100세를 넘기면서 건강하게 살던 노인이 어느 날 잠자리에 들자 마자 잠자듯이 죽음을 맞았다고 하자. 우리는 이런 노인의 죽음을 두고 '천수를 누렸다'고 말한다. 하지만 젊은이의 죽음을 두고 그렇게 말하지는 않는다. 젊은이의 죽음이 아무리 고통 없는 평온한 죽음이었다고 하더라도 그는 '천수를 누린 것'이 아니다. 갓 태어난 아기의 죽음도 마찬가지다. 그 어떤 아기의 죽음도 '천수를 누린' 후 일어난 것이라고 할 수 없다. 천수를 누리지 못한 두 죽음을 두고 어느 쪽이 더 나쁜지를 평가하도록 요구하는 것은 온당하지 못하다고 생각할 수 있다. 그런 점에서 젊은이의 죽음이 아기의 죽음보다 더 나쁘다고 믿는 것은 젊은이의 죽음이 노인의 죽음보다 더 나쁘다고 믿는 것보다 논쟁적이다. 그럼에도 불구하고 나는 그렇게 믿는다. 이 장에서 이 믿음을 정당화해 보도록 하겠다.

젊은이의 죽음이 아기의 죽음보다 윤리적으로 더 나쁘다는 도발적인 주장을 펼치기 위해서는 몇 가지 단계가 필요하다. 우선, '죽음이 나쁘다'는 표현이 도대체 무슨 의미인지를 분석해 볼 필요가 있다. 그다음, 죽음이 나쁜 이유를 제시하는 주요 이론으로 '박탈이론'이라는 견해에 대해서 알아볼 것이다. 여기서 자연스럽게 등장하는 것은, 두 죽음의 나쁨을 비교할 수 있는 기준이 무엇이냐는 쟁점이다. 이에 대한 이론의 후보 가운데, 박탈이론의 자연스런 귀결이라고 여겨지는 '비례 설명'의 주장을 살펴볼 것이다. 또한 이에 대한 반론으로 철학자 맥머핸Jeff McMahan이 제시한 '심리적 연결 설명'이라는 주장에 대해서도 생각해 볼 것이다. 이 두 이론 사이에서 벌어지는 논박을 검토한 후, 나는 심리적 연결 설명이 비례 설명보다 설득력 있지만 여전히 만족스럽지 않다고 주장할 것이다. 이를 바탕으로, 나는 심리적 연결 설명이 갖는 난점을 피하면서 죽음의 나쁨을 비교하는 이론으로 '더하기 설명'이라고 불릴 만한 견해를 제시해 보려 한다.

'죽음이 나쁘다'는 것의 의미

'죽음이 나쁘다'는 문장이 무엇을 의미하는가를 밝히기 위해서 이 문장에 숨겨져 있는 항목을 채워볼 필요가 있는데, 크게 네 가지이다. 우선, 죽음의 주체이다. '누구의' 죽음인지 밝혀야 한다. 둘째, 죽음의 피해자이다. '누구에게' 나쁜지를 밝혀야 한다. 셋째, 나쁨의 정도이다. '얼마나' 나쁜지를 밝혀야 한다. 넷째, 나쁨의 양태이다. 죽음이 '어떤 방식으로' 나쁜지를 밝혀야 한다. 이 네 가지를 통해서, **누구의** 죽음이 **누구에게** 나쁘고 **얼마나** 나쁘며 **어떤 식으로** 나쁜지를 알 수 있다.

우선, 누구의 죽음인가? 생명을 가진 것들은 모두 죽을 수 있지만, 우리가 논의하려는 것은 인간의 죽음이다. 특히, 우리는 개별적인 인간, 인간의 집합, 인간의 유형을 구분하여 그것의 죽음을 다룰 수 있다. 예를 들어, 영희의 죽음, 영희 가족의 죽음, 젊은이의 죽음 등이 모두 논의의 대상이 될 수 있다.

둘째, 죽음은 누구에게 나쁜가? 영희의 죽음은 영희의 친구에게 나쁜 사건일 수 있고, 영희를 전혀 알지 못하는 사람에게도 그럴 수 있다. 하지만 여기서 주목하는 것은 죽음의 주체, 즉 죽음을 맞게 되는 당사자에게 나쁘다는 점이다.[*]

셋째, 죽음은 얼마나 나쁜가? 특히 '어떤 죽음이 다른 죽음보다 더 나쁠 수 있는가?'라는 물음에는 나쁨에는 정도의 차이가 있다는 전제가 깔려 있다. 이 전제를 받아들이는 것에 이의를 다는 사람은 별로 없을 것이다. 어떤 것은 다른 것보다 더 나쁘다. 예컨대, 손가락 하나를 잃는 것보다 팔 하나를 잃는 것이 더 나쁘다는 것에 모두 동의할 것이다. 하지만 죽음의 나쁨도 그럴까? 혹시 죽음의 나쁨은 절대적이어서

---

[*] 무엇이 누구에게 나쁘기 위해서는 그 누군가는 살아 있어야 한다는 이유를 들어서, '죽음은 죽음의 당사자에게 결코 나쁠 수 없다'는 반론이 있다. 이는 흥미로운 논변이지만, 여기에는 받아들이기 힘든 전제가 깔려 있다. 즉 죽음이 나쁜 것은 죽음이 주는 고통 때문이라는 전제이다. 고통을 경험한 주체가 죽음으로 사라진 마당에 죽음이 이미 죽은 사람에게 나쁠 수는 없다는 것이다. 하지만 죽음이 나쁘기 위해서는 그 나쁨을 경험할 존재가 있어야 한다는 것은 논쟁적인 주장이며, 따져보면 받아들이기 힘든 주장이다. 영희 가족이 세상에 마지막으로 남은 사람들이었는데, 이들이 모두 같이 죽었다고 하자. 이들의 죽음을 목도하고 슬퍼할 사람은 아무도 없지만, 그렇다고 이들의 죽음이 나쁘지 않다고 할 수 없다. 그리고 영희 가족의 죽음이 누구에게 나쁘냐고 한다면, 바로 그들이라고 해야 할 것이다. '죽음의 윤리적 나쁨'이라는 주제에 관한 개관을 위해서는 Kagan(2012) 참조.

서로 비교가 불가능하다고 해야 하지 않을까? 다시 말해서, 한 사람의 죽음이 주는 나쁨은 최악이라서 두 사람의 죽음과 비교해서 덜 나쁘다고 할 수 없지 않을까?

죽음의 나쁜 정도를 '셈하는' 것은 윤리적으로 옳지 않은 태도처럼 보일 수 있다. 하지만 이는 '죽음의 나쁨'이라는 표현이 가질 수 있는 다양한 의미를 혼동한 결과라고 생각한다. 영희의 죽음은 영희의 어머니에게 비교할 수 없는 큰 슬픔을 가져다줄 것이다. 이 슬픔을 두고 두 아이를 잃은 어머니의 슬픔보다는 견딜 만하다고 말하는 것은 적절하지 않다. 그런 의미에서 죽음의 나쁨은 비교할 수 없다고 말하는 사람이 있을 수 있다. 하지만 우리는 '죽음이 나쁘다'는 의미를 '죽음을 당하는 바로 그 사람에게 나쁘다'로 받아들이기로 했으므로, 이런 반론은 논점을 벗어난 것이다.

죽음의 당사자에게 죽음이 얼마나 나쁜지를 생각한다면, 다른 조건이 같다는 전제하에 여러 사람의 죽음이 한 사람의 죽음보다, 더 나쁘다는 주장을 반직관적이라고 거부할 수 없다. 여기서 중요한 점은 '다른 조건이 같다'는 단서이다. 죽음의 나쁨을 결정하는 데 중요한 요소들이 대체로 비슷하다면, 두 사람의 죽음은 한 사람의 죽음보다 더 나쁘다고 해야 할 것이다. 죽음의 나쁨을 결정하는 데 중요한 요소들이 무엇인지가 지금부터 생각해 보아야 할 중요한 문제이다.

마지막으로, 죽음은 어떤 방식으로 나쁜가? 우리는 '나쁘다'는 형용사를 다양한 의미로 사용한다. 사람에 사용하기도 하고('나쁜 정치인'), 상태에 사용하기도 하며('나쁜 건강 상태'), 사건에 사용하기도 한다('나쁜 일'). 이 중에서 우리가 논의하는 죽음의 '나쁨'은 사건에 적용된 것이다.

사건이 나쁠 수 있는 상황은 크게 두 가지로 나뉜다. 하나는 자연적으로 일어나는 사건을 두고 '나쁘다'고 말하는 상황이고, 다른 하나는 인간이 의도를 가지고 행한 행위를 두고 '나쁘다'고 말하는 상황이다.* 살인은 후자의 의미에서 나쁘다고 할 수 있다. 이때 우리가 염두에 두는 것은 명백히 윤리적 의미이다. 문제는 살인과 같은 의도적 행위로 생겨나는 죽음이 아닌 다른 유형의 죽음이다. 여기에는 사고사, 병사, 자연사 등이 포함된다. 우리는 이런 유형의 죽음도 윤리적 의미에서 '나쁘다'고 생각하는가? 나는 그렇다고 생각한다. 그런데 왜 살인이 아니라 자연사와 같은 죽음도 윤리적 의미에서 나쁜지를 설명하는 것은 간단치 않다.

모든 유형의 죽음이 윤리적으로 나쁜 이유에 대해서 널리 받아들여지는 견해는 '박탈이론the deprivation theory'이다. 이 견해에 따르면 죽음이 나쁜 이유는, 죽은 사람이 만약 살아 있다면 누릴 수 있는 것을 죽음이 앗아가기 때문이다.** '박탈'이라는 낯선 용어를 쓰고 있어서 와닿지 않을 수 있지만, 이 견해는 우리의 상식에 녹아 있다. '할머니가 좀 더 살아 있었다면, 손자가 대학을 졸업하는 것을 보았을 텐데' 하는 아쉬움은 할머니의 죽음이 할머니의 즐거움을 박탈해 갔다는 데서 생겨난 것이다.

이 견해가 함축하는 바는, 죽음이 나쁜지의 여부를 다른 것과 비교

---

* 이 둘을 두고 '자연적 악natural evil'과 '도덕적 악moral evil'이라고 구분하기도 한다. 일반적으로 '악'은 '나쁨'보다 좁은 영역에 적용된다. 예를 들어, 날씨가 나쁠 수는 있어도 악할 수는 없다. 하지만 이 글에서 이 둘을 구별하는 것은 중요치 않다.
** 박탈이론에 대해서는 Nagel(1970)과 Feldman(1991) 참조. 박탈이론을 둘러싼 논쟁에 대해서는 Kagan(2012) Ch. 9 참조.

해 평가해야 한다는 것이다. 즉 한 사람의 죽음은 그 사람이 살아있다면 누리게 될 것과 비교하여 나쁘다. 또한 이 견해는 우리가 죽어서 못 누리게 되는 것이 윤리적 의미를 갖고 있다는 점을 함축한다. 그런 점에서 박탈이론은 '즐거움을 추구하는 것이 윤리적으로 옳다'는 쾌락주의hedonism와 잘 어울린다.

박탈이론이 죽음의 윤리적 의미를 밝히려는 견해로 유일한 것은 당연히 아니다. 또한 박탈이론이 죽음에 대한 우리의 직관을 모두 잘 설명하는 것도 아니다. 여기서 다루려는 물음은 죽음에 관한 우리의 직관적 판단을 소환하여 거기에서 출발한다. 젊은이의 죽음이 노인의 죽음보다 더 나쁜가? 또 젊은이의 죽음이 아기의 죽음보다 더 나쁜가? 나는 이 물음에 대해 나름의 답변을 제시해 보려 하지만 그 전에 이 물음을 고려할 수 있는 이론의 후보들을 살펴볼 필요가 있다.

윤리적으로 더 나쁜 죽음

우리가 다루고 있는 물음에 대답을 제시하는 이론이라면 윤리적 나쁨을 비교하는 기준을 제시할 수 있어야 할 것이다. 그런 기준으로 어떤 것이 있을까? 어떤 것이 다른 것보다 윤리적으로 더 나쁘다는 평가를 내리는 이유는 다양하다. 죽음과 관련하여 예를 들면, 고의로 사람을 죽이는 것이 실수로 사람을 죽이는 것보다 더 나쁘다는 평가는 모두가 받아들일 것이며, 여러 명의 사람을 죽이는 것이 한 명의 사람을 죽이는 것보다 더 나쁘다는 평가 역시 그럴 것이다. 전자에서는 살인의 동기 여부가 평가의 기준이라고 할 수 있고, 후자에서는 살인이 가져오는 결과적 손실이 평가의 기준이라고 할 수 있다. 흔히 윤리적 이론의 두 축이라고 말하는 의무론deontology과 결과주의consequentialism가 이런 기준을 각각 제시한다.

하지만 이 두 이론은 우리의 물음에 만족스러운 대답을 직접적으로 주지 못한다. 고의적 살인이 더 나쁘다는 점을 받아들이더라도, 젊은이가 고의적 살해를 당한 것과 아기가 고의적 살해를 당하는 것 중 어느 쪽이 더 나쁜지는 살인의 동기만으로 가릴 수 없다. 또한 얼마나 많은 사람이 결과적으로 죽었는지를 평가 기준으로 삼는다면, 이런 기준은 젊은이 한 명의 죽음과 아기 한 명의 죽음 중 어느 쪽이 더 나쁜지를 가려낼 수 없다. 이런 이유로 우리의 물음에 대답하기 위해서는 '윤리적으로 더 나쁨'을 가르는 기준을 좀 더 확대해서 적용할 수 있도록 하는 요소가 필요하다.

쾌락주의는 광범위한 대상을 윤리적 의미에서 비교하고 평가할 수 있는 전형적인 이론이다. 즐거움 또는 행복을 수량화하여 비교하고 평가할 기술적 어려움이 있지만 쾌락주의는 그런 수량화와 비교가 이론적으로 가능하다고 전제한다. 하지만 쾌락주의를 옹호하는 사람이 모두 죽음을 비교하는 것에 동의하는 것은 아니다. 예를 들어, 쾌락주의의 효시라 할 수 있는 그리스 철학자 에피쿠로스Epicurus는 이렇게 주장한다.

죽음은 죽음의 당사자에게 해를 끼칠 수 없기 때문에 결코 나쁜 것이 아니다.

그럼에도 불구하고 박탈이론을 받아들이는 사람은 쾌락주의의 틀을 유지하면서 이런 주장을 반박하려 한다. 그런 점에서 박탈이론은 누구의 죽음이 윤리적으로 더 나쁜지를 따질 수 있는 기준을 제시하는 이론 후보 중 하나라고 할 수 있다.

그렇다면 박탈이론이 죽음을 비교하여 평가하는 근거는 무엇일까? 이미 보았듯이 이 견해에 따르면 죽음이 나쁜 이유는, 죽음의 당사자가 살아 있다면 누릴 수 있는 것을 죽음이 뺏어가기 때문이다. 이 점을 고려할 때 죽음을 비교하는 근거로 다음과 같이 주장하는 것이 박탈이론의 자연스러운 귀결처럼 보인다. '한 죽음이 다른 죽음보다 더 나쁘다면, 그 이유는 후자보다 전자가 좋은 것을 더 많이 앗아가기 때문이다.' 달리 말하면 죽음이 나쁜 정도는 죽음이 박탈하는 좋은 것의 양에 비례한다는 것이다. 이를 '비례 설명'이라고 부르기로 하고 다음과 같이 대략적으로 정식화하기로 하자.

[비례 설명]
죽음이 나쁜 정도는 죽음이 박탈하는 좋은 것의 양에 비례한다.[*]

그러나 이런 정식화에는 모호한 점이 있다. 30세에 암으로 죽은 명수가 만약 30세가 아니라 80세에 죽었다면 50년 동안 즐거운 경험을

---

[*] 비례 설명은 관련 문헌에서 '생애 비교 설명the Life Comparative Account, LCA'이라고 불리는 것이 함축하는 바이다[McMahan(2002), Bradley(2008)]. LCA는 살면서 일어나는 사건 일반에 관한 설명으로 다음과 같이 정식화된다.

한 개인에게 한 사건이 갖는 전반적 가치 = 그 사람의 실제 전 생애의 가치 - 그 사건이 일어나지 않으면 그 사람이 갖게 될 생애 가치[Bradley(2008), p. 292].

많이 했을 것이라고 해보자. 비례 설명은 이 사례를 어떻게 판정하는가? 한 죽음이 다른 죽음보다 더 나쁘다고 판단하기 위해서는 두 죽음이 있어야 한다. 하지만 실제로 명수의 죽음은 30세에 일어난 사건 하나밖에 없다.

그렇다면 30세의 죽음이 80세의 죽음보다 더 나쁘다고 말할 수 있는 근거는 어디에 있는가? 비례 설명을 적용할 수 있는 상황은, 예를 들어, 30세에 죽은 명수와 80세에 죽은 철수처럼 두 사람의 죽음을 비교하여 어느 죽음이 더 나쁜가를 판정하는 상황이다. 명수와 철수가 죽지 않고 살았더라면 각각 누렸을 좋은 것들이 있는데 죽음이 그것을 박탈한 것이다. 이런 이유에서 박탈이론은 원칙적으로 한 사람의 죽음이 아니라 두 사람의 죽음을 비교하는 데 적용되어야 한다.

그런데 두 사람의 죽음을 비교할 때도 박탈이론에는 어려움이 있다. 우선 명수와 철수의 죽음을 비교하기 위해서는 그들이 죽지 않았다면 각각 얼마나 더 오래 살 수 있었는지를 대략적으로나마 추정할 수 있어야 할 것이다. 하지만 문제는 '죽지 않고 살았더라면'이라는 조건은 그 어떤 시기의 죽음에도 적용될 수 있다는 데 있다. 30세에 죽은 명수가 죽지 않았더라면 80세까지 살다가 죽었을 것이라고 추정하는 순간, 80세에 죽은 가상의 명수에 대해서도 똑같은 말을 할 수 있다. '80세에 죽지 않고 더 살았더라면'이라고 말이다. 80세에 죽은 철수에 대해서도 마찬가지다. 그렇다면 죽지 않고 누렸을 것을 확정하기 어렵고, 명수의 죽음이 철수의 죽음보다 더 나쁘다고 말하기 어렵게 된다.

이런 이유에서 비례 설명이 '더 나쁨'에 대한 기준을 제시하려면 반사실적 조건을 적용하는 데 한계를 두어야 할 것처럼 보인다. 그중

한 가지 방법은 모든 사람들에게 일정한 '수명'을 부여하는 것이다. 논의의 편의상, 이 방법을 따라서 모든 사람이 자연적인 상태에서 누리게 될 생애, 즉 수명을 100세라고 가정하자. 하지만 여전히 이 가정만으로는 명수의 죽음이 철수의 죽음보다 더 나쁘다고 단정할 수 없다. 명수와 철수가 제 수명대로 살았더라면 각각 70년과 20년을 더 살았을 테지만, 그동안 누린 좋은 것의 양에 대해서는 단언할 수 없기 때문이다. 명수가 서른 살에 죽지 않고 제 수명대로 살았더라도 그의 삶의 질이 매우 낮았을 수 있다. 이런 경우를 배제하기 위해서, 동일한 시기에 누리는 좋은 것의 양이 각 사람마다 비슷하다고 가정하도록 하자. 물론 이는 매우 비현실적인 조건이다. 어쨌든, 이런 조건하에서야 비로소 비례 설명은 명수의 죽음이 철수의 죽음보다 더 나쁘다고 판정할 수 있을 것이다.* 이렇게 이해한 비례 설명은 두 죽음을 비교할 수 있는 이론의 후보 중 하나다.

하지만 박탈이론을 받아들이는 사람이라면 반드시 비례 설명도 받아들여야 하는지에 관해서는 논쟁의 여지가 있다. 비례 설명은 죽음이 앗아가는 미래의 좋은 것들이 얼마나 많은가에 주목한다. 하지

---

* 이런 조건을 적절히 수정하면 한 사람의 죽음을 평가하는 데에도 비례 설명을 적용할 수 있어 보인다. 30세의 명수가 암에 걸려 죽을 위기에 있다고 하자. 암을 치료하여 명수가 30세에 죽지 않고 80세까지 살 수 있다면 우리는 그렇게 하는 것이 옳다고 생각한다. 비례 설명을 이 경우에 적용하기 위해서는 비교하는 두 죽음을 실제로 존재하는 사건이 아니라 존재할 수 있는 사건으로까지 확대할 수 있어야 하는데, 이는 형이상학적 부담을 동반한다. 또한 두 사람의 죽음을 비교하는 것과 두 시점에 발생할 수 있는 한 사람의 죽음을 구분하지 않으면 역설적 상황이 생겨날 수 있다. 이에 대해서는 McMahan(1988), pp. 58-61 참조. 이런 난점을 고려하여 적절한 제한을 둔다면, 일반적인 상황에서는 두 시점에 발생할 수 있는 한 사람의 죽음을 두 사람의 죽음처럼 여겨도 무방할 것이다.

만 죽음을 맞는 당사자가 모두 미래의 자신에게 그런 좋은 것들이 일어나길 희망할까? 죽음을 맞는 사람 대부분이 그런 희망을 가질지는 몰라도 반드시 그런 것은 아닐 수 있다. 다음 이야기를 들여다보자.

《지킬 박사와 하이드씨》에 등장하는 지킬 박사가 급성 질환으로 숨을 거두기 직전이다. 그런 그에게 생을 연장할 수 있는 한 가지 선택의 길이 있는데, 그것은 특정한 약물을 마시는 것이다. 이 약물을 마시면 질환의 진행이 느려져서 그는 1년을 더 살 수 있게 된다. 그런데 동시에 이 약물은 지킬 박사를 하이드로 변하게 만든다. 다시 말해서 약물을 마시지 않으면 지킬 박사로서 곧 죽음을 맞게 되고 약물을 마시면 1년 후 하이드로서 죽음을 맞게 되는 것이다.

이 경우 우리는 지킬 박사가 약물을 마셔야 할지 판단을 내리는 데 주저할 것이다. 왜 그럴까? 지킬 박사가 약물을 마시고 1년을 더 살면서 좋은 것들을 누린다고 하더라도 숨을 거두기 직전의 그는 그것을 자신에게 일어날 일로 받아들이지 않을 것이기 때문이다. 하지만 비례 설명은 이 이야기에서 지킬 박사가 약물을 마시는 선택을 해야 한다고 주장할 것이다. 그 선택이 죽음이 앗아가는 좋은 것을 조금이나마 줄일 수 있기 때문이다. 비례 설명은 이 이야기에서 우리가 내리는 직관적 평가와는 전혀 다른 결론은 내리게 되는 셈이다. 그렇다면 죽음의 상대적 나쁨을 비교하는 기준으로 비례 설명을 그대로 받아들이긴

힘들지 않을까?

지킬 박사 이야기를 설명하기 위해서는 다른 이론을 제시해야 한다. 그중 하나로 죽음을 맞는 사람이 죽는 시점에 처한 특수한 상황을 고려해야 한다는 제안을 생각해 볼 수 있다. 미국의 윤리학자 맥머핸은 그 '특수한 상황'을 심리적 연결의 존재 여부로 살펴본다.[*] 그에 의하면, 지킬 박사와 하이드 씨는 동일 인물이지만 서로 심리적으로 연결되어 있지 않다. 이 때문에 지킬 박사는 하이드로서 1년을 더 살면서 누리게 될 좋은 일을 중요하게 여기지 않는다.

맥머핸이 제안하는 '심리적 연결'은 정도의 차이를 허용하는 개념이기 때문에, 심리적 연결의 강도에 따라서 죽음을 비교할 수 있다.[**] 한 생애에서 1세, 10세, 30세, 60세 100세의 시점을 생각해 보자. 각 시점에서 미래 자아와 맺을 심리적 연결은 다양한 강도를 가질 수 있다. 예를 들어, 10세의 시점에서 볼 때 1년 후 미래 자아와 맺을 심리적 연결은 60년 후의 미래 자아와 맺을 심리적 연결보다 강하다. 일반적으로 생애의 두 시점이 가까울수록 두 시점 사이의 심리적 연결은 더 강하고 두 시점이 멀수록 그 연결은 약할 것이다. 또한 심리적 연결

---

[*]   McMahan(2002), pp. 165-188.

[**] 엄밀히 말해서 심리적 연결connectedness은 심리적 연속성continuity과 구분되는 개념이다. 일반적으로 심리적 연결은 정도의 차이를 허용하지만 심리적 연속성은 그렇지 않은 것으로 간주된다. 5세 아이였을 때의 심리와 80세가 되었을 때의 심리는 서로 공통점이 전혀 없을 수 있지만 그럼에도 이 둘은 심리적으로 연속되었다고 보는 것이다. 하지만 맥머핸은 이런 일반적인 구분과 달리 심리적 연속성도 정도의 차이를 허용한다고 생각한다. 인격적 동일성과 심리적 연결을 둘러싼 논의는 여기서는 다루기 힘든 복잡한 쟁점들을 포함하지만, 논의의 편의를 위해서 여기서는 '심리적 연결'이라는 대표 개념으로 맥머핸의 주장을 표현하도록 하겠다. 이에 관한 자세한 논의는 McMahan(2002) 1장을 참조.

은 심리적 자아 개념의 형성과도 관련이 있다. 심리적 자아 개념을 규정하는 것은 간단치 않지만, 갓 태어난 아기에게 확고한 심리적 자아 개념이 있다고는 보기 어렵다. 그렇다면 1세의 시점에서 볼 때 1세에 발생한 죽음이 앗아가는 미래의 좋은 것은 '좋은 것'이 아닐 수 있다.

우리는 이러한 맥머핸의 제안을 '심리적 연결 설명'이라는 이름으로 다음과 같이 정식화해 볼 수 있다.

[심리적 연결 설명]
죽음이 나쁜 정도는 죽음의 시점에서 판단되는 미래 자아와의 심리적 연결에 비추어, 죽음이 박탈하는 좋은 것을 다시 계산한 것의 양에 비례한다.[*]

이 설명 역시 비례 설명과 마찬가지로 '죽음의 나쁨'에 관해서 박탈이론을 받아들이지만, 둘 사이의 주요한 차이는 죽음이 박탈하는 '좋은 것'을 계산하는 방법에 있다. 죽음이 죽음 당사자의 삶 전체에 미치는 영향을 무시간적으로 고려하는 것이 비례 설명이라면, 심리적 연결 설명은 죽음 당사자의 시점에서 죽음이 앗아가는 것을 계산한다. 심리적 연결 설명에 따르면, 갓난아기의 죽음은 자아 개념이 형성된 시기에 맞는 죽음보다 덜 나쁘다. 또한 자아 개념이 형성된 이후의 시기

---

[*] 이는 흔히 '시간 상대적 관심 설명Time-Relative Interests Account, TRIA'이라고 불리는 것을 다른 식으로 표현한 것이다. TRIA라는 이름이 의미하는 바가 오히려 혼란을 줄 수 있다는 생각에서 나는 '심리적 연결 설명'이라는 이름을 사용하겠다. TRIA에 관한 논의를 위해서는 McMahan(2002)와 Bradley(2008), pp. 303-13 참조.

를 비교하면, 젊은이의 죽음이 노인의 죽음보다 더 나쁘다. 젊은 시기에 맞게 되는 죽음이 앗아가는 좋은 것이 노인 시기에 맞게 되는 것보다 더 많기 때문이다.

이 두 가지 설명이 '죽음의 더 나쁨'을 평가하는 이론의 전부는 아니다. 우리는 이 두 설명과는 전혀 다른 이유에서 '죽음의 더 나쁨'을 평가할 수 있다. 예를 들어, 생애 동안 성취한 것을 근거로 어떤 죽음이 다른 죽음보다 더 나쁘다고 말할 수 있다. 우리는 극악한 범죄를 저지른 사람을 두고 '죽어 마땅하다'는 평가를 내리는 반면, 다른 사람을 헌신적으로 돕다가 젊은 나이에 죽은 사람을 두고 '죽기엔 너무 아깝다'고 말한다. 이 견해는 '죽음의 더 나쁨'을 평가하는 기준이 죽음 당사자의 도덕적 응분moral desert에 달려 있다고 본다. 물론 이런 일상적 어법이 정당화되는지는 별개의 문제이다.

또 다른 이론도 있다. 비례 설명과 심리적 연결 설명에서는 죽음이 박탈하는 '좋은 것'은 죽은 사람이 미래에 누렸을 것으로 설정된다. 다시 말해서 죽음이 박탈하는 '좋은 것'은 미래에 누릴 수 있기 때문에 좋은 것이다. 하지만 죽음이 나쁜 이유를, 죽지 않았으면 미래에 누릴 것에서 찾는 것이 아니라, 죽은 사람에게 투여된 과거의 투자에서 찾으려는 견해도 있다. 예를 들어, 죽음 직전의 사람이 그 순간에 갖고 있는 계획과 욕망에 주목해 보자. 철수는 매월 적금을 붓고 있었고 10년 후에 적금을 탈 계획이었다. 그런데 만기를 눈앞에 둔 순간에 철수가 죽음을 맞는다면, 그 죽음은 철수가 그동안 적금을 위해 쏟았던 노력을 헛되게 만들 것이다. 이 경우 죽음이 철수에게서 박탈한 좋은 것은 그가 죽지 않았으면 미래에 누렸을 경험뿐만 아니라 그가 더 나은 미래를 위해서 쏟아부은 과거의 투자이다.* 곧 보겠지만, 나는 죽음의 나쁨을 판단하는 데 이런 설명이 중요한 통찰을 준다고 생각한다.

'죽음의 더 나쁨'에 대한 평가 기준을 제시하려는 이론은 이 외에도 더 있을 수 있지만, 내가 취하려는 전략은 비례 설명과 심리적 연결 설명에서 시작하여 각각에 대한 반론을 고려하는 것이므로, 이 정도에서 멈추도록 하자.

죽음의 시기

비례 설명을 받아들인다면, 죽음을 맞이하는 순간이 이를수록 그 죽음은 더 나쁘다. 죽음의 시기가 앞당겨질수록 죽음이 앗아가는 좋은 것이 더 많아지기 때문이다. 그렇다면 죽음을 가장 나쁜 것으로 만드는 시기는 태어난 직후가 될 것이다. 하지만 이런 귀결은 받아들일 만한가?

맥머핸은 비례 설명에 반론을 제기한다. 임신 소식을 들은 부부에게 나쁜 뉴스가 전해졌다고 해보자. 태아에 치명적인 질병이 있어서 불행하게도 태어나자마자 아기가 죽게 된다는 것이다. 비례 설명을 받아들이면, 이 경우 태아의 죽음을 막는 것은 윤리적으로 매우 중요

---

* 과거에 투자를 한 주체를 죽음 당사자가 아니라 죽음 당사자의 부모 또는 그가 속한 공동체로 간주하는 견해도 가능하다. 이 견해에 따르면 한 사람의 죽음, 특히 성인의 죽음이 나쁜 이유는 공동체가 그를 공동체의 일원으로 기르기 위해서 투여한 노력을 헛된 것으로 만들기 때문이다. 하지만 앞서 밝혔듯 우리의 관심은 죽음이 죽음 당사자에게 나쁜 이유를 밝히는 데 있다. 한 사람의 죽음이 공동체에게 나쁠 수 있지만, 이는 죽음이 나쁜 본질적인 이유는 아니다. 맥머핸 역시 이와 비슷한 비판을 제시한다. McMahan(2002), pp. 166-8.

한 일이다. 갓 태어난 아이의 죽음은 그 누구의 죽음보다 더 나쁘기 때문이다. 그런데 태아가 태어나자마자 죽는 일이 일어나지 않게 되는 여러 가지 시나리오가 있다. 그중 하나는 태아가 자연적으로 유산되는 것이다. 하지만 태아가 태어나자마자 죽는 것과 자연 유산되는 것 사이에는 윤리적으로 큰 차이가 있다고 보기 힘들다. 여섯 달 만에 출산한 아기가 태어나자마자 죽는 것과 여섯 달된 태아가 배 속에서 자연 유산되는 것을 비교해 보자.

전자를 윤리적으로 나쁘다고 하면서 후자를 윤리적으로 중립적이라고는 말하기 어렵다. 자연 유산이 윤리적으로 나쁘다고 믿는다면, 자연 유산을 막는 일이 윤리적으로 매우 중요하다고 믿어야 한다. 하지만 윤리적으로 나쁜 다른 일을 방지하는 데 들이는 노력과 비교할 때, 임산부에게 자연 유산이 일어나는 것을 막기 위해서 우리가 들이는 노력은 크다고 볼 수 없다. 이는 자연 유산이 윤리적으로 나쁘다고 우리가 판단하지 않는다는 점을 보여준다. 비례 설명에 따르자면, 이 경우 자연 유산이 태아의 이른 죽음을 막는다는 의미에서 윤리적으로 중요한 일이어야 한다. 하지만 앞서 제시한 근거에서 우리는 태아가 자연 유산되는 것이 윤리적으로 중요한 사건이라고 생각하지 않는다. 비례 설명은 이런 반론을 피할 수 없게 된다는 것이 맥머핸의 지적이다.[**]

비례 설명을 옹호하려는 철학자 브래들리Ben Bradley는 맥머핸의 이러한 비판을 다음과 같이 요약한다.

[**]   McMahan(2002), pp. 170-1.

전제 1: 비례 설명이 옳다면, 태아가 태어나자마자 죽음을 맞는 것은 그 이후에 죽음을 맞는 것보다 더 나쁘다.

전제 2: 태아가 태어나자마자 죽는 일이 일어나지 않도록 하는 사건, 예를 들어, 자연 유산을 막는 것은 윤리적으로 중요한 일이 아니다.

전제 3: 하지만 비례 설명과 전제 1이 옳다면, 태아가 태어나자마자 죽는 일이 일어나지 않도록 하는 사건은 윤리적으로 중요한 일이다.

결　론: 따라서 비례 설명은 옳지 않다.

브래들리는 전제 3에 문제가 있다고 주장한다. 그에 따르면 전제 3은 '외재적으로 나쁜 사건을 막는 것은 항상 중요하다'라는 잘못된 주장에 뿌리를 두고 있기 때문이다. 왜 그런가? 브래들리 역시 박탈이론을 받아들이기 때문에, 그는 죽음이 내재적으로 나쁜 것이 아니라 외재적으로 나쁘다고 믿는다. 즉 죽음은 그 자체로 나쁘기보다는 내재적으로 좋은 것을 앗아가기 때문에 나쁜 것이다. 그런 이유에서 죽음은 외재적으로 나쁜 사건이다.

　이제 다음 상황을 생각해 보자. 죽음 직전에 있던 사람이 의사의 적절한 치료로 고비를 넘기게 되었고, 그 덕분에 이후 10년을 행복하게 살다가 암에 걸려서 죽었다. 그런데 그가 암으로 그때 죽지 않았더라면 또 몇 년을 행복하게 살 수 있었다고 하자. 박탈이론에 따르면, 그의 죽음은 그에게서 그 기간 동안 누릴 수 있는 좋은 것을 앗아갔기 때문에 나쁘다. 그가 죽기 직전에 10년 전 자신을 치료한 의사를 다음과 같이 원망한다고 가정해 보자. '당신의 치료 행위 때문에 (10년을 더 살기는 했지만) 결국 죽음을 맞게 되었다.' 이런 비난은 터무니없다. 그는 의사 덕분에 10년이나 더 살게 된 것이지, 의사 때문에 죽음을 맞게 된 것이 아니기 때문이다.

물론 의사가 치료하지 않았더라면 그는 10년 후에 암으로 죽게 되지 않았을 것이다. 하지만 그렇다고 해서 바로 그 죽음, 즉 의사의 치료로 죽을 고비에서 벗어난 지 10년 만에 발생한 죽음이 일어나지 않도록 하는 일이 윤리적으로 옳다고 할 수는 없다. 그렇다면 의사가 행한 치료 행위도 해서는 안 되는 일이라고 해야 하기 때문이다. 브래들리는 전제 3에 대해서도 동일한 반론이 가능하다고 생각한다. 자연 유산이 일어났다면, 태아가 태어나자마자 죽음을 맞이하는 외재적으로 나쁜 일도 발생하지 않았을 것이다. 하지만 그렇다고 자연 유산이 윤리적으로 중요한 일이라고 말할 수는 없다는 것이 브래들리의 지적이다.[*]

지금까지 심리적 연결을 중요하게 생각하는 맥머핸의 논증과 그를 비판하면서 비례 설명을 옹호하려는 브래들리의 논박을 살펴보았다. 이들 간의 논박을 어떻게 평가할 수 있을까? 브래들리가 지적한 대로 외재적으로 나쁜 사건이 일어나지 않도록 막는 것이 항상 윤리적으로 중요한 일은 아니라고 하더라도 비례 설명이 옳다고 받아들여야 할까?

---

[*]   Bradley(2008), pp. 299-301.

비례 설명을 넘어서

내가 보기에, 브래들리는 맥머핸이 꼭 받아들일 필요가 없는 주장을 그의 주장이라고 간주하고 있다. 맥머핸이 전제 3에서 지적하려는 바는 태어나자마자 태아가 죽는 사건과 자연 유산 사이에 윤리적으로 중요한 차이가 없다는 점이다. 앞에서 보았듯, 비례 설명이든 심리적 연결 설명이든 우리가 비교해야 할 대상은 원칙적으로 두 사람의 죽음이지 한 사람이 맞게 될 두 시점의 죽음은 아니다. 하지만 브래들리가 전제 3을 통해서 제기하는 반례는 한 사람이 맞게 될 두 시점의 죽음을 비교하는 경우이다.

맥머핸은 한 사람의 두 시점을 고려하면 역설적 상황이 발생할 수 있다고 지적한다. 35세 임산부가 곧 출산할 아기가 태어난 지 한 달 만에 죽는 병을 갖고 있다고 하자. 이 병을 치료할 수 있는 약은 있지만, 이 치료제를 사용하면 태어난 아이는 35세에 죽고, 출산하는 과정에서 임산부는 죽게 된다고 한다. 비례 설명이 맞다면, 아기가 태어난 지 한 달 만에 맞게 되는 죽음이 35년을 살다가 맞는 죽음보다 더 나쁘다. 그러니 아기를 낳는 것이 올바른 선택이라고 해야 할 것 같다. 하지만 갓난아기의 죽음과 임산부의 죽음을 비교하면 평가는 달라질 수 있다. 비례 설명을 택하든 심리적 연결 설명을 택하든, 박탈이론을 택한다면 비교 대상이 되어야 하는 것은 갓난아기의 죽음과 임산부의 죽음이다.* 이 점을 고려할 때 브래들리는 맥머핸이 받아들일 필요가

---

* McMahan(1988), pp. 59-60.

없는 주장을 비판하고 있는 셈이다.[**]

그렇다면 심리적 연결 설명은 받아들일 만한 이론인가? 앞에서 나는 지킬 박사 예시에 대해서 심리적 연결 설명이 비례 설명보다 이론적으로 우위에 있다고 평가했다. 하지만 이는 지킬 박사 예시가 비례 설명에 대한 반례가 되는 반면 심리적 연결 설명에는 큰 위협이 되지 않는다는 점을 지적했을 뿐이지, 이 사례가 심리적 연결 설명을 직접적으로 지지하는 것은 아니다.

나는 심리적 연결 설명 역시 죽음을 맞는 시기에 대해서 올바른 직관을 제시하지 못한다고 생각한다. 이를 위해서 다음과 같은 경우를 생각해 보자.

철수는 현대 의학으로 고칠 수 없는 병에 걸려서 30세의 나이에 죽음을 맞게 되었다. 그는 평생 수학을 연구해 왔는데, 죽기 직전까지 7대 수학의 난제로 알려진 문제 중 하나를 해결할 것으로 예상된다. 이 연구로 그는 수학계의 권위 있는 로즈상을 받을 수 있지만 이 상은 40세 이상의 살아 있는 수학자만 받을 수 있다.[***] 철수는 로즈상을 간절히 받고 싶어 한다. 현재 그에게 가능한 한 가지 방법은 살아 있는 동안 자신을 냉동하여 10년 후에 해동시키는 것이다. 그런데 이 방법을 택한다면 그는 10년 후에 깨어나

[**] 브래들리의 비판에 대한 또 다른 반박에 대해서는 Millum(2015) 참조.
[***] 물론 이는 가상의 상이다. 현실에 있는 필즈상Fields Medal은 4년마다 40세 미만의 사람에게 수여된다.

지만 지난 일을 전혀 기억하지 못하게 된다. 또한 현재 기술로는 해동 후 몇 시간 밖에 생존하지 못한다. 한편 로즈상 위원회는 10년 후 철수가 해동된다면 그가 살아 있는 몇 시간 안에 로즈상을 수여하겠다고 밝혔다.

심리적 연결 설명에 따르면 철수가 냉동을 통해서 자신의 죽음을 10년 뒤로 미룬다고 해서 죽음이 덜 나쁜 것이 된다고 할 수 없다. 해동된 철수는 자신의 과거를 전혀 기억하지 못하므로 10년 전의 자신과 심리적으로 연결되어 있다고 볼 수 없기 때문이다. 더군다나 10년 동안 철수는 냉동 상태로 있어야 하기에 그 기간 동안 그가 누릴 수 있는 좋은 것도 없다. 그렇다면 냉동을 선택하지 않는 철수가 맞게 되는 죽음과 냉동에서 깨어나는 철수가 맞게 되는 죽음 중에서 어느 쪽이 더 나쁜 죽음이라고 판단할 수 있는 근거가 없다. 비례 설명 역시 이런 결론을 지지할 것이다. 냉동 기간 동안 철수는 아무런 경험도 하지 못할 것이며 냉동에서 깨어난 이후에도 고작 몇 시간밖에 생존하지 못한다. 따라서 비례 설명 역시 이 두 죽음 중 어느 하나가 더 나쁜 죽음이라고 말할 근거를 찾지 못한다.

하지만 나는 냉동을 선택하지 않고 맞게 되는 죽음이 철수에게 더 나쁘다고 생각한다. 냉동을 선택해야만 철수의 오랜 꿈이 실현될 수 있기 때문이다. 철수 자신이 로즈상 수상자가 되었다는 것을 알고 기쁨을 느낄 수 있는지의 여부는 그의 꿈이 실현되는 데 필수적인 요소가 아니다. 철수가 30세에 죽음을 맞는다면 그가 열정을 쏟아온 연구는 로즈상 수상에 기여를 하지 못하게 되는 셈이다. 그렇기 때문에 30

세 철수의 죽음은 지난날 그의 노력을 헛된 것으로 만든다.

이러한 근거를 토대로 우리는 철수가 냉동을 선택하지 않고 30세에 맞이하는 죽음이 냉동 이후 40세에 맞이하는 죽음보다 더 나쁘다고 판단할 수 있다. 철수는 로즈상을 받는 것을 염두에 두고 자신의 작업에 매진해 왔다. 로즈상을 수상하고자 하는 계획이 도덕적으로 비난받을 일은 당연히 아니다. 도덕적으로 비난할 수 없는 기획을 위해서 이미 많은 노력을 기울여 왔다면, 다른 조건이 동일할 때, 이런 노력이 보상을 받는 것은 그렇지 않은 것보다 바람직하다. 죽음이 이런 기회를 앗아간다면, 이는 죽음의 당사자에게 나쁜 일이 될 것이다. 하지만 이에 대해서 다음과 같이 반박하는 사람이 있을 수 있다.

> 이는 단지 직관의 문제일 뿐이다. 철수가 로즈상을 받든 아니든 그의 연구 자체가 달라지는 것은 아니다. 그의 연구가 수학의 난제를 해결했다면, 철수가 로즈상을 수상하지 못한다고 해서 이 사실이 훼손되지 않고 따라서 그의 노력이 허사가 되는 것도 아니다. 그런 점에서 철수의 경우 30세의 죽음과 40세의 죽음 중 어느 하나가 더 나쁘다고 판단할 수 없다.

만약 철수가 자신이 경험할 수 없음에도 불구하고 로즈상을 받고자 하는 것이 허영에 불과하다면, 앞의 상황을 수정할 수 있다. 이번에는 철수가 수학의 난제를 완전히 해결하기 위해서 30세에 죽어서는 안 되고, 냉동을 통해서라도 40세까지 살아 있어야 한다고 가정해 보자. 예를 들어, 이 문제를 해결하기 위해서는 다른 수학자의 연구 결과가 절실히 필요한데, 그 수학자는 자신의 연구 결과를 철수가 40세까지 살아 있는 경우에만 내놓겠다고 말한다고 하자. 이런 상황이라면 냉동 인간이 되는 선택을 하는 것이 철수의 죽음을 덜 나쁜 것으로 만들지 않을까?

이 사례가 말해주는 바를 일반화하면, 과거 자아의 노력을 헛된 것으로 만드는 죽음은 그만큼 나쁘다.* 이는 죽음의 나쁨을 비교하는 기준에 관해서 박탈이론과는 전혀 다른 대답을 제시한다. 우리는 이를 '과거 노력 설명'이라는 이름으로 다음처럼 규정할 수 있다.

[과거 노력 설명]
죽음이 나쁜 정도는 죽음 당사자의 과거 자아가 자신의 삶을 훌륭하게 만들기 위해서 기울인 노력을 죽음이 헛되게 만드는 정도에 비례한다.

앞서 우리는 논의의 편의상 사람의 수명은 서로 비슷하며 평생 누리는 좋은 것과 나쁜 것의 양도 비슷하다는 가정을 했다. 사람들의 인생도 서로 비슷한 모습이라고 해보자. 즉 유아기를 지나 자아 개념이 형성된 이후 여러 계획을 세우고 이를 실현하기 위해서 노력하다가 죽음을 맞는 것이다. 물론 현실에서는 살아가면서 별다른 계획을 갖지 않는 사람도 있고 계획을 세우더라도 이를 실현하기 위한 노력을 전

---

* 선호공리주의preference utilitarianism을 받아들이는 사람이라면 철수가 현재 추구하는 선호를 충족시키는 것이 윤리적으로 올바른 선택이라고 주장할 것이다. 나의 주장은 선호공리주의와는 구별된다. 나의 주장을 정리하면, 철수가 현재 추구하는 선호를 충족시키는 것은 윤리적으로 중요하지 않고, 그가 이 선호를 충족시키기 위해서 기울인 노력이 헛되지 않게 하는 것이 윤리적으로 중요하다.

혀 하지 않는 사람도 있을 수 있다. 나아가 자신이 추구한 계획을 성공적으로 실현하는 경우도 있고 반대의 경우도 있을 것이다. 하지만 이런 다양성은 배제하고 전형적인 삶의 단계를 가정해 보는 것이다.

태어나자마자 죽음을 맞게 되는 아기는 아직 삶에 대한 계획이라고 할 것도 없고 그 계획을 실현하기 위해서 노력한 것도 없다. 반면 젊은이는 장기적인 인생 계획을 세우고 이를 위해서 노력하는 삶의 과정 속에 있다. 그렇기 때문에 젊은이의 죽음은 장기적인 인생 계획을 위해서 노력했던 과거를 헛되게 만든다. 노인은 젊은이나 아기에 비하여 인생을 살면서 더 많은 계획을 세웠을 것이다. 이 중에는 실현된 계획도 있고 죽음을 맞이하는 순간까지 실현하지 못한 계획도 있을 것이다. 그런 점에서 노인의 죽음 역시 과거 자아의 노력을 헛된 것으로 만들 수 있다. 아마도 더 오랫동안 살았기 때문에 수포로 돌아가는 과거 자아의 노력은 노인의 경우가 젊은이의 경우보다 더 크다고 할 수 있을지 모른다.

하지만 여기서 염두에 두어야 할 점은, 노인의 경우 이미 계획을 세우고 실현할 수 있었던 과거의 시간이 젊은이보다 길고, 앞으로 계획을 실현할 수 있는 미래의 시간은 젊은이보다 짧다는 것이다. 다시 말해서 노인은 자신의 계획을 실현할 수 있는 기회를 젊은이에 비해서 이미 많이 가졌다. 이런 점 때문에 노인의 경우, 실현하지 못한 계획이 인생을 훼손하는 정도가 젊은이와 비교하여 훨씬 약하다고 판단해야 한다. 따라서 과거 노력 설명은 젊은 시기에 맞는 죽음이 태어나자마자 맞는 죽음이나 노인의 죽음보다 더 나쁘다고 판단할 것이다.

하지만 과거 노력 설명에는 반직관적인 요소가 있다. 이에 따르면 갓난아기의 죽음이 천수를 누린 노인의 죽음보다 더 나쁘지 않다고 해야 하지만, 우리는 이런 판단을 받아들이기 힘들기 때문이다. 왜 그럴까? 아마도 죽음의 나쁨을 시기와 관련하여 평가할 때 여전히 박탈 이론이 직관적으로 설득력을 갖기 때문이 아닐까?

나는 어떤 시기의 죽음이 더 나쁜가를 판단하기 위해서는 두 가지 요소를 동시에 고려해야 한다고 생각한다. 하나는 죽음이 헛된 것으로 만드는 과거 자아의 노력이고 다른 하나는 살아 있었으면 미래 자아가 누렸을 좋은 것이다. 한 사람의 죽음이 얼마나 나쁜지를 판단하기 위해서는 과거 노력의 훼손과 박탈되는 미래의 좋은 것을 합해야 한다. 이 견해를 우리는 다음과 같이 '더하기 설명'이라는 이름으로 정리해 볼 수 있다.

[더하기 설명]

죽음이 나쁜 정도는 죽음이 헛되게 만드는 과거 자아의 노력과 살아 있었으면 미래 자아가 누렸을 좋은 것을 더한 결과에 비례한다.

이 설명은 앞의 비례 설명과 심리적 연결 설명에 대해서 제기되었던 반론을 모두 피할 수 있다. 물론 실제 사례에 적용하여 판단을 내리기 위해서는 보다 세밀한 기준이 필요할 것이다. 특히 과거 자아의 노력을 헛된 것으로 만들지 말아야 한다는 요구와 미래 자아가 누렸을 좋은 것을 극대화해야 한다는 요구 사이에 어떤 함수가 성립하는지를 밝히는 것은 간단치 않은 작업이 될 것이다. 그럼에도 더하기 설명은 죽음의 시기와 관련된 우리의 직관을 제대로 설명하는 방향에 서 있다고 생각한다.

죽음이 나쁜 진정한 이유

◌

지금까지 우리는 죽음의 시기와 관련하여 죽음의 나쁨을 평가하는 여러 이론을 살펴보았다. 이를 표로 정리하면 다음과 같다.

	갓난아기의 죽음	젊은이의 죽음	노인의 죽음
비례 설명	가장 나쁨	중간 나쁨	덜 나쁨
심리적 연결 설명	중간 나쁨	가장 나쁨	덜 나쁨
과거 노력 설명	덜 나쁨	가장 나쁨	중간 나쁨
더하기 설명	중간 나쁨	가장 나쁨	덜 나쁨

비례 설명에 따르면 태어나자마자 일어난 아기의 죽음은 그 어느 시기의 죽음보다 나쁘다. 하지만 이는 우리의 직관과 어긋난다. 반면에 심리적 연결 설명은 젊은이의 죽음이 일반적으로 인생의 다른 시기에 맞게 되는 죽음보다 나쁘다는 판단을 내린다는 점에서 우리의 직관에 부합한다. 하지만 심리적 연결 설명 역시 우리의 직관과 어긋나는 점이 있다.

예를 들어, 모든 신체 기관이 생물학적 수명을 다해서 죽기 직전의 노인을 생각해 보자. 이 노인은 신장 기능이 정지해서 죽기 직전이면서 동시에 폐 기능도 정지한 상태였지만, 결국에는 뇌출혈로 사망했다. 만약 그가 뇌출혈로 사망하지 않았더라도 거의 비슷한 시점에 그는 다른 원인으로 죽었을 것이다. 심리적 연결 설명에 따르면 죽음의 시점에서 판단되는 미래 자아와의 심리적 연결에 비추어 죽음의 나쁨이 판단된다는 점을 상기할 필요가 있다. 그렇다면, 이 경우 그의 죽음은 거의 아무것도 앗아가지 않는다고 봐야 하지 않을까? 뇌출혈로 죽지 않는다고 하더라도, 어차피 다른 문제로 죽음을 맞게 될 것이기 때문이다. 결국, 그의 죽음은 다른 시기의 죽음과 비교하여 거의 나쁘지 않다고 해야 한다. 하지만 죽음의 원인이 동시에 여러 개 있다고 해서 누군가의 죽음이 덜 나쁜 것이 된다는 점은 받아들이기 힘들다. 이 문제는 단지 노인의 경우에만 생겨나는 것이 아니다. 30세에 교통사고로 죽은 명수를 부검하는 과정에서 그에게 치명적인 질병이 있어서 그가 교통사고를 당하지 않았더라도 그날 죽었을 것으로 밝혀졌다고 하자. 이 경우에도 심리적 연결 설명 이론에 따른다면, 교통사고로 일어난 명수의 죽음이 별로 나쁘지 않다고 해야 한다. 하지만 이는 이상한 결론이다.[*]

나는 냉동 인간 사례를 통해서 심리적 연결 설명이 가진 문제가 그 이론이 기대고 있는 박탈이론에 있음을 지적했다. 이 한계점을 극복하기 위해서 제시된 과거 노력 설명은 죽음의 나쁨을 과거 자아의 노력을 헛되게 만드는 데서 찾고자 하는 이론이다. 하지만 이 이론도 우리의 직관과 부합하지 않는 점이 있다. 그것은 자신의 인생을 좋은 것으로 만들려는 노력을 할 기회가 전혀 없었던 갓난아기의 죽음을 나쁘지 않은 것이라고 판단하게 만드는 점이다. 이 역시 우리 직관과 어긋난다.

이러한 점들을 토대로 내놓은 나의 제안은, 죽음의 나쁨을 비교하

---

[*] 맥머핸은 이 문제가 인과의 과잉결정overdetermination에서 비롯된다고 지적하면서 심리적 연결 설명은 이 문제에 맞닥뜨릴 수밖에 없다는 점을 인정한다. McMahan(2002), pp. 117-20

기 위해서는 죽음 당사자가 죽지 않고 더 살았더라면 누렸을 미래의 좋은 것과 함께 그가 자신의 삶을 훌륭하게 만들고자 기울였던 과거의 노력을 죽음이 얼마큼 훼손하는가를 동시에 고려해야 한다는 것이다. 더하기 설명은 앞의 표에서 보듯이 심리적 연결 설명과 동일한 결론을 내리는 듯 보인다. 하지만 이는 두 설명에서 죽음의 나쁨 정도가 동일한 순서로 판정된다는 점을 보여줄 뿐이고, 내용 측면에서는 다르다. 더하기 설명은 심리적 연결 설명보다 젊은이의 죽음을 더 나쁜 것이라고 판정하기 때문이다. 젊은이의 죽음은 그가 살았더라면 누렸을 좋을 것을 따졌을 때도 그 어떤 시기의 죽음보다 나쁘지만, 동시에 좋은 삶을 살기 위해서 계획하고 실행한 과거 자아의 노력이 헛되게 된 정도를 따졌을 때도 그 어떤 시기의 죽음보다 나쁘다. 바로 이 때문에 젊은이의 죽음이 나쁜 정도는 심리적 연결 설명보다 더하기 설명에서 더 나쁜 것으로 드러난다. 이 점이 두 이론의 차이를 보여준다.

나의 제안은 죽음의 시기가 왜 어떤 죽음을 더 나쁘게 만드는지에 관한, 통상적이지만 논쟁적인 믿음을 정당화할 수 있다. 태어나자마자 맞이하는 죽음은 나쁘지만 젊은 시절에 맞이하는 죽음이 그보다 더 나쁘다. 또한 천수를 누리고 맞이하는 노인의 죽음도 나쁘지만 이보다 더 나쁜 것이 젊은이의 죽음이다. 앞서 살펴보았듯이 박탈이론은 죽음이 죽음의 당사자에게 왜 나쁜지를 설명하는 유력한 이론이다. 하지만 지금까지의 논의를 받아들인다면 박탈이론은 죽음이 나쁜 이유에 대한 반쪽 이론에 불과하다. 죽음이 우리의 미래만 훼손한다고 생각한다면 이는 죽음의 한쪽 얼굴만을 보는 것이다. 죽음은 우리의 미래뿐 아니라 과거도 훼손한다.

11장
. . .

미래 세대에 대한 책임

두 명의 아이를 두고 행복하게 사는 부부가 있다. 부부는 아이를 한 명 더 낳는다면, 더 행복할 것이라는 데 동의한다. 셋째 아이를 낳은 미래가 행복할 것이 분명하다면, 부부는 셋째 아이를 낳아야 할까?

미래 세대를 위한 현재 세대의 계획

지금까지 우리의 논의가 지나치게 과거 지향적이라고 생각하는 사람이 있을 수 있다. 지나쳤던 지난날의 잘못을 돌봄으로써 과거의 의미를 바꾸고 그것을 통해서 회복에 이른다는 생각이 너무 과거에만 집착하는 태도가 아니냐고 불만을 토로할 수 있다.

'과거 지향적'이라는 비판과 함께 잘 등장하는 표현이 '미래'이다. '이제 과거는 놓아주고 미래로 나아가자'는 주장을 우리는 자주 접한다. 씁쓸한 사실은 이런 '미래 지향적' 권유를 하는 사람들의 초점이 대체로 덮어두고 싶은 과거에 있다는 점이다. 다시 말해서, 미래가 중요하기 때문이 아니라 과거로 눈을 돌리게 하고 싶지 않아서 미래를 보자는 것이다. 여기서 잊지 말아야 할 점이 있다. 미래는 누구도 아직 잘못을 저지르지 않은 시간대라는 것이다.

'과거가 아니라 미래로 나아가자'는 말은 사실 공허한 주장이다. 이 말이 '시간은 미래를 향해 간다'라는 뜻이라면 더욱 그럴 것이다. 이런 공허한 의미가 아니라면 '과거 지향' 대신에 '미래 지향'을 주창하는 사람들이 하려는 주장은 무엇일까? 아마도 그들이 하고 싶은 말은, 과거의 일이란 엎질러진 물이니 이에 마음을 쓰는 것은 어리석다는 의미이지 않을까 싶다. 하지만 지금까지의 논의를 따라온 독자라면, 이런 주장을 글자 그대로 받아들여서는 안 된다는 생각을 할 것이다. 지난날의 허물을 돌보는 것은 자신의 인생 전체를 돌보는 일이다.

'과거에 매몰되지 말고 미래로 향해 나아가자'는 주장을 하는 사람들 중에는 미래를 대비하는 게 더 중요하기 때문에 그렇게 주장하는 사람이 있을 수 있다. 물론 미래를 대비하는 것은 중요한 일이다. 하지만 문제는 어떻게 대비해야 하는지를 밝히는 것이다. 과거를 돌보는 일도 미래를 대비하는 중요한 방법이 될 수 있다. 아니, 좀 더 정확하게 말해서, 과거를 돌보는 일은 미래를 대비하는 가장 중요한 방법이다. 과거의 일을 바로잡는 것과 미래를 대비하는 것은 양자택일의 문제가 아니다.

아직 태어나지는 않았으나 미래의 우리 사회에서 살아갈 후손을 배려하는 것은 중요하다. 우리는 그들에게 선배 인류이고, 그들은 우리에게 후배 인류이다. 선배 인류는 후배 인류를 배려해야 한다는 당위성에 대부분은 동의할 것이다.

선배 인류와 후배 인류는 인간과 인간의 관계를 형성하는 셈이므로 이들 사이에도 당연히 윤리적 문제가 발생한다. 하지만 아직 존재하지 않는 후배 인류와 우리 사이에 생겨나는 윤리적 문제는 특수하다. 예컨대, 선배 인류와 후배 인류 사이에는 전쟁이나 복수, 폭행이 존재할 수 없다. 아직 존재하지 않는 '존재'를 대상으로 그런 일을 할 수는 없기 때문이다.

그럼에도 이 사이에서도 윤리적 문제가 생겨나는데, 대표적인 것으로 기후와 환경 문제를 꼽을 수 있다. 우리가 살고 있는 당대를 넘어서까지 자연환경을 보호하려는 노력은 후배 인류를 고려하기 때문이다. 하지만 지속가능한 환경을 만들려는 노력이 후배 인류에 대한 진정한 배려에서 생겨나는지에 대해서는 이견이 있을 수 있다. 미세 먼지 때문에 외출이 어려워진 것은 이미 현재를 살아가는 우리에게 위협 요소가 되었기 때문이다. 환경이 주는 위협은 눈에 보이지 않게 삶의 모든 부분을 갉아먹는다. 미세 먼지가 간접적인 원인이 되어서 죽는 사람의 수가 얼마나 되는지는 파악조차 하기 어렵다. '깨끗한 지구를 후손에게 물려주자'는 구호는 대부분의 사람들에게 설득력이 있지만, 선배 인류인 우리가 기후와 환경에 관심을 갖는 것은 우리 자신의 생존이 위협을 받고 있기 때문이지 후배 인류에 대한 윤리적 고려 때문은 아니라고 생각할 수 있다.

'깨끗한 대기를 되찾자', '물을 아끼자', '숲을 지키자', '자원의 지속가능성을 높이자' 등의 구호를 그저 당연한 것으로 받아들이지 말고, 그 이유를 생각해 보는 것이 중요하다. 왜냐하면 그 이유는 여러 가지일 수 있기 때문이다. 왜 지속가능성이 중요한가? 어떤 사람들은 그것이 현재의 지구 공동체를 지속하는 데 필요하기 때문이라고 생각한다. 어떤 사람들은 지구의 모든 자연환경은 선배 인류와 후배 인류의 공동 자산이기 때문에 지구를 지켜야 한다고 주장한다. 또 다른 사람들은 지구와 지구에 있는 모든 생명체를 보존하는 것이 옳기 때문이라고 생각한다. 그들에 따르면, 생태계를 지켜야 한다는 당위성은 더 이상 옹호할 필요도 없는 도덕적 의무이다. 이런 여러 가지 논거를 고려할 때, 과연 우리가 자연을 지켜야 하는 진정한 이유는 무엇일까?

미래 세대에 대해서 윤리적으로 고려하는 것은 중요하다. 하지만 이에 앞서 깨달아야 할 점이 있다. 선배 인류와 후배 인류 사이에 발생하는 윤리적 문제는 이미 태어나서 살고 있는 사람들 사이에서 발생하는 윤리적 문제와는 다른 성격을 띤다는 점이다.

더 나은 미래 자아가 주는 고민

한 부부가 있다. 그들 사이에는 두 명의 아이가 있다. 이 가족은 대체로 행복하다. 살림 형편이 넉넉한 편은 아니지만, 부부는 두 명의 아이를 키우면서 삶의 보람을 느낀다. 아이들을 키우면서 가족의 행복이 커진다는 생각에 동의하는 부부는 아이를 더 낳을 생각을 가끔씩 한다. 셋째 아이를 낳으면 더 행복할까? 부부는 가끔씩 이런 물음을 스스로에게 던질 때가 있다.

자신이 던진 이 물음에 스스로 답하기 위해서 그들은 셋째 아이를 낳은 후에 있을 법한 상황을 여러 방식으로 그려본다. 그런 상상을 하면서 떠올리는 질문은, 셋째 아이를 낳은 상황과 그렇지 않은 상황을 비교할 때 어느 쪽이 더 나은지 하는 것이다. 부부는 자신들이 셋째 아이를 낳은 상황에 있다고 가정하고 이 물음에 답하려고 해본다. 셋째 아이를 낳은 상황에 있는 부부는 셋째 아이를 낳은 것을 잘한 선택이라고 여길 것이다. 막내의 웃는 얼굴을 보면서 '이 아이를 안 낳았더라면 어쩔 뻔했어'라고 말하는 자신을 상상한다. 셋째 아이를 낳지 않는다면 후회할 거라고 예상하는 것이다.

이번에는 셋째 아이를 낳지 않고 두 명의 아이들과 그대로 살아가는 상황 속에 자신들이 있다고 가정해 본다. 부부는 자신들의 상황을 어떻게 여길까? 부부는 아마도 자신들의 상황에 만족하겠지만, 셋째 아이를 낳았으면 어땠을까 하는 아쉬움을 때때로 느끼는 자신의 모습을 상상한다. 만약 셋째 아이를 낳지 않는다면 셋째 아이를 낳은 상황을 이따금씩 부러워할 것이라고 생각하는 것이다.

부부의 생각을 정리해 보자. 셋째 아이를 낳기로 선택하는 부부를 '부부 1'이라고 하고, 셋째 아이를 낳지 않기로 선택하는 부부를 '부부 2'라고 하자. 부부 1과 부부 2는 모두 미래의 부부로서 현재에는 존재하지 않는다. 핵심은 부부 1과 부부 2가 서로를 어떻게 생각할 것인지 하는 점이다. 이들의 생각은 다음과 같다.

> **부부 1**: 부부 1인 상태에 있는 것에 만족하고, 부부 2에 있다면 그 선택을 후회할 것이다.
>
> **부부 2**: 부부 2인 상태에 있는 것에 만족하지만, 부부 1을 부러워할 것이다.

이런 생각을 한다면, 부부는 셋째 아이를 낳아야 할까? 일반적으로 두 가지 선택지에서 어느 것을 고를까를 고민하는 사람이 부부처럼 생각한다면, 그 대답은 명확하다. 예컨대, 국회의원 선거에서 두 명의 후보 중 누구에게 표를 줄까를 고민한다고 하자. 후보 A를 선택하는 경우 그 선택에 만족하고, '후보 B를 선택한다면 후회할 것'이라고 생각한다. 또한 후보 B를 선택한다면, 그 선택에 만족은 하겠지만 '후보 A를 선택한 사람을 부러워할 것'이라고 예상한다. 이런 경우 후보 B를 선택하는 것은 합리적인 선택이 아니다.

또 다른 비근한 예를 들어, 짜장면을 먹을지 짬뽕을 먹을지 고민 중인 경우를 생각해 보자. 이 선택과 관련하여 두 미래의 자아를 상상해 본다. 짜장면을 선택한 미래의 자아는 자신의 선택에 만족한다. 하지만 짬뽕을 선택한 미래의 자아는 짬뽕을 먹는 것이 나쁘지 않지만 짜장면을 선택한 자아를 부러워한다. 그러면 우리의 선택은 짜장면이어야 한다. 그것이 합리적인 선택이다. 이렇게 생각한다면, 부부가 셋째 아이를 낳는 선택을 하는 것이 합리적이다.

하지만 우리가 여기서 고려해야 할 한 가지 중요한 차이점이 있다. 그것은 국회의원 후보 A와 B는 모두 지금 존재하는 사람들이라는 점이다. 또한 짜장면과 짬뽕은 둘 다 지금은 내 앞에 없지만 주문하면 만들어질 것이다. 다시 말해서 이 경우들에서 우리가 고려하는 선택지들은 존재적 특성에서 동일하다. 하지만 셋째 아이의 경우는 이와 다르다. 두 아이를 가진 부부와 세 명의 아이를 가진 부부는 존재적 특성이 다르다. 부부도 지금 존재하고 두 명의 아이도 지금 존재한다. 하지만 셋째 아이는 아직 존재하지 않는다. 따라서 세 명의 아이를 가진 부부의 모습은 단지 미래에 가능한 모습일 뿐이다.

부부는 이 모든 점을 고려하고도 셋째 아이를 낳지 않기로 결정했다고 하자. 이 결정에는 아무런 비합리성도 없다. 윤리적으로 비난할 것은 더더욱 없다. 부부의 결정을 윤리적으로 비난하는 것은 이상한 결과를 가지고 온다. 왜냐하면 그렇게 판단하면, 아이 한 명을 가진 부부에게는 두 명의 아이를 가져야 한다고 요구하는 것이 옳은 일이 되며, 더 나아가 세 명, 네 명의 자녀를 낳아야 한다고 요구하는 것이 정당하게 되기 때문이다. 이는 부당한 요구일 뿐 아니라 매우 이상한 요구다.

인구가 줄어드는 현실이 가져올 위험을 옳게 지적한다고 해서 모든 부부 또는 예비 부부가 아이를 낳아야 할 도덕적 책임을 지는 것은 아니다. 아이를 낳지 않기로 결심한 부부가 아이를 낳기로 한다면 이는 좋은 결정이고 공동체에게도 이익을 가져다주는 훌륭한 결정이라고 평가할 수 있지만, 그렇다고 해서 그들에게 아이를 낳아야 하는 의무가 있다고는 말할 수 없다. 아이를 낳아서 키우는 것은 오로지 그들의 선택이다.

셋째 아이의 사례는 어떤 교훈을 주는가? 내가 이를 통해서 말하고 싶은 점은, 훌륭하다고 여겨지는 미래의 모습이 지금의 나를 움직이게 만드는 정당성을 갖지 않는다는 것이다. 나는 지금 이 순간에 나에게 주어진 선택을 함으로써 미래의 나를 만들어 간다. 비유를 하자면, 지금의 내가 미래 자아를 선택해 가는 것이지 미래 자아가 지금의 나를 선택하는 것은 아니다.

스크루지와 새옹지마

이 책의 2장과 3장에서 우리는 '새옹지마' 고사성어에 대해서 생각해 보았다. 여기서는 다시 한 번 새옹지마의 주인공인 변방의 노인을 소환해서 스크루지라는 인물과 비교해 보려고 한다. 스크루지는 19세기 영국의 대표적 소설가 디킨스가 쓴 《크리스마스 캐럴》에 등장하는 구두쇠이다. 스크루지가 우리의 관심을 끄는 이유는 그가 구두쇠에서 자선가로 변신하게 되는 계기에 있다. 크리스마스 전날 그는 자신의 과거, 현재, 미래를 각각 보여주는 세 유령을 만나게 된다. 과거의 유령은 스크루지가 돈의 노예가 되어가는 과정을 보여주고, 현재의 유령은 스크루지 주변의 사람들이 스크루지를 어떻게 여기고 있는지를 보여준다. 끝으로, 공포스러운 모습을 한 미래의 유령은 스크루지의 비참한 죽음을 아무 말 없이 보여준다. 자신의 과거, 현재, 미래를 본 스크루지는 그날부터 주변의 어려운 사람을 챙기는 사업가로 살아간다.

이 이야기에서 우리가 주목해야 할 점은 스크루지가 자신의 비참한 미래의 모습을 목격하고 나서야 구두쇠에서 자선가로 변신하게 되었다는 것이다. 그는 현재 삶의 방식을 유지하면 비참하고 쓸쓸하게 죽게 될 것을 알게 되었다. 미래의 모습이 현재의 삶의 방식을 극적으로 바꾼 것이다. 이는, 3장에서도 다루었듯이, 후회에 개입하는 시간성을 보여준다. '이대로 살아간다면 미래에 나는 후회하게 될 것이 분명하다.' 이 생각이 스크루지의 변신을 가능하게 만들었던 것이다.

그런데 디킨스가 창조한 스크루지라는 인물과 현실 속의 우리 사이에는 중요한 차이점이 있다. 우리는 미래의 우리 모습을 정확히 알지 못한다는 것이다. 바로 그 이유 때문에 우리가 예측하는 후회는 말 그대로 예측일 뿐 스크루지가 확신했던 미래의 후회와는 다르다. 소설의 장치는 현실에서는 불가능한 상황을 가능한 것으로 상정해 놓는다. 우리는 스크루지처럼 미래의 우리 모습을 지금 거울을 보듯이 볼 수 없다.

스크루지와 대비되는 인물은 새옹지마의 주인공인 변방의 노인이다. 변방의 노인은 자신에게 여러 일들이 닥쳐와도 즐거워하거나 원망하지 않는다. 자신에게 없던 말이 생겨도 즐거워하지 않고, 아들이 그 말을 타다가 떨어져 다리를 제대로 쓰지 못하게 된 상황에서도 자신에게 말이 생긴 것을 후회하지 않는다.

변방의 노인이 후회하지 않는 이유는 정확히 드러나지 않는다. 앞에서 우리는 이에 대해서 두 가지 가능한 해석을 살펴보았다. 하나는 변방의 노인이 그 어떤 일에도 감정을 드러내지 않기로 한 사람이라고 해석하는 것이고, 다른 하나는 변방의 노인이 후회를 미루고 있다고 해석하는 것이다. 후자는 변방의 노인을 스크루지와 다를 바 없다고 해석하는 것이다. 다시 말해서 변방의 노인은 미래의 일을 정확히 알 수 없기 때문에 후회를 하지 않는 것일 뿐, 만약 미래에 일어날 일을 모두 정확히 안다면 후회할지 말지를 결정하게 된다는 것이다.

변방의 노인이 감정을 드러내지 않는 이유를 이렇게 해석할 수 있겠지만, 나는 이 해석이 누군가가 새옹지마 이야기를 만들었을 때 의도했던 바는 아닐 거라고 생각한다. 이 이야기를 만든 사람은, 자신이 이 정도까지 말하면 왜 변방의 노인이 일희일비하지 않는지 사람들이 다 알 것이라고 생각했을 것이다. 노인에게 닥친 삶의 위기의 사건을 세 번에 걸쳐 이야기했으면, 그다음에도 그의 삶의 태도는 계속 그럴 것이라고 미루어 짐작할 수 있기 때문이다.

그렇게 본다면 변방의 노인과 스크루지는 각각 동양과 서양에서 미래의 일을 대비하는 상반된 태도를 전형적으로 보여준다고 말할 수 있다. 변방의 노인으로 대표되는 동양적 태도는 주어진 삶에 집중할 뿐 미래에 일어날 일을 미리 예측하고 그에 맞춰서 삶의 양식을 변형하지 않는다. 그에 비해서 스크루지로 대표되는 서양적 태도는 미래에 일어날 일을 예측하고 이에 맞춰서 현재 삶의 양식을 조정한다.

이런 해석이 스크루지의 태도와는 거리가 있어 보일 수 있다. 그는 마치 오늘만 살아가는 듯 자신의 평판에 신경 쓰지 않는 것처럼 보이기 때문이다. 하지만 사실 그는 나름대로 미래의 모습을 그리고 있고 그를 위해서 살아가고 있는 것이다. 스크루지는 한 푼 한 푼 아끼고 돈을 모으는 태도가 자신이 원하는 미래를 가져다줄 것이라고 생각했지만, 미래의 유령이 강제로 보여준 미래의 모습을 통해 자신의 계산이 잘못되었다는 점을 깨닫게 되었을 뿐이다. 만약 미래의 유령이 보여준 자신의 미래가 평소에 꿈꾸던 모습 그대로라면 그는 자신이 살아온 방식을 바꾸지 않았을 것이다. 한마디로, 스크루지의 삶의 전략은 '미래 후회 방지' 전략이다. 이런 삶의 전략에서는 예상되는 미래의 모습이 현재의 삶을 이끌어 간다.[*]

변방의 노인이 삶을 대하는 태도는 이와 다르다. 노인은 미래에 있을지도 모를 후회를 줄이는 쪽보다는 아예 후회를 하지 않는 쪽을 추구한다. 미래에 어떤 일이 있을까를 계산하고 대비하는 것이 아니라 현재 자신에게 일어나는 일에서 평정심을 잃지 않고 집중하는 것이다.

미래 세대를 대하는 태도

지금까지의 논의를 따라온 사람이라면, 스크루지의 태도와 변방의 노인이 견지한 태도 모두 바람직하지 않다고 생각할 것이다. 미래를 계

---

[*] 심리학자 니스벳Richard Nisbett은 《생각의 지도》에서 동양과 서양 간 사고방식의 차이를 실험을 통해서 보여주고자 한다. 스크루지와 변방의 노인 간 차이도 이와 연관하여 이해할 수 있다. 특히 니스벳(2004) 4장 참조.

획하고 후회할지를 따지는 것도 우리가 취해야 할 태도가 아니고, 그렇다고 후회 자체를 도려내는 것도 바람직하지 않다. 우리는 지난날에 했던 잘못을 제대로 돌보는 태도를 지녀야 한다. 지난날의 허물을 돌보는 것을 통해서 스스로를 회복해야 한다. 현재의 나를 이끄는 것은 나의 계산에서 바람직하다고 여기는 미래 자아의 모습이어서는 안 된다. 우리는 지금까지 만들어 온 자신의 이야기를 보다 나은 이야기로 만들기 위해서 지금 각자에게 주어진 현실 속에서 스스로를 변화시켜야 한다. 우리의 목표는, 정해진 것이 없고 불확실하지만 선망하는 미래의 자아를 향해서 나아가는 것이 아니라, 구체적이고 확실하지만 지나치고 싶은 지난날의 자아를 회복하여 이야기적 완결성을 이루는 것이다.

다시 미래 세대의 문제로 돌아와서 지금까지의 논의를 적용해 보도록 하자. 아직 태어나지는 않았으나 언젠가 태어나서 지구에서 살아갈 후배 인류를 생각해 보자. 우리는 그들에게 어떤 윤리적 책임을 지고 있는가? 지금까지의 논의를 따라온 어떤 사람이 이렇게 말할지도 모르겠다.

> 후배 인류의 안녕이 우리 삶의 목표가 될 수 없다. 따라서 우리 삶에 집중하자. 그들에 대해서 우리가 져야 할 윤리적 책임은 없다.

하지만 이런 주장은 지금까지의 논의를 제대로 이해한 것이 아니다. 앞으로 지구에서 살게 될 미래 세대의 행복이 현재를 살아가는 우리의 삶의 목표가 될 수 없다는 점은 옳다. 하지만 그렇다고 해서 선배 인류인 우리가 후배 인류를 윤리적으로 배려해야 할 책임과 의무가 없다고 할 수 없다. 오히려 그 반대다.

후배 인류가 얼마나 큰 규모이고 어떤 사람들로 이루어질지를 결정하는 것은 전적으로 선배 인류의 손에 달려 있다. 왜 그런가? 우선 후배 인류의 규모가 선배 인류에게 달려 있다는 말은 무슨 뜻인가? 이 주장이 의미하는 바는 선배 인류에 의해서 후배 인류가 태어난다는 생물학적 사실이다. 현재 인류의 저출생은 후배 인류의 절멸을 가지고 올 것이다. 그렇기 때문에 현재 인류에게는 인구 감소에 대한 책임이 있을 수밖에 없다.

다음으로, '후배 인류가 어떤 사람들로 이루어질지를 결정하는 것이 선배 인류에게 달려 있다'는 말이 무슨 뜻인지 생각해 보자. 이는 5장에서 집단 사죄를 논의할 때 등장했던 '비동일성 문제'와 관련이 있다. 이를 다시 소환하자면, 그 핵심은 후배 인류의 동일성은 현재 인류가 결정한다는 데에 있다. 예를 들어, 올해 아이를 낳을 계획을 세우고 있는 부부가 있는데 갑자기 아내에게 건강 문제가 생겨서 임신을 미루게 되었고 1년 후에 아이를 낳게 되었다고 하자. 원래의 계획대로 아이를 낳았다면, 1년 후에 태어난 아이와는 다른 아이가 태어났을 것이다. 그런 점에서 부부의 선택이 어떤 아이를 후배 인류의 일원으로 만드는지를 결정한다고 할 수 있다.

후배 인류의 규모와 정체성이 선배 인류인 우리에게 달려 있다는 주장을 받아들인다면, 이는 무엇을 함축하는가? 비동일성 문제가 갖는 의미를 오해한 사람은 앞에서 살펴본 주장처럼 '우리는 후배 인류에게 아무런 책임을 질 필요가 없다'고 생각한다. 그렇게 생각하는 이유를 간단히 말하자면 이렇다.

후배 인류는 선배 인류인 우리가 아니라면 태어날 수 없다. 그들은 우리에게 불평할 처지가 아니다.

하지만 이런 주장을 받아들일 수는 없다. 후배 인류는 자신들이 존재하게 된 것에 대해서 우리에게 고마움을 느낄 수 있다. 그리고 그들은 자신들이 살아가는 과정에서 겪게 되는 고통에도 불구하고 선배 인류에 대한 고마움을 잊지 않을지도 모른다. 하지만 그렇다고 해서 그들이 겪을 불행에 대해서 우리에게 윤리적 책임이 없다고 말해서는 안 된다. 그렇게 말하는 것은 후배 인류의 관점에서나 가능한 일이다. 후배 인류는 그렇게 말할 수밖에 없는 처지일 수 있다. 하지만 우리는 다르다.

나무 한 그루를 심기로 한다고 해보자. 우리가 심을 묘목이 놓인 곳은 햇볕이 잘 들지 않고 척박한 땅이다. 우리는 햇볕이 잘 들어오고 땅도 양호한 곳에 찾아가서 나무를 심을 수 있었지만, 그곳까지 가는 것이 귀찮아서 가깝지만 척박한 그곳에 나무를 심었다. 그 나무는 힘들지만 죽지 않고 겨우 살아남았다. 가지는 앙상하고 뒤틀렸다.

나무는 우리를 어떻게 생각할까? 비록 비쩍 마르고 겨우 생명을 틔운 상태이긴 하지만, 나무는 자신을 땅에 심어준 우리에게 고마운 마음을 가질 것이다. 우리가 아니었다면 뿌리를 내리고 나무로 성장할 기회조차 얻지 못했을 것이기 때문이다. 하지만 나무가 우리에게 고마워한다고 해서 우리의 행동이 올바르다고 할 수는 없다. 나무의 어려운 사정에 대한 책임은 우리에게 있다. 게으름 때문에 우리는 나무를 심을 땅으로 메마른 곳을 택했다. 이 잘못에 대해서 우리는 도덕적 책임을 져야 한다.

마찬가지로, 후배 인류가 처할 곤궁한 상황에 대해서 우리는 져야 할 도덕적 책임이 있다. 이 도덕적 책임은 어떤 성질의 것인가? 후배 인류를 곤궁한 상태에 빠뜨리게 하는 것은 우리 주변의 이웃을 곤궁한 상태에 빠지게 하는 것과는 중요한 점에서 차이가 있다. 예를 들어, 동네 사람들이 함께 마시는 샘이 있는데, 이 샘물을 내가 '물 쓰듯' 낭비하여 이웃이 마실 물이 부족하게 되었다고 하자. 분명 나의 행동은 잘못이며 이에 대해서 이웃이 나를 비난할 충분한 근거가 있다. 하지만 후배 인류의 처지는 나의 이웃과 다르다. 이웃은 나의 선택에 의해서 존재하는 사람들이 아니라 나와 독립적으로 이미 존재하는 사람들이다. 반면에 후배 인류는 지금 이 시점에는 존재하지 않으며, 선배 인류인 우리에 의해서 그 규모와 정체성이 결정될 존재이다. 이 차이점 때문에 우리가 져야할 도덕적 책임의 성격과 크기도 달라진다.

마실 물이 부족하게 된 이웃들은 나를 비난할 충분한 근거가 있지만, 동시에 나를 막지 못한 것에 대한 책임도 느낄 것이다. 하지만 후배 인류는 자신이 겪는 불행에 대해서 선배 인류를 비난하지 않을 것이고 동시에 자신들의 불행을 자책할 필요도 없다. 후배 인류가 삶을 시작하는 세계는 자신들이 선택할 수 있는 것이 아니기 때문이다. 물론 이런 차이가 우리가 져야 할 도덕적 책임에서 어떤 차이를 만들지에 관해서는 논쟁이 있을 수 있다. 하지만 그들이 전적으로 우리에게 운명을 내맡긴 처지로 태어날 수밖에 없기 때문에 우리에게는 도덕적 책임이 있을 수밖에 없다는 사실은 사라지지 않는다. 그렇다면 아무리 그들이 선배 인류를 감사하게 여긴다고 하더라도 그들의 불행에 대해 우리가 져야할 도덕적 책임은 동시대를 사는 이웃에게 지는 것보다 더 크다고 보아야 한다. 우리의 잘못을 비난하는 사람들이 있다는 사실이 우리의 도덕적 책임을 키우지는 않는다. 이는 우리가 쉽게 빠져드는 오류이다. 우리를 비난하는 사람이 지금 우리 옆에 없다는 사실이 오히려 우리의 도덕적 책임을 더 크게 만들 수 있다.

보
살
피
는

삶

윤리학은 삶의 논리

○

살아 있는 것의 생명에는 논리가 있다. 생물학biology은 살아 있는bio 것의 살아 있음에 깃들어 있는 논리logos를 추구한다. 하지만 생명의 논리가 삶의 논리는 아니다. 생명이 어떻게 탄생하고 유지되는지를 안다고 해서 어떻게 살아가야 하는지를 아는 것은 아니다. 생명은 삶이 아니기 때문이다.

윤리학은 삶의 논리logic of life를 추구한다. 어떻게 살아가야 하는가를 고민하기 위해서는 그것을 따져 보는 논리적 사고력이 필요하다. 윤리학은 그런 생각의 힘을 기르기 위한 것이다. 우리는 윤리학을 '가르침의 영역'으로 여기는 경향이 있다. 가르침은 받들고 몸에 배게 하는 대상이지, 묻고 따지는 대상이 아니다. 윤리학이 가르침의 영역으로 남으면서, 우리는 윤리적 주제들에 관해서 지금까지 굳어진 관성으로 판단하고 평가하는 데 익숙하다. 무엇이든 해오던 관성대로 하면 생각할 필요가 없어 머리가 편하다. 하지만 관성적 행동 속에서 삶의 논리는 무시되고 비윤리적인 일들을 저지르면서 스스로를 돌아볼 힘을 잃게 된다. 어떻게 살아가야 하는지를 따져보기보다는 그저 관습에 따라서 앞만 보고 바쁘게 뛰어가는 것이다. 지난날을 돌볼 의지가 없는 사람은 눈가리개가 필요 없는 경주마와 같은 처지에 있다.

앞에서 등장한 바 있는 철학자 파핏은 우리의 윤리적 사고는 이제 막 걸음마를 뗀 수준이라고 주장한다.* 수학 같은 학문과 비교해서 말이다. 관습과 교조적 종교 조직이 윤리적 사고의 성장을 억눌러 왔다고 그는 말한다. 중세 사람들은 성경을 해석하는 권위를 가진 교회로부터 윤리의 기준을 제공받았다. 조선 시대의 우리 조상도 어떻게 살아야 하는지를 알기 위해서 삶의 논리를 따져야 할 필요성을 크게 느끼지 못했을 것이다. 윤리적 기준을 제공하는 강력한 권위가 사라진 이후에야 비로소 사람들은 윤리적 사고를 해야 하는 상황에 놓이게 되었다. 그래서 윤리학의 역사는 다른 철학 영역에 비해서 매우 짧다는 것이 파핏의 평가이다.

윤리학에는 논쟁만 있을 뿐 해답이 없다고 불평하는 사람들을 많이 본다. 그들의 불평대로 정말로 그렇게 보인다. 문제는 '그 이유가 어디에 있는가?' 하는 것이다. 윤리학에는 논쟁만 있고 정답은 없어 보이는 이유가, 윤리학이 다루는 주제가 지닌 특성 때문일까? 아니면 윤리학의 발전 단계가 초보적이라서 그런 것일까? 파핏은 후자라고

---

* Parfit(1984), p. 454.

생각하는 듯하다. 나는 '둘 다'라고 생각한다.

윤리적 물음에서 정답만을 구하는 태도를 취하는 사람은 중요한 것을 놓치고 있다. 윤리적 물음에 대해 답하는 과정에서 자신이 성장한다는 점 말이다. 성장하지 않고 열매를 얻을 수는 없다. 물음을 추구하는 과정에서 고민하는 사람이 성장한다는 점에서 윤리적 물음은 특별하다. 또한 윤리적 쟁점에 옳은 답과 그른 답이 없다는 견해도 받아들이기 힘들다. 삶의 논리를 따라가면 옳은 답이 나온다. 그 답이 하나가 아닐지라도 말이다.

이를 달리 표현하자면, 논리가 다루는 문제 중에서 삶의 논리가 다루는 문제는 특별히 어렵다고 할 수 있다. 삶의 논리인 윤리학에 논쟁만 있는 것처럼 보이는 것은 바로 이런 이유 때문이다. 삶의 논리가 다루는 문제는 두 가지 요소 때문에 특별히 어렵다. 하나는 시간성이고, 다른 하나는 관계이다. 윤리적 문제가 갖고 있는 시간성은 이 책의 주제이고 지금까지 다루어 왔으므로 다시 강조할 필요가 없다. 관계는 사람들 간의 관계를 의미한다. 내가 어떻게 살아야 할지를 살펴보기 위해서는 다른 사람의 삶과 내 삶이 어떻게 만나는지를 살펴보아야 한다.

이를 인간의 뇌에 비유해서 설명해 보면 이렇다. 뇌 과학자 승현준은 인간의 뇌가 스파게티와 같다고 말한다. 뇌를 구성하는 신경세포인 뉴런의 한 가닥을 스파게티 한 가닥에 비교하는 것이다. 완성된 스파게티를 접시에 놓을 때 한 가닥의 스파게티는 다른 가닥들과 겹치고 포개진다. 이와 비슷하게 뉴런은 서로 겹치고 연결되면서 복잡한 관계망을 만들어 낸다. 승현준에 의하면, 이런 뉴런의 관계망이 '자아'를 형성한다.[*]

한 사람의 삶도 한 가닥의 스파게티에 비유할 수 있다. 스파게티 한 접시 안에 여러 가닥의 스파게티가 복잡하게 겹쳐 있는 것처럼 우리 각자의 삶도 다른 여러 삶과 겹치고 연결된다. 삶의 한 가닥 중 한 부위가 다른 삶의 가닥과 만날 때 두 삶 모두에 변화가 생긴다. 단지 두 삶의 가닥이 만나는 지점뿐만 아니라 그 지점 이전의 삶의 모습과 의미도 변화한다. 다시 말해서 두 삶의 만남은 그것들과 겹쳐 있던 다른 수많은 삶들을 변하게 만든다. 이를 통해서 한 사람의 이야기는 다른 이야기와 비슷하면서도 독특한 이야기가 된다. 윤리적 문제는 이 복잡한 연결망 위에서 생겨나기 때문에, 그 어떤 논리의 문제보다도 독특하고 어렵다. 하지만 어렵다고 해서 답이 없는 것은 아니다. 어려운 문제에는 섬세한 논리가 요구될 뿐이다.

소크라테스의 유언

소크라테스는 자신을 변론하는 법정에서 '보살피지 않는 삶은 살 가치가 없다'는 유명한 말을 남겼다. 영어로 이 말은 'An unexamined life is not worth living'이다. 우리말로 'unexamined'는 '반성하지 않는'으로 번역되기도 하고 '성찰하지 않는'으로 번역되기도 한다. 나는 이 표현을 '보살피지 않는'이라고 옮기고 싶다. 70세의 소크라테스가 자

** 승현준의 미국 이름은 세바스찬Sebastian Seung이다. 그는 '나는 나의 커넥톰이다'는 제목의 TED 강연에서 뇌를 스파게티에 비유한다. 커넥톰은 뉴런의 복잡한 관계망을 의미하는데, 이에 관한 논의를 위해서는 다음 책을 참조. 승현준, 2015,《커넥톰, 뇌의 지도》, 서울: 김영사.

신을 죽음으로 몰고 가는 법정에서 배심원들에게 이 말을 할 때, 그가 보살피려 했던 삶은 무엇이었을까?

임팔라를 사냥하기 위해서 수풀 속에 몸을 숨기고 있는 사자를 생각해 보자. 사자는 곧 땅을 박차고 뛰어나가 임팔라를 덮치려 한다. 수풀 속 사자에게는 뚜렷한 미래의 목표가 있고 이 목표를 수행할 명확한 전략이 있다. 미래의 목표와 전략이 있다고 해서 사자가 자신의 삶을 성찰한다고 할 수는 없다. 성찰의 대상은 지난날 자신의 생각과 행동이어야 한다. 사자는 지난날의 자신을 돌아보고 성찰하지 않는다. 사자에게는 보살필 삶이 없다. 사자에게 삶 자체가 없어서 보살필 삶이 없는 것이 아니다. 과거를 보살피지 않기 때문에 삶이 없다는 의미이다.

보살피지 않는 삶은 지난날의 자신을 돌보지 않는 삶이다. 지나쳐 온 지난날의 잘못은 마음에 남아서 자꾸 그 일을 돌아보게 만든다. 돌아보고 나면 자신의 삶을 돌보게 된다. '돌보다'라는 말이 '돌아보다'에서 비롯된 것도 비슷한 이유에서였을 것이다. 자신의 삶을 돌보는 일은 진위를 판단하는 것처럼 단 한 번으로 마무리되는 일이 아니라, 과거와 현재를 계속해서 오가는 일이다. 마음에 걸려서 계속 돌아보고 살피게 하는 일이라서 나는 '반성'이나 '성찰'이라는 표현 대신에 '보살핌'이라는 표현을 쓰는 것이 더 적절하다고 생각한다.

소크라테스의 유언을 이 책의 목소리로 번역하면 다음과 같은 말이 되지 않을까 생각한다.

"지나친 지난날을 보살피지 않는 삶은 살 가치가 없다."

참고문헌

강남순, 2017, 《용서에 대하여》, 파주: 동녘.

김명석, 2017, 《정치신학논고》, 서울: 레디앙.

김한승, 2009, 〈후회 없는 삶은 바람직한가〉, 《범한철학》 53권 2호, pp. 319-38.

_____, 2012, 〈사람을 행복하게 만들기와 행복한 사람 만들기〉, 《범한철학》 67권 4호, pp. 241-65.

_____, 2013, 〈누군가를 태어나게 하는 것은 좋은 일인가〉, 《범한철학》 69권 2호, pp. 117-42.

_____, 2014, 〈확률과 시간에 관한 두 가지 퍼즐〉, 《철학적분석》 29호, pp. 1-22.

_____, 2015a, 〈사죄와 통시적 책임〉, 《철학사상》 57호, pp. 301-25.

_____, 2015b, 〈매몰비용 오류의 오류〉, 《범한철학》 78권 3호, pp. 379-404.

_____, 2017, 〈젊은이의 죽음은 아기의 죽음보다 더 나쁜가〉, 《철학》 132권 132호, pp. 165-88.

_____, 2019, 《나는 아무개지만 그렇다고 아무나는 아니다》, 서울: 추수밭.

니스벳, 2004, 《생각의 지도》, 최인철 역, 파주: 김영사.

데리다, 2019, 《용서하다》, 배지선 역, 파주: 이숲.

로즈, 2008, 《If의 심리학》, 허태균 역, 파주: 21세기북스.

마커스, 2008, 《클루지》, 최호영 역, 파주: 갤리온.

샌델, 2014, 《정의란 무엇인가》, 김명철 역, 서울: 와이즈베리.

이선희·서신혜, 2019, 〈개항기 한글 성경 번역어 '속'(贖)의 함의와 적합성 고찰〉, 《한국기독교신학논총》 114호, pp. 205-31.

이치로, 2015, 《아들러 심리학을 읽는 밤》, 박재현 역, 파주: 살림.

카, 2015, 《역사란 무엇인가》, 김택현 역, 서울: 까치글방.

카너먼, 2018, 《생각에 관한 생각》, 이창신 역, 파주: 김영사.

하라리, 2018, 《21세기를 위한 21가지 제언》, 전병근 역, 파주: 김영사.

허태균, 2002, 〈사후가정사고의 심리적 기능과 응용적 가치〉, 《한국심리학회지: 사회문제》, 8권 2호, pp. 171-90.

Bell, Macalester, 2008, "Forgiving Someone for Who They Are (and not Just What They've Done)", *Philosophy and Phenomenological Research*, 77(3):625-58.

Bittner, Ruediger, 1992, "Is It Reasonable to Reget Things One Did?", *The Journal of Philosophy*, 89(5):262-73.

Bradley, Ben, 2008, "The Worst Time to Die", *Ethics*, 118(2):291-314.

Broome, John, 2004, *Weighing Lives*, Oxford: Oxford University Press.

Derrida, Jacques, 2001, *On Cosmopolitanism and Forgiveness*, Routledge, p. 32.

Dummett, Michael, 1964, "Bringing about the Past", *The Philosophical Review*, 79(3):338-59.

Feldman, Fred, 1991, "Some Puzzles About the Evil of Death", *The Philosophical Review*, 100(2):205-27.

Hájek, Alan, 2005, "Cable Guy Paradox", *Analysis*, 65(2):112-9.

James, William, 1884, "What is an Emotion?", *Mind*, 9(2): 188–205.

Kagan, Shelly, 2012, *Death*, New Haven: Yale University Press.

McMahan, Jeff, 1988, "Death and the Value of Life", *Ethics,* 99(1):32-61.

_____, 2002, *The Ethics of Killing: Problems at the Margins of Life*, New York: Oxford University Press.

Millum, Joseph, 2015, "Age and Death: A Defence of Gradualism", *Utilitas*, 27(3):279-97.

Nagel, Thomas, 1970, "Death", *Noûs*, 4(1):73-80.

_____, 1979, *Mortal Questions*, New York: Cambridge University Press.

Ni, Peimin, 1992, "Changing the Past", *Noûs*, 26(3):349-59.

Nozick, Robert, 1993, *The Nature of Rationality*, Princeton: Princeton University Press.

Kelly, Thomas, 2004, "Sunk Costs, Rationality, and Acting for the Sake of the Past", *Noûs*, 38(1):60-85.

Khoury, Andrew, 2013, "Synchronic and Diachronic Responsibility", *Philosophical Studies*, 165(3):735-52.

Parfit, Derek, 1984, *Reasons and Persons*, Oxford: Oxford University Press.

Peijnenburg, Jeanne, 2007, "Regret and Retroaction", *Homo Oeconomicus*, 24(2):

295-313.

Pollock, John, 1983, "How Do You Maximize Your Expected Value", *Noûs*, 17(3):409-21.

Radzik, Linda, 2009, *Making Amends: Atonement in Morality, Law and Politics*, Oxford: Oxford University Press.

Sartorio, Carolina, 2007, "Causation and Responsibility", *Philosophy Compass*, pp. 749-65.

Shoemaker, David, 2012, "Responsibility without Identity", *The Harvard Review of Philosophy*, 18(1):107-32.

Sorensen, Roy, 1998, "Rewarding Regret", *Ethics*, 108(3):528-37.

_____, 2006, "Originless Sin: Rational Dilemmas for Satisficers", *The Philosophical Quarterly*, 56(223):213-23.

Spinoza, Benedictus, 1994, *A Spinoza Reader: the Ethics and Other Works*, Princeton: Princeton University Press.

Steele, David, 1996, "Nozick on Sunk Costs", *Ethics*, 106(3):605-20.

Swinburne, Richard, 1966, "Affecting the Past", *The Philosophical Quarterly*, 65: 341-7.

_____, 1989, *Responsibility and Atonement*, Oxford: Oxford University Press.

Thompson, Janna, 2000, "The Apology Paradox", *The Philosophical Quarterly*, 50(201):470-5.

Tongeren, Paul van, 2008, "Impossible Forgiveness", *Ethical Perspectives*, 15(3): 369-79.

Velleman, J. David, 2000, *Possibility of Practical Reason*, Oxford: Oxford University Press.

Walton, Douglas, 2002, "Sunk Costs Fallacy or Argument from Waste", *Argumentation*, 16:473-503.

Williams, Bernard, 1981, *Moral Luck*, Cambridge: Cambridge University Press.

지나친 지난날

초판 1쇄 발행 | 2021년 11월 30일

지 은 이 | 김한승
펴 낸 이 | 이은성
편　　집 | 최지은
디 자 인 | 파이브에잇
펴 낸 곳 | 필로소픽

주　　소 | 서울특별시 종로구 창덕궁길 29-38 4, 5층
전　　화 | (02) 883-9774
팩　　스 | (02) 883-3496
이 메 일 | philosophik@hanmail.net
등록번호 | 제379-2006-000010호

ISBN 979-11-5783-229-3 03100

필로소픽은 푸른커뮤니케이션의 출판 브랜드입니다.